來自
過世至親
的訊息

我們的
摯愛依然和我們同在，
沒離開過

SIGNS

The Secret Language of the Universe

Laura Lynne Jackson

蘿拉・琳恩・傑克遜 ——— 著　李麗珉 ——— 譯

致

D先生
雷・錢伯斯
以及珍妮佛・魯道夫・華許
這幾位啟發我的光的工作者，他們的仁慈和愛，
讓我在我的旅程中得到提升。
對於你們的光，我永遠心存感激，
我也永遠感謝宇宙把你們的友誼這份祝福帶給了我。

還有葛瑞特、艾希莉、海登和茱麗葉，
你們是我的北極星、是我生命裡的光，
你們永遠都在我的心裡。

此外，還有我了不起的母親琳達・奧斯維德，
她是我最偉大的老師、是無所畏懼的光的領袖，
以及無盡的愛的泉源
——你所教導給我的愛，成就了今天的我。

以及你，本書的讀者——
但願你能知道你之於這個世界是一份怎樣的禮物。
你遠比你所知道的還要重要，比你所知道的還要被愛……
而宇宙一直都企圖在讓你知道這點……

最重要的是，用你閃亮的雙眼去看周遭的世界，
因為最大的秘密就隱藏在最不可能的地方。
不相信神奇力量的人就永遠無法發現它。

——羅爾德‧達爾
（Roald Dahl）

目錄

引言

　　瑪麗坐在醫院的等候室裡。她覺得呼吸困難。雖然試著不去看牆上的時鐘，但是她就是忍不住要看。她看了一下時鐘，五分鐘過去了。她再看了一次，又一個五分鐘過去了。這十分鐘感覺好像兩個小時，完全不像只有十分鐘。時間過得極其緩慢，一切都那麼不真實。等待和未知讓人幾乎難以忍受。

　　稍早之前，瑪麗三十五歲的丈夫皮特被推進了手術室進行心臟緊急手術。外科醫生告訴她，他們對手術懷抱希望，但是瑪麗明白，這沒有絕對的保證。她既害怕又茫然，但最重要的是，她覺得好孤單。

　　上帝，如果你在的話，她在心裡默想，求你照看皮特，求你派出一隊天使保護他。

　　然後，她想到她和皮特多年前失去的幼子。孩子名叫凱瑞。雖然凱瑞離開他們已經有三十年之久，但是瑪麗卻覺得

母子之間仍然存在著很深的連結。她常常在心裡和凱瑞說話。

凱瑞，瑪麗心裡想著：如果你在的話，請你給我一個徵兆，讓我知道你父親不會有事。拜託你，凱瑞，我好害怕。如果能知道你就在我身邊，知道你正在照看著你父親，那對我會有莫大的幫助。

三十分鐘之後，一名護士走進了等候室。她看到瑪麗不安地坐在椅子上，護士走到瑪麗身邊，問她是否需要什麼——也許她需要從醫院自助餐廳買些什麼？

「我想要杯咖啡，」瑪麗告訴護士。「加點奶，不加糖。但是我一定得付錢。」說完從皮夾裡掏出一張五元紙鈔給護士。「很感謝妳。」

幾分鐘後，護士帶著一杯咖啡回來。她把咖啡和找零交給瑪麗，輕輕地碰了一下瑪麗的肩膀。

「堅持住，」她對瑪麗說，「我知道等待很艱難，上帝自有計畫，我們從來都不會孤單。」

瑪麗低頭看著自己的手，護士的憐憫之心讓她感動。

就在此時，她看到手中那把找零的鈔票裡最左上角的一張，上面有幾個黑色麥克筆塗寫的大寫字母。

凱瑞

瑪麗盯著眼前的字，幾番眨眼忍住淚水。一陣強烈的寬

慰感席捲而來。寬慰和愛。在那一瞬間,她知道凱瑞就在她身邊,在告訴她父親不會有事的。

突然之間,瑪麗覺得自己又可以呼吸了。她感謝凱瑞傳遞給她如此強而有力的訊息。於是,她把那張紙鈔收好,塞進皮夾裡一個特別的地方。

兩個小時後,外科醫生走進等候室,告訴瑪麗手術十分成功。瑪麗臉上泛起一抹微笑。

她知道的,她剛才已經收到這個訊息了。

————

我是蘿拉・琳恩・傑克遜,是一名靈媒。我幫助人們和另一頭做連結。首先,我要告訴你的是:

你不需要靈媒來幫你和另一頭做連結。

不要誤解我的意思——我知道我所做的事,對於那些敞開心扉的人具有莫大的幫助。我所傳達的那些來自另一頭的訊息,能為你我帶來最深刻的幸福,並且賦予我們的生命更崇高的目標和清晰度。它們能讓我們走上人生最崇高的道路——我們注定要走的道路。

我可以連結人們和他們已逝的摯愛以及能量的源泉——一幅由愛和光交織而成的神奇織錦——這份能量的源泉為我們的生命所帶來的動力,是其他事物所無可比擬的。

這些都是美妙無比的恩賜,每每在和別人分享這些恩賜

時，都能帶給我莫大的喜悅。

然而，你其實並不需要我和你分享這些恩賜；你不需要我來幫你發掘這項驚人的能力；你不需要一個靈媒來幫你識別和接通這些我視之為宇宙秘密語言的徵兆；而所謂的宇宙秘密語言，就是一種每天都在我們身邊、每個人都可以得到的溝通形式。

我希望本書可以教導你如何和這個語言調對頻率，並且幫助你在黑暗中看到光明、在疑惑中見到真義。這樣的認知能引導你轉換道路，讓你走向愛，幫助你找到喜悅，甚至挽救你的人生。

我希望你明白，這本書之所以能到你的手中並非沒有理由。你現在正在閱讀這些字句也絕非意外。這是來自宇宙的邀請。無論用了什麼方法，這本書和這些隻字片語已經找到了你，請你明白，這絕非一個隨機事件。

你注定要閱讀這些文字。

本書的中心準則是，宇宙把我們最需要的人、資訊和事件帶進了我們的道路，宇宙之間存在著強大的指引力量，這些力量會驅動我們走向更幸福、更真實的人生。

另外一個我所認知到的真理是：我們每個人都有一支光之團隊——那是一群我們看不到的幫手，他們共同引導我們走向我們最崇高的道路。這支隊伍的組成包括我們已逝的摯愛、我們的指導靈（一般也稱之為守護天使）、一個更高階的天使層級，以及神的能量——此能量是基於目前最強大，

也永遠都會是最強大的力量：愛。

如果你對你的光之團隊所使用的秘密語言敞開心扉的話，那麼，你的生活方式將會產生改變。你和世界以及宇宙的關係也將從此不同——變得更好、更光明、更有力量。

當我們學會辨識並信任宇宙用來和我們溝通的各種方法時，我們就會體驗到我所謂的大轉變。這種觀點上的改變，會讓我們的參與度、連結性、活力和激情都大為提升。它會讓我們更容易領會到我們存在的真實意義，同時也讓我們的生命旅程更加美麗、更有意義。

一旦你學會看到這些徵兆和訊息，你就再也無法無視它們的存在。它們永遠都有能力為你的過去、現在和未來注入嶄新且深刻的意義，進而讓你的生命產生蛻變。

還有另外一個真理：早在我們的靈魂來到地球之前，宇宙就一直在暗中幫助我們了。我們的隊伍早已就位，而我們所要做的，不過就是對接收這些愛和指引的訊息保持開放。當我們敞開心扉時，將能得知最有力的真理——即便在我們最黑暗的日子裡，宇宙也一直不斷地在愛著我們、支持著我們、指引著我們。

現在，這本書就在你手中。它之所以在你手中是有理由的。這本書是來自宇宙的邀請，邀請你連結你的光之團隊，開始發掘你最真實、最勇敢、最光明的自我。

在我們開始之前，我很樂意稍微自我介紹一下。我是人妻，也是三個孩子的母親。我在紐約長島一所高中擔任英文老師將近二十年。我在牛津主修莎士比亞，也通過兩所頂尖的法律學校入學申請，但是卻決定忠於我對教書的熱情。在此同時，我慢慢接受了身為靈媒的能力——靈媒能藉由超越五感的方式，來收集關於人事的信息，並且能夠和已經離開這個地球的人進行溝通。

我的靈媒能力包括天眼通（不用眼睛就能獲得視覺信息）、天耳通（不用耳朵就可以聽到聲音）、超認知力（知道不可知的事），還有超感應力（透過非人類的方式感覺到事情）。

我也是一個媒介，意思是我藉由這些天賦作為工具，來和從地球逝去的人溝通。我透過通靈來傳遞信息，在這個過程中，我變成了另一頭和我為之通靈的人（一般稱為「委託人」）之間的一個管道。我變成了一名使者、一個工具——讓能量和資訊得以從一頭流向另一頭的方法。

一開始，我曾經為這些能力所苦——由於我對這些能力感到懷疑，所以我希望它們可以得到證實。我申請接受測試，這樣我才能成為永恆家庭基金會的志工靈媒。永恆家庭基金會是一個非營利組織，旨在幫助那些悲傷家庭，特別是失去孩子的父母。基金會對於前來求助、處於最脆弱階段的人非常保護，因此，他們的篩選過程十分嚴格。我在2005年通過他們的測試，從此就一直擔任他們的志工靈媒。2011年

的時候，我接受了一項八個階段的五重盲測審查，那是由亞利桑那州風橋研究中心的科學家所主持的，並因此成為全美少數受到認證的靈媒研究員之一。自此，我就一直和科學家們合作，探索我們相互連結，以及意識如何在肉體死亡之後依然存在的奧秘。

在我的第一本書《我們之間的光》裡，我已經述說過我最終是如何擁抱這些能力的故事。那本書描述人們在我的幫助下，發現他們和另一頭連結的許多方式——另一頭是超越我們五感的存在，是由光、愛和能量所交織而成的巨幅織錦。不過那本書大部分都是關於我自己和我的故事。雖然我也會在本書裡分享我目睹或親身經歷過的個人連結經驗，不過這本書卻有所不同。

這本書是關於你的故事。

是關於等待著你的那條道路。

是關於把你連結到一個簡單卻強而有力的想法——為了和你溝通、促使你朝向更崇高的人生道路，宇宙一直都在發送徵兆和訊息給你。這本書是關於許多神奇和美妙的真理，如何在我們的生命中被視而不見；以及我們如何能藉由認知上微妙卻饒富意義的轉變，開始看見它們。

關於詞彙的備註說明

在你開始閱讀本書的故事之前，我想先釐清我所使用的一些詞彙。

一個**徵兆**是宇宙發送給你的一則訊息。

當我在提及神的能量時，**宇宙**是我會使用的一個詞彙——把我們連結在一起的各種愛的力量，而我們也同屬其中。宇宙也包含了天使層級、指導靈，以及我們已經在另一頭的摯愛。

另一頭，簡單來說，就是我們的摯愛去世之後所去的地方，也是我們的指導靈在照看我們時的所在之地，是很多人所謂的天堂。另一頭是我們真正的家，是我們每個人有朝一日都會回歸的地方，是一個由愛主宰、也只有愛能主宰的地方。

徵兆是來自另一頭的溝通方式。徵兆的來源很多——我們已逝的摯愛、我們的指導靈，以及神的能量。我們每個人

都擁有宇宙的光之團隊，而徵兆就是我們的宇宙光之團隊每天都在為我們所做的事。

　　一開始，另一頭會用我所謂的**默認的徵兆**來和我們溝通：物品、動物，或者事件，用這些來讓我們看到某個可能被我們忽略掉的意義。默認的徵兆可能是硬幣、鳥、蝴蝶、鹿、數字，或是諸如手機空白簡訊之類的電流干擾等等。你可能正在思念或者想起某人時，突然就看到一枚十分錢硬幣站在烘乾機裡（我就發生過這種事）；在你生日當天，一隻蝴蝶在你手臂上停留了幾秒；一輛行經你身邊的車，車牌號碼剛好是當下正閃過你腦海、一個你已逝的摯愛的生日；在某個摯愛的逝世紀念日，你收到了一則空白的手機簡訊。

　　另一種默認的徵兆是我們所說的「有意義的巧合」，或者**共時性**。共時性顯示出我們和其他人以及周遭世界之間，所具有的天生且積極的連結。你正想起某個人，那個人就突然出現在你面前；你正在哼最喜歡的歌，突然之間，車上的電台就播放出這首歌曲；你正在玩填字遊戲，電視上剛好就出現了你苦思冥想的那個字。這些事情都可能在我們未曾開口也毫無預期之下發生。

　　不同於默認徵兆的是我們特定要求的徵兆——物品、意象和字句，無論它們有多麼不尋常或難解。這是我們可以和另一頭共同創造的秘密語言。

　　我曾經用許多不同的方式共創過這種語言。當對象是我的指導靈時，我通常會要求柳橙；當對象是我逝去的摯愛

時，我會用犰狳、土豚和食蟻獸。我之所以會選擇這些，是因為牠們很少見，一旦出現就絕對不會被錯過。至於我最近剛逝去的父親，我們會用的徵兆之一是貓王艾維斯・普里斯萊。本書會告訴你如何和另一頭創造你們自己的語言，所以，當你的徵兆出現時，你不僅可以辨認得出，也能感受到它們所帶來的非凡力量！

你可能會懷疑，我們如何能相信一個徵兆真的是徵兆，而非只是某個令人高興又隨機的巧合？

瑞士精神分析師卡爾・榮格首創用**共時性**一詞來描述一種貌似有意義的巧合。榮格十分醉心於一個概念，亦即所有發生在我們生命中的事件都不是隨機的，而是在傳達著一個事實：我們都屬於一個更深層的秩序——一股凝聚的宇宙力量，也就是他口中的 *unus mundus*，拉丁文的意思就是「一個世界」。

關於巧合的意義，多年來一直有很多的研究和辯論。有些科學家，例如心理學家柯比・瑟普賴斯博士就曾經研究他口中的**共時性事件**（SE），並且得出一個結論：共時性事件除了我們賦予的意義之外，別無他意。

然而，其他的科學家、學者和哲學家卻未必如此認為。維吉尼亞大學精神病學教授伯納德・貝特門甚至想要成立一個叫做「巧合研究」的全新、跨學科領域的研究，來檢驗共時性事件背後的真相。單純地將巧合歸論為是隨機的假設，

認為巧合原本就沒有意義或無關緊要；對於這種簡單的結論，貝特門博士說：「沒有支持性的證據，這樣的假設幾乎不科學。」

在我們的生命旅途中，我們會自行決定這些共時性事件——神奇的巧合——對我們的意義是什麼。它們是偶發的嗎？它們是徵兆嗎？這全都攸關個人的信念。

一位啟發我的作家暨光的工作者格倫農·道爾曾經說過：「信仰就是相信事情看不見的秩序。」

我知道我相信什麼。我花了一輩子的時間在了解我的能力，我也幫許許多多的人通靈過。我的所見所聞和所學，讓我可以下這樣一個結論，那就是徵兆是非常真實的存在。我對連結的語言這個信念是堅不可摧的。

我無法舉出什麼明確的科學研究證明這是真的。但我可以讓你看看那些讓我信服的證據——一些非凡、震撼的故事；故事的主角敞開心扉，用新的方式看待世界，進而經歷了扭轉他們生命的大轉變。我看到過人們走向更崇高、更有活力的生命道路——並因此和周圍的世界分享他們美麗的光。我也見證過有人和他們在另一頭的光之團隊連結，並最終了解到宇宙美麗的真理。

我們都是同一棵樹上、不同分枝上的葉子。

我們從不孤單。

我們每個人的生命都無比重要。

我們永遠都連結著彼此，也連結著光、愛和宇宙的能

量。

地球是一個學校，我們在這個學校裡學習愛的集體課題。我們是靈性的存有，來到世上學習連結和仁慈。一旦我們相信徵兆存在的事實，我們就能以最美妙也最充實的方式加速學習這個課題。我們也確實開始看見連結。我們開始明瞭，此時此刻活在地球，就在這個當下，就是一份極大的禮物——我們的選擇不僅影響著我們的生命，也影響了我們的世界，一個由光和能量交織而成的大千世界。

這就是我寫這本書的原因。因為我相信，這本書現在之所以在你手中，是因為我們注定要共度這段旅程，走向更用心、更細心和更有意義的生活方式。我們注定要讓我們最真實的光，盡情而勇敢地在這個世間綻放光芒。

死亡算不了什麼

死亡算不了什麼。
它不算數。
我只是輕輕溜到了隔壁房間。
什麼也沒有發生。

一切都和原來一樣。
我是我，你也還是你，
我們一起深情共度過的人生未曾改變。
不管我們過去之於彼此是什麼，現在依然還是。

用熟悉的老名字來呼喚我。
用你向來輕鬆的方式來談論我。
維持你一貫的語調。
無須勉強嚴肅也無須悲傷。

像我們一同分享玩笑時那樣地歡笑。
嬉戲，微笑，想起我，為我祈禱。
讓我的名字像過去一樣時常被提起。
讓它被提及的時候毫不費力，也沒有鬼魅般的陰影籠罩。

生命意味著它曾經意味著的一切。

它依舊和過去一樣。

它仍然持續不間斷。

死亡不過是一場微不足道的意外。

只因看不見我，我就要被忘懷？

我只是在等你，在等待一個片刻，

在某個很近的地方，

就在那一個角落裡。

一切都很好。

沒有什麼傷害；也沒有什麼失落。

只要一個瞬間，一切就會像過去一樣。

當我們再次相逢時，我們會為分離的苦惱感到莞爾！

──亨利·史考特·霍蘭德

（Henry Scott Holland）

第一部

永遠與我們同在

我有生以來首度了解到：
世界上充滿奧秘、別無其他，
而這些奧秘又是如何隱藏在我們庸庸碌碌、
不值一提的生活背後閃閃發光，
但是我們卻絲毫不覺。

——蘇·蒙克·基德
（Sue Monk kidd）

　　到外面走一走，看看環繞在你四周的世界。看看樹、看看房子，看看天空和雲朵，看看車子、路牌和擦身而過的人們。當我們暫緩生活的腳步，真正地把四周的美麗和景色覽進眼底——當我們變得更察覺——我們就更能感恩我們所擁有的福分。

　　然而，如果我們仔細地環顧四周，但實際上卻未能看到所有的東西呢？如果我們只看到了其中的一部分呢？如果我們錯過了整個的實際狀況呢？

　　如果，只要對看見和了解的新定義敞開心扉，我們就能開始綜觀全局呢？如果世界突然變成了一幅由連結、徵兆、光和愛交織而成的華麗織錦，全部交織在我們習以為常的平凡生活裡了呢？

　　下面的故事就是關於那些這麼做的人——那些敞開心扉、進而發現了一個看見世界的美麗新方法的人們。

　　一旦他們開始看見這些事物，他們就再也無法視而不見。他們永遠地改變了；而這種改變對他們而言是極其美妙的事情。

　　如此美妙的事情，也同樣可能發生在你身上。

1　柳橙

你曾經有過這樣的經驗嗎？當你正要做一件很重要的事，而你又不在自己的舒適圈裡，風險很大、壓力很大，你的腦子裡迴繞著所有你可以想得到的正面思維，但是事實上，你想的卻是：我到底在這裡幹嘛？

我經歷過那樣的時刻，次數比我願意承認的還要多。在《我們之間的光》出版後沒多久，我受邀到加州一場大型企業活動去演講。我立即了解到，這是宇宙在召喚我，要我去分享來自另一頭的訊息；對此，我覺得既謙卑又榮幸。

我得在六百名好萊塢舉足輕重的人士面前站上舞台，對他們說一些能夠觸動、挑戰，以及啟發他們的事情。尤有甚之的是，和我一起在舞台上的，還有經驗老到的達官顯要，其中包括一位前美國總統。我從來沒有被召喚去類似這樣的場合演講過。既然宇宙選上我來執行這項任務，如何強而有力地去傳達他們的訊息，著實讓我倍感壓力。我不想讓另一頭失望。

　　奇怪的是，我並沒有感到害怕。我當然覺得緊張，但同時也覺得興奮。我想要站上那個舞台。我想要榮顯另一頭傳達給我的訊息。因此，我出席了那場活動，也發表了演說；一直到我結束演說走下舞台之際，我才突然想到：我有用我應該有的方式，百分之百榮顯了另一頭的訊息嗎？我表現得夠好嗎？

　　我知道是另一頭讓我走上了這條道路，但我還是希望能夠得到某種肯定。當我坐在後台時，我把思緒導向另一頭，要求另一頭給我一個徵兆──讓我知道我已經榮顯了他們的訊息。

　　我要求宇宙給我一顆柳橙。

　　那就是我要求的──一顆柳橙。

　　如果宇宙在我行經之處放上一顆柳橙，我就會知道我的確是在自己需要出現的地方、做著我需要做的事情。我也會知道，我已經全然傳遞了他們的訊息。

　　在演講的部分結束之後，所有的演講者和與會者都被帶到室外，來到午餐所在的一個大型開放空間。我轉向一角，視線所及是一張張大木桌，一路排列到主要的用餐區。這些木桌放在那裡只是為了裝飾，為了創造一種氛圍，通常，木桌上會擺滿鮮花、植物，或者其他賞心悅目的擺設。

　　但是，唯獨那一天並未如此。

　　那天，桌上擺滿了柳橙。而且不光只是幾顆，是好幾千顆的柳橙。

　　我的意思是，柳橙無處不在。入口堆滿了柳橙、服務台旁邊也疊滿柳橙，每一張桌上滿滿都是柳橙，讓人看得眼花撩亂。當然，你的理智肯定會說，早在你要求那個徵兆之前，就已經有人決定用柳橙作為裝飾主題了。

　　但是，我不是那樣看待那些柳橙的。對我來說，那些柳橙是一份美妙的肯定。我對另一頭的祈禱向來都是：「儘管好好利用我來傳遞世上的愛和療癒，但是，請務必在旅途中指引我。」而那就是這幾千顆柳橙所代表的意義——徵兆。那是宇宙在告訴我：「你是這支隊伍的一員，你做了你應該做的部分，你已經榮顯了你的角色。謝謝你。」

　　在看到柳橙的那一剎那，我先是屏住了呼吸，接著笑了，然後我開始哭泣。你瞧，我要一顆柳橙，而宇宙給了我好幾千顆！我們就是那樣地被愛、被支持和照顧。

　　對我而言，那些柳橙強化了四個真理：

我們不斷地受到光之團隊的照看；
我們是被愛的；
在彼此的旅途上，我們都是互相連結、相互投入的；
當你向宇宙要求徵兆時，宇宙就會回應你。

　　那些柳橙對我是一個意外卻清楚的交換——我提出要求，而宇宙回應了我。不過，這種「要求和回應」並非永遠都那麼容易看到。日常生活中的混亂和疑惑、恐懼和噪音，

都可能遮蔽我們感知的能力，讓我們察覺不到原本就不明顯的事情。

　　有些人對於自己所看到的事情完全無法確定，下面就是關於這些人的故事。其中有些人甚至不相信和另一頭溝通的可能性。不過，這裡所舉出的每一個例子，都永遠改變了他們的信念和世界觀。每個人的旅程都不一樣──有些人比其他人更多疑，需要更多的肯定和證實。有些人則立即可以感受到愛和支持，並且很快地學會如何深入了解徵兆的神秘力量，藉以為他們的生命帶來改變和意義。

　　在所有這些故事裡，徵兆常常都是很簡單或很平常的東西，這點倒是真的。它們是存在於日常生活裡的東西，是我們通常不會多看一眼的東西。例如，一顆柳橙。但是，藉由選擇一樣平凡的東西、一句話、一首歌或一個數字作為我們的徵兆時，我們就創造了一個連結的方法。

　　徵兆就在那裡。肯定就在那裡。愛就在那裡。我們所需要做的，只是學習如何接收到它。

2　車上的麥片

　　2015年的時候，我的出版社企鵝蘭登書屋要求我在他們舉辦的一場活動中發表演說。他們安排了一輛車到我位於長島的家，來把我接到曼哈頓去。一路上，我都很沉默。我一直在想稍後要和與會者分享的談話內容和事物。我應該告訴你，我有兩種模式：正常模式和通靈模式。當我對另一頭保持開放時，我是完全地敞開心扉。但是當我處於正常模式時，我就會把自己緊緊關閉起來。我發現，如果我太常開放、頻繁通靈的話，我會感到身心透支，甚至筋疲力竭。

　　更重要的是，在未經當事人許可下就讀取他的能量，也算是一種侵犯——就像偷看別人的內衣褲一樣；那樣做就是不對。在開往市區的路上，因為當下的我處於正常模式，所以，我就把自己對另一頭開放的那個部分關閉了起來。

　　然而，還是有人現身而來了。

　　某個和司機有關的人。

　　一開始，我什麼也沒說；事實上，先開口的是那個司

機，一位名叫麥斯默的和藹中年男子。

「如果可以的話，我可以問一下，你的書是關於什麼的呢？」他很有禮貌地說。

於是，我告訴他我是誰，我的書都寫些什麼。

「噢，」麥斯默說道，「那我應該要讀一下這本書。」

這樣就夠了。這就是另一頭所需要的許可。剛才現身的那個人，現在開始顯靈了。

我沒有接口，還在試圖決定要不要把我正在接收到的分享給司機。不過，既然麥斯默已經開啟了對話，我想那應該不會有問題。

「你有個兒子在另一頭，對嗎？」我問他。雖然我收到的連結非常清晰，完全算得上是一個聲明，而非問句。

「對，我有。」麥斯默回答，「是我的繼子，叫做羅瑞格。」

那不是我聽到的名字。

「嗯，」我告訴他，「我聽到的是一個Ｖ開頭的名字，發音聽起來很像是維真。」

「噢，我的天，」麥斯默說，「維吉爾。我們都叫他維吉爾。」

接著，維吉爾給我看了一個貌似他信手拈來的東西。

「他為什麼給我一碗麥片？」我問司機，「他為什麼要我和你聊麥片？」

麥斯默深深吸了一口氣。

「大家都知道他喜歡吃麥片，」他笑著說，「早餐、午餐、晚餐，每天都一樣。我還曾經擔心他會營養不良。他就是很愛吃麥片。」

然後，麥斯默說他覺得自己最近收到了來自維吉爾的徵兆。

「你知道嗎，我們曾經有過一次突如其來的對話，說的是如果我們其中一個死掉的話，會發送什麼徵兆給對方，」他解釋說，「而他會發給我的徵兆是忍者龜，他超級喜歡忍者龜。」

麥斯默告訴我，當維吉爾在二十歲出頭過世時，他早就忘記了這段對話。不過，有一天，麥斯默的小女兒回到家，宣布了她最新迷上了什麼。

「她迷上了忍者龜，」麥斯默告訴我，「她突然要收集所有忍者龜的東西。完全沒有前兆。我知道那是維吉爾出現了，是維吉爾在守護她。我也知道那是他給我的一個徵兆。」

維吉爾之後又給我看了一個東西──他讓我看到一個名字是M開頭的老人。他讓我知道那是他祖父，他們在另一頭相聚在一起。我把這個訊息分享給了麥斯默。

「噢，我的天，」麥斯默回應，「有一次我夢到維吉爾，我看到他和我父親在一起，我父親也叫做麥斯默。他們在一起。」

就在那時候，我了解到維吉爾傳遞給我的每一個訊息，

麥斯默之前早就已經收到了。

「你不需要我，」我告訴他，「你已經在和你兒子溝通了。他這次現身只是為了證實你之前的經驗。一直以來，你都已經在和他溝通了。」

我和麥斯默的整段對話證實了他已經知道的事——他的兒子還在他身邊，深切地想和他連結。麥斯默已經知道，維吉爾透過他的夢境、他的女兒，以及其他方式，和他產生了聯繫。那些徵兆、語言，甚至是麥斯默對連結的接受度，都早已在那裡了。不過，就算麥斯默對這種溝通形式的真實性有所懷疑的話，這些疑慮也會被維吉爾消除，因為維吉爾已經透過我，讓麥斯默驗證了這些經驗。

問題是，你我不會剛好在同一輛車子裡。也許會，但是，你知道的，這種事發生的機率不是我們可以掌控的。因此，讓我藉這個機會，在此時此地，給予你維吉爾透過我所給予麥斯默的——那就是驗證：

你收到了徵兆。宇宙、神的能量、你在另一頭的摯愛，還有你的指導靈，正在發送給你徵兆，他們在聯繫你，試圖和你連結。這正在發生，而且頻頻發生。而在你的內心深處，你早已經知道了。

————

好吧，你會想，那是怎麼發生的？徵兆會如何顯示？是什麼樣的動力驅動這些徵兆，讓它們變成真的？它們的電池是什麼？它們的動力來源是什麼？

就是我們。

當我們卸下肉體時，我們都變成同一個宇宙生命能量的一部分──一個由光、愛和能量組成的巨大漩渦。換句話說，我們的能量──我們的光和我們的愛──我們的意識──不會在我們的肉體死亡時結束。它會繼續存在，並且會和曾經存在過的每一個人的光之能量串連，然後連結到一股巨大的宇宙生命力量。這就是隱藏在那些光之繩索背後的能量，也是連結我們和另一頭的能量；同時也是另一頭發送給我們的徵兆背後的能量。

我們就是這股能量。光和愛就是電池。而永恆的宇宙本身就是動力的來源。

是這些造就成一股力量，一股在我們確切需要的時候，送給我們一顆柳橙──或者好幾千顆柳橙──的力量。

3　光之團隊

我們在另一頭都有一支光之團隊。這些隊伍發送給我們徵兆。而這些徵兆來自於三股獨特的力量：

1. 我們接收到神的能量所發送的徵兆，當我提及來自宇宙的徵兆時，我所指的就是這個。這是愛最崇高、最強大的來源，我們每個人都直接與之連結，同時也透過它彼此連結。
2. 我們接收到我們的指導靈／天使層級所發送的徵兆。
3. 我們接收到我們已逝的摯愛所發送的徵兆。

也許我們對神的能量這個概念、以及和我們互動的宇宙感到熟悉，但是你可能會納悶，誰——或者什麼東西——是我們的指導靈。

我的經驗告訴我，我們都有在另一頭的老師、導師和保護者，他們的目的是在照看我們，指引我們朝向我們最好、

最崇高的人生道路。有些人把他們叫做守護天使,我則稱他們為指導靈。這些指導並非我們今生所認識的任何人,例如已逝的朋友或親戚——雖然這些朋友或親戚確實幫忙引導過我們。指導靈在我們出生以前,就進入了我所謂的「靈魂契約」,在我們的生命裡扮演一個角色。

我們和指導靈的關係並不複雜。他們在那兒只是為了幫助我們,如此而已。他們並未要求回報。他們沒有其他任務。他們是宇宙龐大的、愛的能量的一部分,也是被特定指派給我們的。他們連結了最純粹、最崇高的愛和能量,是那樣的愛和能量構成了含括這一頭和那一頭的宇宙。他們被授予的任務是,確保發生在我們生命中的每件事都是為了我們靈魂的發展,而他們也確實致力於此。

誠如我稍早所提,指導靈、神的能量和我們已逝的摯愛,在另一頭組成了光之團隊。

如果你覺得指導靈的概念聽起來有點陌生,你得知道,這並不是什麼新的概念——早在人類之初,指導靈就已經存在了。雖然,他們在不同的文化裡有不同的稱謂,但是,他們一直都是人類存在的森羅萬象裡的一部分。

在基督教裡,他們叫做天使或守護天使,在聖經中扮演著顯赫的角色。

在印度教裡,他們叫做天神,同時被視為是人眼看不到的天界存在,不過,有些天眼已開或者已經被喚醒的人可以感受得到他們。

在伊斯蘭教裡，天使是光形成的，是阿拉的使者，相信天使是該教六大信仰之一。

古希臘人也相信天使。事實上，天使一字源於 ἄγγελο ——是希臘文天上的使者，亦即「信使」之意。

我們能知道我們的指導靈是誰嗎？可以的。我的一位指導靈在我洗澡的時候閃現而出，我可以聽到她的名字，並且感受到與她的連結。不過這種事並不常發生。我認為，我們必須處在一個高度接受、意識開放的狀態——遠遠超過我們在繁忙混亂的日常生活裡的狀態——才能讓那樣的互動發生。

但是，我們不需要知道我們的指導靈是誰，因為他們知道我們是誰。我們終歸需要一種信任的方式，讓我們得以全然接受並且感謝我們的指導靈——即便你和我一樣，都能知道指導靈的名字。重要的是，你知道你隨時可以召喚他們來幫助你（是的，即便是找停車位也行！）。

我一直對另一頭敞開心靈，也看到過指導靈對數以百計的人生所產生的影響。我的經驗讓我對我們在另一頭的光之團隊所持的強烈奉獻和力量心存感激。

我們和神的能量有所連結。我們和天使領域以及我們在另一頭的指導靈有所連結。我們也和我們已逝的摯愛有所連結。這些愛的力量在一起組成了光之團隊。

而我們的光之團隊一直都在發送徵兆和訊息給我們。

　　人們會在各種活動場合裡來找我，分享他們的連結故事，因為他們知道我是一個「安全之地」──我不會嘲諷或取笑他們；我會尊崇他們的故事。事實上，不只是在活動場合──我的一名醫生最近就在幫我檢查的過程中，向我吐露了一件事。

　　G醫師當我的醫生已經好幾年了──我的一個女兒還是他接生的──但是他一直都不知道我是個靈媒。當他聽說我正在寫一本書時，他問我那是什麼樣的書，也因此而得知我在做什麼。他停了一下，若有所思，然後才勉強地分享了發生在他身上的「怪事」。

　　他告訴我，幾年前，他在佛羅里達搭船釣魚的時候，突然之間，他感到一股巨大的能量襲來，彷彿一陣電流竄過他的身體。當時，他立刻感受到他父親的能量和存在。在當下那片水域裡，他強烈地感覺到父親的愛向他沖刷而來。但是，他不明白為何如此。

　　第一個閃過他腦海的念頭是：我瘋了嗎？或者是我父親來向我道別嗎？他的父親病了一段時間，但是沒有人覺得他會那麼快去世。接著，他看了看手錶，注意到當時是幾點。他試著打電話給他母親，但是手機在船上卻沒有訊號。大約過了一個半小時，他回到岸邊，又打了一次電話給他母親。

　　在他開口之前，他母親輕輕地告訴他，他父親剛剛過世了。

他問母親事情發生的精確時間是幾點。就在他於船上感到一陣電流竄過全身的時候，他的父親過世了。

「我沒有對別人說過這個故事，」他告訴我，「任何人都沒有。我覺得沒有人會相信真有其事，而我自己也很難接受。但是，我父親正好就是在那個時刻過世的，這件事是如此震撼，我想那是我父親在和我道別。」

「你要相信，」我告訴他，「那是真的。你父親對你做了一個很美妙的告別。」

我鼓勵他和別人分享這個故事，就從他母親開始。那是一份注定要分享的禮物。

有時候，當我們收到來自另一頭的徵兆時，我們或者不予理會，或者任由我們理性的思緒說服我們那不可能。由於害怕別人會以為我們瘋了，所以我們不敢向任何人提及。

然而在我們內心深處，我們知道那是真的。它們是值得分享、榮顯和歌頌的故事。一旦你接受這些故事為真，你的生命就會改變。

4　我把你的心帶在身上

　　一個名叫凱勒的小男孩在年滿六歲之前，問了他母親一個奇怪的問題。

　　「媽咪，」他說，「我還能活多久？」

　　他的母親伊莉莎倒吸了一口氣。她知道自己的兒子對於六週歲有某種偏執。她知道他不想變六歲。在某方面，六歲讓他感到害怕——他以前曾經提到過。伊莉莎挽起右手的袖子，伸出手臂。

　　「這是你的生命，」她指著自己的整條手臂告訴凱勒，然後又指著肩膀附近的某一點。「這就是你現在的年紀，」她說，「你的人生才剛開始。」

　　凱勒問她，人死後會怎麼樣。

　　伊莉莎告訴他，人們對此有著不同的信念。她選擇相信人們死後會以不同的形態回來。

　　「你想怎麼回來呢？」她問凱勒，「你會變成薩拉米回來嗎？」薩拉米是他們家養的貓。

凱勒思索了一會兒。

「我不想變成一隻貓回來，」他終於開口，「因為那樣我就得舔自己的屁股。」

於是，伊莉莎和凱勒達成一個協議：伊莉莎會以凱勒母親的形態回來，而凱勒則會以她兒子的身分再回來。

「我們握手敲定，」伊莉莎說，「就像合約一樣。」

「凱勒，嗯，他就是一個很特別的孩子，」伊莉莎這樣描述她的兒子。「他很小的時候很黏我們，他很害羞，又有點焦慮，他不是坐在他父親的肩上，就是依偎在我懷裡，他和我們很親密，身體上的接觸很頻繁，是一個很貼心又充滿愛的孩子。有別人在的時候，他就很安靜、很矜持，但是和我們在一起的時候，他永遠有說不完的話。他的創意很多，腦子裡充滿各種念頭。他會講故事、編故事，連故事的細節都不放過。他還會用他的積木和所有拿得到的建築材料，搭出一個個小小世界，甚至還包括消防局，以及有座位的活動電影院；而他對自己建造的東西，永遠都有一番清楚的解釋——直升機需要飛下來，以防橋梁斷裂，所以這裡就是直升機降落的地方，諸如此類的說明。他就是很喜歡說故事和建造東西。真的是一個很神奇的孩子。」

凱勒五歲的時候開始學寫字。由於他想說一個規模很大的故事，所以，他的父母就買了一本用帆布包裹的小筆記本，和他坐在一起，聽他詳述完整的故事。那個故事叫做羊駝和多明尼納一家，故事整整說了幾天幾夜。內容是關於他

們家養的貓薩拉米,和凱勒浴室裡那些塑膠玩具動物,一起
旅行去露營的故事。當凱勒說故事的時候,伊莉莎和提姆會
幫他錄音,這樣,每一個字就都出自於凱勒親口的描述。

最後,他們整整寫了九十頁。

凱勒六歲半的時候,他的父母帶他去看牙醫。他的恆齒
之間長了一顆多餘的牙齒,必須要拔掉。當牙醫告訴他們,
他需要鑽透凱勒上顎的骨頭才能把牙齒拔掉時,他的父母選
擇讓他麻醉來接受手術。牙醫讓凱勒接受全身麻醉——但是
卻出了問題。

凱勒的心跳突然停了。

「牙醫最後終於明白發生了什麼事,但是所有的急救方
法都失敗——心肺復甦、插管,」伊莉莎說,「他們把凱勒
救活了,但是他卻發生器官衰竭。」

凱勒在醫院住了兩天。他的心跳一次又一次地停止,而
醫生也一次又一次地把他救回來。包括他的肺在內,其他器
官也都逐漸衰竭。「所有的神經測試都沒有反應,」伊莉莎
說,「第三天的早上,醫生說我們必須讓他離開。」

伊莉莎就是在那個時候打電話給我的。我們有一個共同
的朋友叫她和我聊聊。最終,她從醫院打電話給我。我才接
起電話,就看到了凱勒,也看到了他在哪裡。

「他已經在另一頭了,」我告訴她,「我企圖要讓他走
回他的身體,但是我被阻止了。他的身體在冰上嗎?」

事實上,醫生用冰塊圍住凱勒的身體,試圖降低他的體

溫。在那通電話裡，我企圖哄凱勒回來，但是完全沒用。

　　「我能幫你做什麼嗎，凱勒？」我問他，「你需要我做什麼？」

　　有那麼一瞬間，我覺得凱勒可能會回來。在他的病房裡，伊莉莎留意到凱勒原本已經不穩定的瞳孔，突然穩定了下來。那是希望的瞬間——那是凱勒可能正試圖想回來的一個小跡象。但是才那麼一下子，凱勒就溜走了。

　　「很明顯地，凱勒沒有打算要回來，」伊莉莎說，「沒有多久，我們就失去他了。」

　　失去凱勒讓伊莉莎身心交瘁。照顧女兒和家庭成為支撐她活下去的唯一理由。我告訴伊莉莎，她隨時都可以打電話給我，但是我有一陣子都沒有她的消息。我希望她準備好的時候可以聯絡我。「我陷入黑色的泥沼裡，」後來，伊莉莎告訴我。「我覺得好想去死。我唯一能想到的就是，凱勒的世界變成了一片漆黑。他困在哪裡了嗎？一切都結束了嗎？他在哪裡？我在這種透不過氣來的、絕望的悲傷和憂鬱中度過了好幾星期，我在這片黑暗中尋找凱勒，卻遍尋不著。」

　　伊莉莎所不知道的是，凱勒也在尋找她。

　　他顯靈了。他試著要發送給他母親一個訊息。我透過我們共同的朋友發了一則簡訊給伊莉莎。我是這麼寫的：「凱勒沒有走，靈魂還繼續存在。它們在另一頭持續成長，凱勒被愛包圍著，他並不孤單，他很好，他愛你，也試圖要發送

訊息給你。」

伊莉莎收到我的簡訊，瞬間不再覺得寒冷。

「彷彿一道光突然照進了那片黑暗之中。」伊莉莎說。

在那之後，我們很快地就對上了話。伊莉莎解釋說，她早就懷疑凱勒有發送訊息給她，但是她無法相信那是真的。例如，凱勒一直都對特定的數字排列很感興趣，特別是1111——四個1排成一排。每次看到時鐘顯示11:11的時候，他就會要父母拍照下來。凱勒去世後兩週，伊莉莎在公園遇到一個朋友。聊了一會兒之後，那個友人便先行離開去買午餐，然後發了一張午餐收據的照片給伊莉莎，收據上的數字是11·11元。隔天，這名友人去了一家新餐廳，她又發了一張照片給伊莉莎，這次是餐廳的門牌號碼——1111。

「每件事都和1111有關，」伊莉莎說道，「然後，我好幾次夢到凱勒坐在提姆的肩膀上——那些夢境是如此真實。凱勒好像很開心，我覺得他好像想告訴我這些。但我卻不知道應該相信什麼。」

我們的通靈十分強而有力。凱勒如此強勢地現身。他生命中曾經有過的能量和熱情依然存在，而且更強大了。他充滿了愛和激動。

「他要我向你解釋在另一頭是什麼感覺，」我告訴伊莉莎，「他說，那就像是你能感受到的最強烈的愛，再乘上百分之八十億那麼強烈。」

還有其他更多的訊息——那是一串穩定的感覺和想法。

「媽咪，爹地，這裡好神奇，」凱勒說道，「就像外太空一樣，但是比外太空更好。我可以在瞬間無處不在，我可以同時變暗和發亮，你們不會相信這裡有多麼的不可思議。」

「我現在回到家了，」凱勒告訴母親，「這也是你的家，你只是不記得罷了。」

凱勒的訊息十分明確。他想要讓父母知道，他們的職責是給予他無條件的愛，而他們也完美地做到了。他說，他在地球上的時間原本就應該很短暫，他命中注定不會受苦，而他的確也沒有受苦。他又說，死亡就像睡著了，然後在最好的夢境中醒來。最重要的是，他希望父母知道他很好——而他們也會很好，因為他們終歸沒有失去他。他依然和他們同在，也永遠會和他們同在。

「在通靈之後，有部分的悲傷和恐懼消失了，因為我真心相信凱勒確實在這個美麗的所在。」伊莉莎這麼說，「失去他的悲慟依舊難以言喻，但是我現在明白，我們都是這個業力事件的一部分，這是早就為我們和凱勒計畫好的事。我也了解到，我們都連結在一起，也因為如此，所以我們永遠不會真的死去。已經發生的事都是原本應該會發生的，而且發生的既沒有痛苦也沒有煎熬，這讓我得以放掉心中的憤怒。」

不過，伊莉莎自己也承認，她「仍然有些遲疑」。她還沒有準備好能完全信任自己和凱勒已經存在的連結。而凱勒

也明白這點。他知道自己需要做的更多。

因此，凱勒決定發送更多的徵兆。

這些徵兆在我幫伊莉莎通靈時出現。那是為了要說服他的父母，讓他們相信他依然存在的明確徵兆。在凱勒的紀念會上，他的父母放了六百個氣球。伊莉莎從來沒有提過這些細節，但是當我在通靈的時候，凱勒要我告訴伊莉莎，所有的氣球他都收到了——而他打算把它們全部都送回給她作為徵兆。

「他說，他還收到了一個紅色的氣球，」我告訴伊莉莎，「有紅色的氣球嗎？」

伊莉莎不明白。有那麼多不同顏色的氣球，為何凱勒獨獨提到一個紅色的？然後她記起來了——凱勒小的時候，曾經在一家汽車經銷商收到過一名銷售員給他的紅氣球，當時他不小心脫手讓氣球飛走，還哭著看氣球就那樣飄走，並且為自己丟了氣球而啜泣了好幾個小時。

「我現在把它拿回來了。」凱勒說。

在通靈結束後的每一天、每一週，凱勒持續地把氣球送回來。一天傍晚，伊莉莎和提姆坐在他們家後院的台階上，因為思念凱勒而哭了起來，就在那個時候，有一顆氣球緩緩地飄過。

「那是凱勒。」提姆說。

幾天之後的週末，提姆和伊莉莎開車繞道經過一條他們

從來沒有走過的街道。當他們在街角轉彎時，他們看到一棟
建築物的側面牆上有一幅巨大的壁畫——壁畫上畫著許多碩
大繽紛的氣球。隔週，又有一顆氣球飛進他們的院子，在那
裡停留了好一會兒，然後才輕輕地飄走。

「無論我們去到哪裡，都可以看到一堆或者一顆氣球飛
過我們身邊。」伊莉莎說，「它們無所不在。」

我也告訴伊莉莎，凱勒送了她一首詩。

我無法分辨那是什麼詩，但是那很清楚是一首詩。伊莉
莎說，在凱勒去世後連續幾週，他們都收到親朋好友送來的
禮物，但是其中從來都沒有詩集，甚至連一首詩都沒有。通
靈完之後幾天，凱勒又來對我顯靈，要我送他母親一只手環
作為即將來到的母親節禮物。他想要把某首詩裡的一句刻在
手環上。

那句詩是：「我把你的心帶在身上。」

我把手環準備好，寄給了伊莉莎，並附上一張卡片說明
發生了什麼事。「你也許已經收到來自凱勒的這首詩，」我
在卡片上寫著，「他說他已經發送給你了。」伊莉莎努力想
了很久，卻還是想不出凱勒是如何把詩送給她的。

然後，她突然明白了。

伊莉莎跑到家中走廊的一個書櫃前面，在一番巡視之後
抽出了一本書。那本書是凱勒去世後，一個朋友送給她的禮
物。那是一本兒童繪本，內容是詩人康明斯（E.E.Cummings）
所寫的一首知名的詩，叫做〈我把你的心帶在身上〉。

我把你的心帶在身上（我把它放在我的心裡）
我從來沒有放下過它（我所到之處，
你都與我同行，親愛的；而我所做的事，
你也都與我同在，我的愛）

我無懼命運
（因為你就是我的命運，我親愛的）我不要全世界
（因為美麗的你就是我的世界、我的真理）

你是月亮代表的真義，
你是太陽歌唱的初衷

這是無人知曉的秘密
（這是生命之樹根源中的根源、花苞中的花苞、
天空裡的天空；這棵大樹高聳雲霄，超越靈魂所能希
冀、讓理性也無法隱藏）
這是讓星辰相互遙望的奇蹟

我把你的心帶在身上（我把它放在我的心裡）

凱勒決定要再發送一個徵兆。

　　凱勒想給他的父親提姆一個很明確的訊息。在通靈的時候，提姆和伊莉莎一起躺在凱勒床上，就在她身邊陪伴著她。

　　「凱勒說：『爹地，你的口袋或是皮夾裡有一個很重要的東西。』」我告訴他們。提姆當時身上穿著睡衣，並沒有把皮夾帶在身上，不過他戴了一條項鍊，因此他想知道，凱勒所指的是不是那條項鍊。

　　「不是項鍊，」我傳達說，「是一個好像小藝術品的東西。凱勒希望你知道，他就像那個在你皮夾裡的藝術品一樣，那麼地貼近你。」

　　不過，提姆很清楚他皮夾裡面有些什麼，而且根本就沒有什麼藝術品。他很確定裡面沒有凱勒說的那個東西，他甚至連看都不用看。

　　那天稍晚的時候，提姆坐下來把皮夾裡的東西都倒出來，只是為了保險起見。

　　結果，他發現了一張看起來像是收據的東西。那是一小張折起來的紙片。提姆小心翼翼地把它打開，倒吸了一口氣。

　　紙上畫著三朵黃色的花，旁邊還有一棵樹。那是凱勒的塗鴉。

　　我告訴他們，那三朵黃花和樹就是凱勒要送給他們的另一個徵兆。

　　翌日早晨，伊莉莎坐在她的飯廳裡望著窗外。窗外到處

都是樹和黃花，她怎麼可能知道凱勒發送給他們的是哪一棵樹、哪一朵花？

貼在她廚房一扇窗戶上的一張小貼紙吸引了她的目光，於是，她起身將貼紙撕下。以前，家裡的窗戶被凱勒貼滿了各種花、蝴蝶和葉子的貼紙；隨著時間過去，有些已經剝落，有些則已被刮掉。幾乎所有的貼紙都已經不見了。事實上，只剩下三張還在。

伊莉莎突然停止了動作。她後退一步，看著僅剩的三張貼紙。

每一張都是一朵黃花。

伊莉莎坐回椅子上。她把起居室裡的提姆叫過來，讓他看那三朵黃色的花。

「很接近了，」伊莉莎說，「現在只缺那棵樹了。」

提姆笑著坐到伊莉莎旁邊。

「你看窗外。」他指著窗戶說。

在他們的前院裡，被窗框和窗戶上的三張黃花貼紙完美框住的，正是一棵高大、美麗、彎成拱形的綠樹。

————

徵兆還在持續出現。在最近的一次露營之旅中，凱勒三歲大的妹妹吉娜天真地把撿來的一個小花束拿給母親——剛好是三朵黃色的水仙花。

「你為什麼把這個給我？」伊莉莎問女兒。

「我不知道，」吉娜回答，「剛才有東西叫我把它們給你。」

還有氣球——一直都在出現。連貫的數字也是。「就在昨天，我的電車可行駛里程數顯示是111哩，」伊莉莎說，「我就在想，『天啊，真厲害。』但是我讓自己的理性說服我，那不是來自凱勒的徵兆。又隔了一天，在開車去了一個完全不同的地方之後，我回到家幫車子充電，結果可行駛里程數再度顯示是111哩。徵兆不斷地出現，如果我有所懷疑的話，就會有不可思議的事發生，彷彿在打臉我一樣。」

身為兩人中比較多疑的那個，提姆決定要凱勒給他一個秘密的徵兆。他沒有告訴任何人這件事。就在他提出要求的隔天上午，伊莉莎叫他去屋外，把他們家養的貓帶進屋裡。

「為什麼？」提姆問她。

「因為我聞到臭鼬的味道。」

提姆聞言，一屁股摔坐在床上。

「怎麼了？」伊莉莎不解。

「臭鼬，」他回答。「我也聞到了。我要求凱勒發送一隻臭鼬給我。現在，臭鼬就在這裡。」

在我幫伊莉莎通靈的過程中，凱勒還告訴了我一件事——他說，他的父母將為他爭取一條以他為名的法律。

現在，凱勒法——要求牙醫在執行所有的手術時，都必須要有麻醉師在場，而不能由牙醫自行麻醉——即將在凱勒

家鄉所在的那個州頒布施行。

「牙醫遊說團體很強勢，這會是一場硬仗，」伊莉莎
說，「但是凱勒會和我們一起應戰。提姆的姊姊是個醫生，
她第一次用電子郵件把這個法案發給我們本地的國會議員
時，郵件發送出去的時間剛好是早上11：11。」

儘管凱勒一次又一次地發送徵兆和訊息，他所愛的人有
時還是會對他的離世感到痛苦。有些夜晚，伊莉莎和提姆會
並肩坐在一起，讀著羊駝和多明尼納一家的故事，這樣，凱
勒的聲音──充滿愛、熱情、興奮和創意的聲音──就能在
他們的家裡再次活過來。

「我每天每秒都在想念他，」伊莉莎說，「不過，知道
他還和我們在一起也讓我感到喜悅。每當我的朋友問及凱
勒時，他們總是會說：『他現在好嗎？』彷彿他還在我們身
邊。」

「……即便有無法言喻的傷悲，
美麗的事物依然展翅飛翔。」

——A・R・托雷斯（A. R. Torres），
《失去的課題》（*Lessons of Loss*）

5　蜻蜓和鹿

　　他們自詡為四C——卡拉、克里斯，以及他們的兩個幼子，卡德和凱勒。他們就像一個團隊，一直都在一起，一起歡笑，一起玩樂。「卡德最喜歡開玩笑。」卡拉在2003年嫁給克里斯，接著兩人共組了一家電視製作公司。「凱勒也很愛搞笑。卡德和凱勒共用一間臥室，他們就喜歡逗弄彼此。」

　　他們的幸福彷彿一場夢，美妙又完美——直到這場夢無可置信地畫下了句點。

　　卡德七歲時，因為游泳池一盞故障的燈而觸電身亡。

　　這簡直無法想像，根本不可能——為什麼笑聲必須停止？卡拉和克里斯企圖找尋答案、找尋慰藉，但沒有什麼能幫得了他們。

　　甚至，在兒子去世後的日子裡，即便經過了好幾個星期，卡拉依然覺得卡德還活著。

　　「我覺得他在發送訊息給我，」卡拉告訴我，「但是那

太不合理了，因此我覺得唯一的解釋就是我大概快瘋了。」

某個下午，卡拉正在開車的時候，一隻很小的蜻蜓在她的頭上盤旋，最後停在了駕駛座旁邊的窗戶上。她完全不知道那隻蜻蜓是何時飛到車裡、又是怎麼飛進車裡的。她繼續開車，蜻蜓也一直沒有飛走。她在紅燈前停了下來，但是蜻蜓依然動也不動。「等我到達目的地下車時，那隻小蜻蜓也跟著我下了車，又在我身邊繞了一會兒之後才飛走。」

在那個當下，卡拉腦子裡閃過一個念頭。

「我在想：『是卡德嗎？』」她說：「由於胸中的痛苦依然強烈，我發現原來我一路都在哭，於是我站在原地，試著釐清剛才發生的事。我覺得那似乎是卡德要傳送什麼訊息給我，只是我無法確定那是不是真的。」

接下來的整個夏天裡，卡拉足跡所到之處，都可以看到蜻蜓。門把上、牆上、浴室裡，無處不在。「有一回在游泳池的時候，我嫂嫂對我說：『你知道有一隻蜻蜓一直停在你頭上嗎？』」卡拉這麼說。「當時，我身邊的孩子們不停地在潑水、在吵鬧，但是蜻蜓就那樣文風不動地停在我頭上，不想離開。」

可是，一隻蜻蜓怎麼可能是誰要發送的訊息？

卡拉透過一位共同的朋友找到了我，於是她到我位於長島的家來進行通靈。我也確定我母親已經把我們家的狗羅斯克帶到她家，以免我們在通靈時受到打擾，不過，我還是讓

我們家的貓待在屋裡自由行動。卡拉和我坐在廚房餐桌前。過了一會兒，卡德就現身了。他給我看了一個東西，然後讓我去問卡拉一個問題。

「你碰巧對貓過敏嗎？」

對，卡拉告訴我，她對貓過敏。

「是這樣的，我有一隻貓，他常常和我一起坐在廚房，卡德正在對我說：『你不應該把狗送走，你應該把貓送走才對。』現在，他會幫你把貓趕出廚房。」

果真，我們家的貓——不管是誰進到廚房，他一定都會坐到人家的旁邊——在我們於廚房進行通靈時，完全不見他的蹤跡。

卡德繼續以非比尋常的方式顯靈——充滿了能量、興奮和愛。

通常，當我和來自另一頭的某個人連結時，我都會要求對方把名字發送給我作為驗證。不過，我不是每次都能獲得對方的全名。我可能得到的是一個強而有力的聲音，或者一個單字的意象。在卡德的案例裡，我領受到的是一個大寫的C，代表著某個來自另一頭的人。接著，我又感受到還有另外一個C，然後還有一個，之後又有一個，這幾個都在地球上——所以總共有四個C。我把四個C的事告訴卡拉，她才告訴我那代表著什麼——她和克里斯，以及他們的兒子凱勒和卡德。那代表著核心、小組和團隊。

在接下來的通靈過程中，發生了一件神奇的事。

卡德讓我知道，他們家即將要去旅行，而卡拉也對我確認此事為真。接著卡德很清楚地對我顯示，在這趟旅程中，他要用什麼方式發送訊息給卡拉，好讓她知道他一直都和他們在一起。一個已逝的人能這麼精確地指出他們要傳遞的徵兆是什麼，這實在有點不尋常。但是，卡德卻表達得十分清楚。

「卡德會發送一隻鹿給你，」我告訴卡拉，「我看得很清楚。他希望你知道，你會直接遇到那隻鹿。卡拉，他說那是他給你的徵兆，如此一來，你就會知道他一直都和你在一起，一直都在你身邊。他想發送一個直接的訊息給你，所以，你和那隻鹿的相遇將會是很直接的。」

卡德還有一個很重要的訊息要和他母親分享。

「他一直在發送訊息給你，他知道你都收到了，但是你卻立即對這些訊息感到懷疑。」我說：「卡德要告訴你，『不要再這樣了，不要再懷疑了。』」

———

通靈結束之後，卡拉沒有對任何人提起關於鹿的事情。她不知道如何是好。一場直接的相遇？那是什麼意思？

在這一家人前往英格蘭的前幾週，克里斯和卡拉決定先到佛羅里達群島度週末。卡拉在那段長途駕駛中睡著了，直

到克里斯驚奇地說：「噢，哇。」才把她喚醒。

「怎麼了？」卡拉不明所以。

「我們剛經過他們旁邊，」克里斯說，「就在路邊。我以前從來沒有看過！」

「什麼東西？你看到了什麼？」

「四隻白尾鹿。」克里斯回答。

白尾鹿是一種罕見而且瀕危的鹿的亞種，目前僅存於佛羅里達群島。他們的體型比一般的鹿要小，而且非常罕見。克里斯曾經數度造訪過佛羅里達群島，卻從來沒有看過任何白尾鹿。然而，此刻竟然有四隻白尾鹿就在路邊。

「你能相信嗎？」克里斯說，「四隻白尾鹿！」

卡拉的反應讓他嚇了一跳。她開始哭泣，淚留滿面，對自己錯過專為她而來的訊息感到身心交瘁。

「我好難過，」她說，「我沒有看到他們。克里斯喚醒我的時候已經太晚了。我告訴他我之所以感到沮喪，是因為蘿拉說過，我會收到什麼樣有關鹿的訊息。於是，克里斯提議要迴轉去找白尾鹿，但我當時想：『好吧，不要這麼龜毛了。』在路邊看到四隻而非一隻白尾鹿的機率有多大？我們是四C，白尾鹿則是四隻。所以，我覺得算了，而我們也度過了最棒的一個週末。只不過，在內心深處，我還是覺得很悲慟。」

週日早上，他們離開了基韋斯特島，踏上長途駕駛的回程。剛出發不到幾分鐘，克里斯在一家叫做無名酒吧的酒吧

暫時停車。他告訴卡拉他得去洗手間，說完就逕自走進酒吧。

不過，克里斯說的不完全是實話。他確實進了洗手間，但是並非為了上廁所。克里斯聽說過這家酒吧以及它的傳統：酒吧的客人可以在紙鈔上寫下一個人名，然後把鈔票貼在牆上或天花板，以表達對那個人的敬意。克里斯用簽字筆在一張鈔票上寫下卡德，並且在牆上找了一個位置貼了上去。然後他離開酒吧，朝著車子走去，卻在半路上停住了腳步。他不敢相信自己眼前的這一幕。

克里斯在酒吧裡的時候，卡拉和凱勒一起待在車裡等待。透過車子的前擋風玻璃，卡拉直視前方，陷入了沉思。她在想卡德。突然下起了一陣小雨，除了寥寥無幾的其他幾輛車和幾張野餐桌之外，整個停車場裡空無一物。一陣騷動吸引了她的目光，讓她轉頭看向停車場的邊緣。

有一隻鹿從一排矮樹叢裡鑽了出來。

卡拉倒吸了一口氣。她小心翼翼地下車，亦步亦趨地深怕把鹿嚇走。但那隻鹿似乎毫不畏懼。他直視卡拉，然後——不可思議地——緩緩向她靠近。而克里斯剛好就在那個時候走出了酒吧。

「別動，」卡拉交代他，「在原地拍張照片就好。」

那隻鹿走到距離她十呎之處，近到卡拉可以清楚地看到他清澈美麗的眼睛。接著，他又慢慢走近了兩呎，然後，繼

續靠近。卡拉屏住呼吸，動也不敢動。那隻鹿就這樣離她越來越近。

終於，他們之間只剩下兩呎的距離。卡拉緩緩地伸出手，掌心朝上。小鹿走上前來，輕輕地把鼻子貼在了她的手上。他就那樣停留了好一會兒，任由卡拉托住他的臉。小鹿接著把頭斜向一邊，往上看著卡拉。他們四目交會。就這樣不知道過了多久，小鹿才轉身走開。卡拉、克里斯和凱勒動也不動地目送他的離去。小鹿在他們注視下走回矮樹叢時，突然轉過身來，看了他們最後一眼，然後走進樹叢，消失在他們的視線裡。

卡拉駐足在原地，看似受到了極大的震撼。除了家裡的貓狗之外，她從來不曾如此靠近過任何動物，更遑論野生動物了。當小鹿向她靠近時，她覺得很緊張，但是當小鹿把頭靠在她手上時，除了貼心和喜悅，她別無其他感受。

「發生了什麼事？」她問克里斯，「那是真的嗎？」

「是真的，」克里斯回答她，「千真萬確。」

卡拉分析了一下自己的情緒。她以為自己會哭，但是卻沒有。「當時發生的事一點也不悲傷，」她說，「那時候，我只感到神奇，那是極為神奇的一刻。雖然事後我還是哭了，但是在停車場的時候，我和克里斯只感到驚奇。」

克里斯站在停車場裡，首先打破沉默。

「如果那還不能算是來自卡德的訊息，」他說：「那我

真不知道什麼才是了。」

　　回到車裡之後，卡拉哭了。「我哭不是因為難過或悲傷，或者其他什麼理由，」她說：「而是覺得鬆了一口氣，因為我終究沒有錯過我和卡德最重要的那一刻。沒能看到那四隻白尾鹿讓我好沮喪；雖然我試著不表現出來，但是那一整個週末，我都覺得好沮喪。不過，卡德──卡德絕對不會讓我錯過那一刻。」

　　在那之後，鹿變成了卡德用來讓父母知道，他還在他們身邊、還和他們在一起，也還是這個家的一分子的徵兆之一。

　　「我們到哪裡都看得到鹿，不過都是在不尋常的方式下看到的。」卡拉告訴我，「有一次，我們帶凱勒去一個水上公園。當我們在一個很大的滑水道入口排隊，等著登上滑水道的時候，我開始想起卡德，因為他一直都很喜歡和弟弟凱勒一起滑下滑水道。就在我往上看的時候，一名身穿緊身上衣、排在我們前面的男子，他壯碩二頭肌上的一幅刺青映入我的眼簾。那是一頭很大、很漂亮的鹿的刺青。」

　　在那一瞬間，卡拉說：「我知道卡德也和我，以及凱勒一起在滑水道上。」

　　對卡拉而言，收到那樣不可思議的徵兆──並將之視為是卡德的一種溝通，進而接受它──改變了她的生命。

　　「它給了我力量，也讓我敞開心扉接收來自卡德的徵兆，」她說，「它讓我相信，卡德真的一直都和我們同在。

頓失幼子的那種突然，讓我無法形容有多麼痛苦。我真的覺得收到卡德那個訊息，幫我走出了那樣的痛苦。那真的是一種恩賜。四C仍然在一起，而且我們也將永不分離。」

6　另一頭的死黨

　　我和卡拉在通靈時，還發生了另一件奇異的事。

　　在通靈一開始的時候，當卡德現身時，他很堅持要把一個最近剛過世的男孩也帶來，那時候我還不知道他弟弟的名字。他傳遞給我很多關於那個男孩的資訊——他的名字、他是怎麼死的、他現在怎麼樣——我也把這些一一分享給卡拉。

　　「他帶了一個也在另一頭的男孩來找我，那孩子名叫凱勒，」我告訴她，「那孩子去看牙醫，因為麻醉而死掉了。卡德告訴我，他和凱勒在一起，他們在另一頭組成了一個隊伍。」我立刻就明白了凱勒是誰：卡德把伊莉莎和提姆的孩子帶來找我了。

　　卡拉和伊莉莎彼此並不認識，但是她們的兒子對彼此並不陌生。她們的兒子雖然在不同的時間、以不同的方式離世，但是他們在另一頭變成了好朋友。卡拉不知道該怎麼辦，所以卡德傳來了更多的資訊。

「稍等一下，有個叫做凱勒的男孩也在這裡？」我問。

是的，卡拉回答我。卡德的弟弟就叫做凱勒。

「原來卡德是在說這個，」我繼續說道，「他一直在笑，他說他在這裡有個凱勒，在那裡也有另一個凱勒。」

對卡拉來說，那是一個很棒的驗證，不只證實了兒子還和她在一起，此外，在悲傷的路途上，她也並不孤單。卡德和凱勒的友誼證明了我們彼此都連結在一起，我們注定都要在地球上互相幫助，讓彼此療癒和成長。而在另一頭的那些人，則會攜手促進這些發展。

卡德告訴母親，他和他的新朋友凱勒有一個計畫：他們想讓彼此的母親見面。

在那次通靈之後，卡拉聯繫了凱勒的母親伊莉莎，結果兩人變成了好朋友。她們有著很多人沒有的共同點——兩人的幼子都過世了。事實上，卡德和凱勒去世的時間僅僅相隔了幾個月。卡拉和伊莉莎得以分享彼此的感覺，幫助對方適應這份悲傷。在某方面來說，伊莉莎是少數幾個可以給卡拉這種安慰的人之一——而卡德看到了這一點，所以他顯靈而來，讓她直接走進他母親的生命道路。當然，凱勒也對他母親伊莉莎做了一模一樣的事。

想想看！這兩個已經不在人世的男孩在另一頭相遇了，同時也把各自的母親帶到對方的生命裡，來幫助她們得到療癒。這是我們已逝的摯愛持續存在、且持續引導著我們的最強範例。

其實，我看過很多這樣的例子——靈魂在另一頭合作無間，來策動發生在地球上的重要事件。我稱他們為光之團隊在另一頭的擴充成員，他們在另一頭攜手合作，推動我們去和足以豐富我們生命、幫助我們成長的人展開連結，並讓我們對這些連結心存感激。

在卡德的案例裡，他能夠透過我來策動他母親和伊莉莎的連結。不過，誠如我所言，你不需要靈媒來幫你接收和反應那些徵兆以及訊息。你甚至可能已經收到了，因為我們的光之團隊會持續不斷地來引起我們的注意。

然而，就像我之前說過的，我們日常生活裡的紛亂庸擾經常會壓過這些徵兆和訊息。我們若非沒有看到它們，就是看到卻沒有意識到，或者完全忽略它們的存在。所以，我們要非常留心它們的存在——要對我們在地球上的愛的連結，保持一個高度警覺的狀態。對於那些被帶進我們生命道路的人，我們需要敞開心扉，因為他們可能是被派來幫助我們療癒和成長的人。

在本書稍後的章節，我們會談及如何達到那種高度覺知的狀態。不過現在，我希望凱勒和卡德相互連結的故事，能讓你深刻感受到我們在另一頭的那些工作者驚人的力量，以及他們如何傳遞給我們肯定生命和改變生命的訊息。

7　紅心和紙牌

　　南希・米勒跟著旅行團走在越南郊外一個小漁村裡，突然，地上有個不尋常的東西吸引了她的目光。在這個前不著村後不著店，除了山丘、湖泊和濃密的森林之外，放眼所及沒有任何村落的地方，居然會有幾張紙牌散落在泥土路上的一角。南希問導遊，這樣的路上為何會有紙牌，這是否具有什麼當地文化上的意義。

　　「沒有，完全沒有什麼意義，」導遊回答她，「我不知道這裡為什麼會有紙牌，這好像不合常理。」

　　不知道什麼原因，南希想起了自己的母親，她母親也叫南希。

　　「這個念頭突然閃現在我腦子裡，」南希事後告訴我。「我當時就想，『你知道嗎？如果我母親是張牌的話，那她一定是那張紅心皇后。』因為她就是一個充滿愛的人。」

　　隨著旅行團繼續前進，南希也把紙牌的事忘得一乾二淨。

————

南希的父母是高中時期的情侶，他們結婚的時候才二十出頭。他們的婚姻整整維持了六十四年。他們有四個孩子——南希和她的三個妹妹，琳達、金和梅格——還有七個孫子和孫女。他們是一個關係十分親密的家庭。

「家庭對我母親來說就是一切，」南希說。「她生命中最重要的事，就是我們都在她身邊。她喜歡為我們下廚，為節日的來臨裝飾家裡，也喜歡全家一起去度假。當她自己去度假沒有我們作陪時，她就會把時間都花在幫我們每個人選購禮物上。我們每個人和她都有很深的連結。」

幾年前，南希母親的健康開始衰退。她必須要坐輪椅，在她位於長島的家裡，也需要丈夫肯尼或醫院照護人員的照顧。住在紐約市的南希，每天都要打電話看看母親一切是否安好。

「我和我丈夫要去越南度假的那個早上，我打電話問我父親她的狀況，」南希回憶道。「我父親告訴我：『不是太好，不過不用擔心。她不會有事的。』所以我們就按計畫搭了十二小時的飛機到香港。」

飛行途中，南希在半夜醒來去洗手間。才把門鎖上，她就開始哭泣。「我的肩膀痛到讓我醒來，突然之間，我就開始啜泣，」她說，「我不知道自己為何那麼情緒化。」

幾個小時後，他們降落在香港。她檢查了一下手機，發現有一則她妹妹梅格發來的簡訊。「回電給我。」上面只有幾個字。

梅格告訴她，她們的母親去世了。「她是在我肩膀出現劇痛的那個時候走的。我父親告訴我，母親臨終前所做的幾件事情之一，就是大聲說：肯尼，我愛你，當時，他正在另一個房間。」

在沉重的心情下，南希繼續她在越南的旅程。當她抵達那個漁村，看到地上散落的那些紙牌時，她想到了自己的母親，她已經開始思念母親了。

翌日，旅行團沿著一條土路，長途跋涉到距離漁村四小時外的一間古老寺廟。就在那條路上，又散落著另一些紙牌。南希不禁暗自覺得這真是詭異的巧合。

隔天，旅行團去了幾哩外的一個偏僻小鎮，然後，再沿著另一條小路步行到一座稻米博物館。就在那條泥土小徑邊上不到幾呎的地方，再度出現了一堆散落的紙牌。

「這次，我停下了腳步，仔細看了看那些紙牌，」南希說，「我母親最喜歡說的一句俗語就是：無三不成禮，而這正是我第三次看到地上出現紙牌。」

南希跨出一步，向紙牌走近，然後停了下來。

「其中一張紙牌在比較遠的地方，」她說，「其他的都正面朝下，只有這張朝上。」

南希彎腰撿起這張紙牌，那是一張紅心皇后。

要從一副標準紙牌中抽出一張特定的牌，統計機率是 52：1。換句話說，先把牌說出來再抽中的機率小於2%。如果你是個賭徒，那麼贏的機會很小。

不過，還是有可能的。這種事還是會發生。有些人可能會說，南希在越南郊外看到紅心皇后，只不過是隨機的巧合而已。

「對我來說，那很顯然是我母親給我的訊息。」她這麼說，「當我看到紙牌時，我就說：『好，老媽，我知道你沒事。謝謝你讓我知道。』」南希拍了一張紙牌的照片，然後傳給她的妹妹梅格，並在簡訊裡面寫著：「你不會相信發生了什麼事。」

「梅格回覆我說：『好，那我要老媽也發送一張紅心皇后給我。』」

在紐約的梅格開始很小心地留意任何有關紅心皇后的徵兆。但是，一個星期過去了，紅心皇后完全沒有出現。有一天早上，梅格比平常更早去上班，當時她已經把要求紙牌這件事完全忘光了。她坐在辦公桌前，準備開始工作時，聽到另一間辦公室裡有人大喊了幾個字。

那幾個字就是「紅心皇后」。

梅格立刻跳起來，衝到相隔幾間房間外的那間辦公室。一看到裡面的兩名女子，梅格立即問她們剛才是誰喊了「紅心皇后」。坐在桌子後面的一名女子承認是她。

「你為什麼要說紅心皇后？」梅格問。

「噢，我只是試圖要幫我朋友南希想起這間服裝店的名字，因為一開始我想不起來，後來突然想到了，」她說：「店名就叫做紅心皇后。」而且，她的朋友也叫南希！

在那之後，其他的家人也都想要收到南希發給他們的徵兆。於是，紅心皇后就變成了他們連結南希的共同語言。

「我妹妹金去一家古董店買東西。我母親一直很喜歡和我們一起逛古董店，」南希告訴我，「就在她要離開時，突然看到有張辦公桌上放了一張紙牌──紅心皇后。」

金立刻發簡訊給南希，「我收到我的紅心了！」沒過多久，金的女兒艾莉開車到一名客戶的家，在那裡，有人把她介紹給一位左肩上有個偌大刺青的女士，而那個刺青就是一個顏色鮮明的紅心皇后。

「我收到我的紅心了！」她當下發了簡訊給她的南希阿姨。後來，南希的姨媽蘇到百老匯看演出。她的座位離舞台很近。就在等待舞台布幕升起時，蘇注意到有一張紙牌輕輕飄落到布幕下的一個角落。除了那張紙牌，沒有其他東西跟著一起飄落，看起來似乎完全是個偶發事件──而那是一張紅心皇后。「我收到我的紅心皇后了！」她告訴每個人。這樣的事一再發生。在前往母親的追悼會途中，南希瞥見路邊一個後院裡停了一艘動力艇，上面的名字是──紅心皇后。後來，她又陸續在一張問候卡上、一幅畫和雜誌的廣告頁裡，看到了她的徵兆。每一次都是紅心皇后。

「我知道有些人會說那全都是巧合，」南希說，「不過我會說，那是驚人的巧合，不是嗎？」

在她母親過世後兩個月，南希聯繫了我，要求我為她和她的父親、以及妹妹梅格，在梅格生日那天進行一場通靈。我那天原本計畫要去參加一場活動，但是那場活動在最後一刻改了時間，所以我才得以幫她通靈。事實上，我覺得自己是被牽引去做那次通靈的。當我和梅格、南希，以及她們的父親一起坐下來時，我告訴他們，南希的母親在另一頭有多麼強大有力。

「是她讓這些事發生的，」我說，「我無法相信她是那麼地強大。」

雖然南希的母親才過世兩個月，卻已經是傳達徵兆和訊息的老手了。她立刻就讓我知道，她是用什麼方法來和她在地球上的摯愛們連結。

「我看到她正在發送一個很大的紅心給你們。」我說。「紅心、紅心、很多的紅心。」

「當我聽到你那樣說的時候，我就在想，哇！」南希回憶道，「我們都已經知道那些紅心是來自於我母親。所以當她確認這件事時，感覺真是太棒了。連我父親都這麼覺得。」

南希的父親是個懷疑論者。肯尼是內科醫生，是個講究科學的人。他並不相信家人和他的妻子可以連結。但是，

聽多了女兒們一再提及「收到紅心」，也讓他感到越來越好奇。當南希問他要不要參加梅格的通靈時，她原本預期父親會斷然拒絕——沒想到父親竟然答應了，讓她覺得既開心又驚訝。「每次我們告訴他關於紅心皇后的事，他總是一副『開什麼玩笑？』的模樣。」南希敘述道，「慢慢地，他也開始改變觀念了。」

南希相信，她父親需要的，是屬於他自己的徵兆。

肯尼的八十六歲生日正逢聖派翠克節，就在他妻子過世後幾個星期。家人們準備了蛋糕、賀卡和禮物，齊聚一堂來幫他慶祝生日。隔天早上，南希走進廚房，發現父親坐在餐桌旁看書。除了細微的音樂聲，廚房裡一片安靜。她試著弄清楚聲音來自何處，但就是無法分辨。那聲音聽起來好像是有人在唱生日快樂歌——就是那種自帶音樂晶片的賀卡發出來的音階。

「爸，你聽到了嗎？」她問。

「聽到什麼？」她父親反問。南希知道父親的聽力不是太好，所以就沒再往下說。幾分鐘之後，她的丈夫斯圖也來到廚房。「那是什麼聲音？」他問。

金進來也聽到了，不過，沒有人知道那聲音來自何處——而南希的父親也還是沒有聽到。

最後，他們決定要找出這個神秘的「生日快樂歌」究竟出自哪裡。她們打開每一個抽屜和櫥櫃，連爐子和冰箱也沒有放過。最後，有人開了水槽下面的櫃子。

「音樂聲突然變大了，」南希說，「我父親這才說：哦，我聽到了。就在他說完這句話之後，音樂馬上就停止了。」

南希和妹妹把垃圾桶拉出來，翻遍垃圾桶想找出那張音樂賀卡。但是賀卡並沒有在垃圾桶裡，也不在櫃子裡的任何角落。「我們檢查過垃圾桶裡所有的信封、包裝紙、每一樣東西，」南希說，「最後，我們放棄了。我們也一直沒有搞清楚那音樂的來源究竟在哪裡。」

但是，那並不表示他們不知道為什麼會聽到那個音樂。

「在我父親聽到的那一瞬間，音樂就停了，一直到那一刻，」南希說，「我才知道那是我母親在對他唱生日快樂。她需要讓他聽到，而他也終於聽到了。那是她特別為他唱的。」

他們一家不斷地在各處看到紅心。咖啡裡有心形的拉花、鈴鐺裡也有心形的鈴錘。南希和丈夫最近造訪過的一座巴塞隆納老教堂，入口上方就掛了一幅心形的版畫；就連南希坐在戶外咖啡桌時，經過她面前的十二名遊客，每個人手中也都拿了一只心形的氣球。

「在巴塞隆納之旅中，我們在最後一刻決定要入住這家特別的旅館，」南希接著說，「那是我和我父母在2008年曾經下榻過的旅館。我們一到旅館，我就注意到前窗上的一個東西。」那是一串環繞在旅館名字四周、色彩繽紛、用金屬製成的心形裝飾物，讓人很難不去注意。「我問門房：『那

些心有什麼特殊意義嗎？』他回答說：『我也不知道，它們是昨天才送到的，然後有人就把它們掛在那裡了。』也就是說，那些心剛好在我來到這家旅館的時候及時抵達了。」

在南希眼裡，所有的心都是她母親用來和摯愛的家人保持連結的美麗詞彙。這些心是他們之間共享的秘密語言。

「我毫不懷疑我母親一直都與我們同在，」南希表示，「一直一直都在。每當心情不好或者想念她時，或者覺得我真的需要她多陪我一會兒時，我就會說：『老媽，我需要你，再給我一個徵兆吧。』然後，我就會在某個地方看到一個心。直至今日，我依然每天都思念著她。不過，知道她依然和我們在一起，就讓我感到莫大的安慰。」

即便她父親現在也完全相信了，而且也持續在尋找——和認同——曾經與他共度一生的女人發送給他的徵兆。

「我母親給他最大的禮物就是，讓他知道死亡並非結束，」南希說。「他現在相信了。他知道，在另一頭有著非常非常美妙的事物在等待著我們。」

8　蜂鳥和光

誰不喜歡看到蜂鳥？

對我而言，蜂鳥真的是很神奇的生物，即便我很少看到。然而，我現在卻想到了蜂鳥。不過，當我看到時，我總不免讚嘆：「這麼小的東西怎麼能夠帶來如此大的快樂和喜悅？」一隻蜂鳥的重量，平均連一盎司（約二十八公克）都不到——事實上，比十分之一盎司還要輕。

然而，在那麼小的身體裡，卻隱藏了巨大的魔力。

你可知道，蜂鳥已經存在了四千兩百萬年之久？一隻蜂鳥的心跳，每分鐘可以超過一千兩百下？也就是大約每秒二十下！蜂鳥那對小小的翅膀，每秒可以拍打九十次！這樣的拍打方式，讓蜂鳥成為唯一能夠長時間停留在空中某一個定點的鳥類。那就是為什麼當我們看到一隻蜂鳥時，我們可以仔細端詳牠的原因——因為蜂鳥喜歡停留、喜歡打招呼，也喜歡四處遊晃。

也許，那就是蜂鳥何以在很多文化中，都扮演著舉足輕

重的象徵角色。例如，美國土著把蜂鳥視為能夠帶來好運和愛的療癒者以及幫手。古阿茲特克人相信，蜂鳥是神派遣來的使者，是為了執行超級輕盈的任務，例如把祝福從一個人身上傳遞到另一個人身上。「蜂鳥可以把人的想法從這裡傳送到那裡，」一名阿茲特克人說：「如果有人希望你好，蜂鳥就會把那個願望送來給你。」

在我的經驗裡，蜂鳥扮演了各式各樣的角色——幫手、療癒者、使者和愛的傳遞者——唯一有點小小不同的是：這些特別的生物，通常是來自另一頭的使者。

普莉雅‧柯卡是她阿爸的四個女兒之一，阿爸一字在烏度語裡是父親的意思。普莉雅的父親夏希德對他所有的子女都具有深刻的影響。「他是一個不容小覷的人，」普莉雅在提及造景設計師的父親時如此表示。「他的個性很強，是個有擔當的人。同時，他也極富創意，總是極力支持別人。在巴基斯坦，很多父親都希望他們的女兒在二十一或二十二歲就嫁人，但是我父親從來不覺得我們比他低一等，也不會給予我們不公平的對待。他教養我們成為思想開明、忠於自我的人。他從來不會說：『你不能這樣做。』而是『你做得到，而且可以做得更多。』」

大學畢業之後，普莉雅搬到美國，開始在科技業工作。她在西岸的姊姊娜塔莎就住在她附近，兩人幾乎每天都會通電話。有一天，娜塔莎和她的丈夫約翰意外來訪。

「約翰看著我說：『阿爸中槍了』，」普莉雅回憶道，「當時我不明白那是什麼意思。」

「他還好吧？」普莉雅問。

「不，」約翰回答，「不好。」

夏希德在巴基斯坦的自宅外中槍而亡，就在他妻子面前死去。

「巴基斯坦是一個充滿暴力的國家，」普莉雅進一步解釋，「到處都是罪犯、世仇、政客、惡人。多年來，我們家一直都有訴訟纏身，也發生很多戲劇性的事，因此，我父親總是隨身帶槍。但是，那天早上是他四十年來第一次出門沒有帶槍。一個黑衣男子就那樣走過來對他開槍。」

姊妹倆大為震驚。怎麼可能發生這種事。

「我只想在他下葬之前飛回巴基斯坦看他。」普莉雅說，「然而，在穆斯林的信仰中，葬禮需要盡快舉行，所以，我根本來不及看他最後一眼。不過，我還是回家了，並且在那裡待了兩個月。我沒有哭，也沒有真的去消化這件事。但是回到美國之後，我就崩潰了——我沒有去上班，而且整整一個月無法下床。」

在夏希德生日那天，普莉雅和家人聚集一堂，用一杯父親最喜歡的約翰走路黑牌威士忌加冰塊來紀念他。「我們也會去好市多，買他最喜歡的花，吃他也喜歡的那種好市多一塊錢熱狗，」普莉雅說，「那是我們的儀式，也是我們讓他繼續活著的方式——一起回憶過往、一起歡笑。」

不過，父親的離去對她而言依然沉重，特別是在她開始和工作上一起共事的達夫交往之後；兩人最終決定要結婚。「我常常會想：『阿爸會怎麼說？』」普莉雅繼續道：「我想要父親對我保證，就像他以前會做的那樣。」

我和普莉雅是有連結的——她的姊姊娜塔莎嫁給了我哥哥約翰。在普莉雅的母親來訪時，我主動提出要幫她通靈。通靈的那天早上，我在清晨五點驚醒。一股強烈的力量讓我醒來。是夏希德，他已經等不及要和家人連結了。「你丈夫的個性很強勢，」那天後來在通靈時，我這樣告訴普莉雅的母親。「他一整個早上都在騷擾我。」

在通靈的過程中，夏希德很清楚自己要傳達什麼給家人。他希望他們知道，他死去的時候並未感覺到痛苦，因為死亡很快就結束了；事實上，他過去一直覺得很疲憊，此外——雖然他對離開家人感到很抱歉——他現在所在之處很好，身旁也圍繞著愛他的人。他很快樂。夏希德的姪女很小的時候就去世了，不過，夏希德現在在另一頭已經和她團聚了。

這個消息讓他的妻子感到很安慰。倒是普莉雅本人反而抱持著懷疑的態度。「我想，我不是那種有靈性的人，」她說，「我不相信我們可以和另一頭連結。」

普莉雅從來沒有要求我幫她通靈，而我也從來沒有幫她通靈過；雖然如此，她的家人還是很有禮貌地邀請我參加了

她的婚禮。婚禮在血月之日，於加州佛雷曼一幢古老莊園內的下沉式玫瑰花園裡舉行。

就在婚禮儀式開始前，普莉雅的母親來到我身邊。她說她為普莉雅感到很高興，但她同時也感到沉重，因為普莉雅的父親無法參加婚禮。

「我好想念他。」她說，「真教人難過。」

接著，她壓低了聲音問我：「他在這裡嗎？」

就在那一瞬間，轟——他的能量強烈地向我腦子裡的螢幕直衝而來。

我告訴她，夏希德確實在現場。不只如此，他還告訴我，他要在典禮中讓大家知道他的存在。「他不讓我知道他要用什麼方法，」我說，「不過他很興奮，因為他說他要做一場表演，想給大家一個驚訝。」

普莉雅的母親一臉激動。老實說，我也很期待看到夏希德會怎麼做。有些客人聽到了我和普莉雅母親的對話，所以這件事很快就傳開了——夏希德將會給婚禮帶來驚喜。我們屏氣凝神，等待著表演開始。

典禮在多雲的天空下展開。儀式由一名伊斯蘭禮拜的導師主持。他在演說中提及伊斯蘭的來世觀點，並將之比喻為一個圓錐。如果你和很多人都有連結，也為很多人的生命帶來光的話，那麼，來生，你就會在光集聚最多的圓錐頂端。他又說到普莉雅和達夫之間的緊密連結。他說，在這輩子之前，他們兩人就已經是互相連結的光束了，並且於今生再度

連結，來世也會繼續在一起。

　　這位導師的演說讓我大為動容，因為他所說的，居然和我從另一頭學習到的課題如此具有共鳴——也就是我所謂的「我們之間的光」，那些把我們連結在一起的、燦爛耀眼的光之繩索。我們是在時空中旅行、在不同的世界裡穿梭的光體；我們不僅彼此永遠連結，也和一股遼闊無邊、更高的能量連結在一起。在導師演說的時候，普莉雅和達夫握住彼此的手、凝視著對方。突然之間，天空中的烏雲散開，陽光穿透而下。「在我看到陽光灑落之前，就已經先感覺到它了——我可以感覺到皮膚上的熱度，」達夫回憶道，「我抬起頭，只見一束光直接照耀在普莉雅身上。她整個人在閃閃發亮，而四周卻是一片陰暗。」

　　那是真的——陽光照耀在普莉雅身上，只在她一個人身上。婚禮的照片可以為證——周遭的一切都黯然無光、籠罩在陰影裡，唯有普莉雅渾身散發著光彩、明亮動人。「我感到陽光的出現，然後發現陽光不偏不倚就照在我身上。」普莉雅說，「在那一刻，我並沒有特別聯想到什麼，不過，那只是驚奇的開始。」

　　過了一會兒，當普莉雅和達夫依然站在原地互視著彼此時，有些賓客開始屏住氣息。我不明所以地四下環顧，想看看到底發生了什麼事。一開始，我還看不出那是什麼，不過，很快地，我也注意到了。一隻美麗的蜂鳥盤旋在他們頭頂上方大約六吋之處。蜂鳥不停地飛舞，最後終於停了下

來，懸浮在他們頭上，彷彿將永遠停留在那裡。

那隻蜂鳥出現在婚禮之中，在普莉雅和達夫大婚之日的寶貴時刻來到，它在那裡徘徊不去、見證著、等待著、祝福著這對新人的模樣——這怎麼可能不是一個徵兆？

「我開始嚎啕大哭，」普莉雅回憶當時的情況。「在那一刻，我真的被打動了——我父親就在那裡。我可以感覺到他。他和我同在。至於那隻蜂鳥為什麼在那個時候出現？你可以說那是巧合。但是對我來說，那並非巧合。那是我父親，是他在告訴我：『我愛你，我就在這裡。』」

從那天起，普莉雅和達夫——特別是達夫——似乎就常常看到蜂鳥。「我最少兩天就會看到一次，」達夫說，「婚禮隔天，我注意到一隻蜂鳥向我飛來，盯著我看了兩三秒，然後才飛走。在我印象中，這種事以前從來沒有發生過。」

於是，蜂鳥變成了夏希德發送給女兒和女婿的徵兆。他透過這樣的方式，讓他們知道自己持續在照看著他們。「我常常看到蜂鳥，」達夫說，「樹上、灌木叢裡、長椅上，還有我家後面的人行道，到處都有。牠們已經變成我生活中的重要依靠了。大家都已經聽膩了我的蜂鳥故事。」

「這已經變成我們之間的一個笑話了，」普莉雅說，「每當我們看到蜂鳥時，我們就知道那是我父親在監督達夫、確定達夫沒有違背他的期待。」不過，達夫並非唯一一個看到蜂鳥的人。有一天，當達夫挽著普莉雅的母親走在路

上時，一隻蜂鳥突然飛到他們面前，盤旋了好一會兒才飛走。

「那是他，」普莉雅的母親說，「那是夏希德在讓我們知道，他和我們在一起。」

當達夫和普莉雅在找新家時，他們去看了一幢座落在娜塔莎和約翰家附近的房子。雖然周遭環境宜人，但是普莉雅和達夫並不是很喜歡那棟房子。就在達夫走到屋外的陽台時，一隻蜂鳥突然飛到他面前，停留了五秒鐘才離開。

試著數數看五秒。五秒其實比你想像的還要久。接著，達夫立刻跑進屋裡對普莉雅說：「這是一個徵兆，我們得買這棟房子。」

雖然他們得換房屋仲介、處理財務、克服種種困難，不過，最終他們買下了這棟房子，而他們也很高興做了這個決定。

「我們離我姊姊和她家人很近，」普莉雅說，「我父親會希望我們在一起，家庭對他來說是最重要的。他常常說：『一家人要守在一起。』所以，他要確定我們會買那棟房子。」

不久之前，普莉雅和達夫參加了一年一度在內華達州黑石沙漠舉辦、為時一週的火人祭。他們和大約十個朋友坐在他們的營地，聊著聊著，就聊到了他們婚禮的故事。「我們告訴他們關於蜂鳥的事，以及我們後來到處都看到蜂鳥，然

後，有個朋友就說，如果那天也可以看到蜂鳥就太好了。」

「但是，我們處在沙漠之中，」達夫說，「既沒有樹林也沒灌木叢。基本上沒有機會看到蜂鳥。」

沒多久，他們一群人騎著腳踏車，來到附近一個叫做瘦貓茶屋的營地。「我走到櫃檯要了一杯茶，然後才一抬頭，我就尖叫了出來。」

其他人紛紛圍上來，想弄清普莉雅尖叫的原因。

「我簡直不敢相信，」達夫說，「那個營地到處都是動物標本，而在櫃檯那裡，剛好就有一隻蜂鳥的小標本。每個人的表情都像是在說：『哇，這太誇張了。』這的確很誇張，我的意思是說，我們竟然在沙漠裡發現了一隻蜂鳥。」

達夫明白，有些人對這些蜂鳥出現的感受，並不像他那麼深刻。「有時候，人們在聽到我這些故事時會翻白眼，我已經很習慣這種反應了。」不過，達夫說他並不介意這種懷疑論。「我沒有辦法和那些認為這是巧合的人爭辯，我只知道，對我而言，蜂鳥的意義非凡。」

「當人們對我說，他們不信這套時，」他說，「我總是會這麼想：『沒關係，不過，如果你對此不保持一點開放心態的話，你可能會錯過某些真的很神奇的事。』」

對普莉雅而言，那些不停揮舞著翅膀的小動物，已經變成了她生命裡很重要的一部分。「你可以說那是巧合，但是對我來說，那絕非巧合。」她說，「那是我父親在讓我知道，他和我在一起，他在照看著我。而那讓我倍感安慰。」

　　「我想對那些不相信的人說，對所有的可能性和你所愛的人敞開心扉。發生在宇宙中的事，比我們所知道的還要多。」

死亡結束的是一個生命，而非一段關係。

——米奇・艾爾邦，《最後14堂星期二的課》

9 長頸鹿、艾菲爾鐵塔， 以及一首關於貓的歌

亞歷山大還小的時候，他對人死後會發生什麼事有著一股莫名的好奇心。「一個八歲大的小男孩在打籃球時會想那樣的問題實在很詭異——我們死後會到哪裡去。」他說，「不過，我就是那樣。我常常在想這個問題。我在害怕死亡中長大，在害怕會失去父母中長大，在害怕再也不能和我父親一起打籃球中長大。」

這麼多年以來，這股難以釋懷的好奇一直伴隨著他。他看了很多關於死後和瀕臨死亡經驗的書籍。他一直不知道自己對死亡和瀕死為何如此感興趣，一直到2013年，這個問題才突然變得豁然開朗。

「如果你看我的生命曲線，」他說，「就會覺得彷彿從我很小的時候，宇宙就已經在讓我為2013年會發生的事做準備了。」亞歷山大說，「那是我生命中最黑暗的一年。」

亞歷山大在父母的關愛和支持下成長，他們是任何人

都會想要擁有的那種父母。「我母親就是我的心，」他說，
「她是最偉大、最無私的人，而且她對生命和學習都充滿了
無限的熱情。」至於他父親則是一名成功的商人，既是他的
導師，也是他最好的朋友。「我幾乎每一天都要和他說話，」
亞歷山大說，「他在我的生命中，佔了非常大的一部分。」

　　亞歷山大在大學畢業後進入了法律學校，不過，他知道
自己想要跟隨父親的腳步，進入商業的世界。因此，在處處
受到父母的啟發之下，亞歷山大成為了一名成功的商人。當
他於2013年初結婚的時候，他的父母還曾陪同他走向紅毯的
另一端。

　　幾個月後，亞歷山大打電話給母親道晚安。「我們計畫
隔天要見面。」他說，「我記得她聽起來怪怪的，但是，當
時我並不覺得是什麼太嚴重的事。隔天她發生了嚴重的中
風，然後就陷入了昏迷。」

　　他母親在住院十天後從昏迷中醒來，但是只維持了幾個
小時，就回到最低程度的意識狀態。五個月後，她就去世
了。

　　接下來的幾個月，亞歷山大和他的妻子試著想要懷孕，
但是並未成功。又過了幾個月之後，他們開始接受生育治
療。有一天，他們原本應該要開車去海邊，陪亞歷山大的父
親共度週末，但卻因為要配合人工受孕的時程安排而取消。
「我打電話給他，告訴他我們不能過去了，雖然很抱歉，不
過我們是為了想要給他一個孫子。」亞歷山大說道。

當天晚上，電話在十點半的時候響起，是他父親的助理打來的。助理告訴他，他父親搭乘的飛機失事，他父親在空難中死了。

「我妻子和我原本也會在同一架航班上，」他說，「結果現在我父親死了。」

這個噩耗擊垮了他。「這件事讓我痛徹心腑，它毀了我，毀了我全身上下的每一根神經。」他說，「一切都不再有意義，每個晚上，我都在哭泣中入睡。那份痛苦實在難以承受。」

一個很親近的朋友讓他聯繫我，希望通靈能為他帶來些許安慰。這個朋友沒有透露任何有關亞歷山大的個人訊息，事實上，他還把亞歷山大名字的第一個字母拼錯了——我猜，那也許是個測試，一旦我通過那個測試，就可以消除亞歷山大的疑慮。

我和亞歷山大的通靈經驗很不尋常。他在另一頭的那些摯愛一定知道，他需要很多的驗證，才會相信他和父母有所連結。

他的父親首先現身。他告訴我他是怎麼到另一頭去的，並且給了我那架死亡航班上、其他罹難者的名字。他父親告訴我，他有兩次葬禮。他甚至還給了我在葬禮上致詞的一名政客的名字。

不過，亞歷山大仍然需要再多一點的驗證。

接下來的幾個月裡，我們來回交談、彼此簡訊了好幾

次。在其中的一次對話中，亞歷山大希望他父親能給他某個特定的徵兆。

「我們有一首歌，」亞歷山大說，「是屬於我們的歌。世界上可能只有五個人知道我們這首歌——我妻子、我姊姊，還有兩個已經去世的人和我。就連我最好的朋友也不知道。因此，我要求我父親把那首歌的歌詞發送給蘿拉——那將會是他還與我同在的徵兆。」

亞歷山大要我在收到歌詞之後再聯絡他。

幾個星期過去了，然後是幾個月，什麼也沒有發生。我沒有接收到什麼歌。亞歷山大的父親顯靈過好幾次，包括我在幫其他委託人通靈的時候，我根本不知道他認識這些人——直到他出現在那幾場通靈中。他總是突然就現身，彷彿具有什麼貴賓資格似的。我的指導靈們——或者說，我的靈性「保鑣們」——顯然沒辦法把他擋在封鎖線外面。他也會在偶然的時間和偶然的日子裡來找我。他是一個強大而美妙的存在，他似乎已經變成了我生活的一部分。每當他來找我的時候，我就會告訴亞歷山大，而亞歷山大也樂於聽到這些他父親不請自來的消息，只不過，那首歌依然沒有出現。

有一天晚上，在經歷了疲憊的一天之後，亞歷山大和妻子到一家墨西哥餐廳共進晚餐。我剛好在他們吃飯的時候發簡訊給他，因為他父親剛發送了一則鼓勵的訊息給我，希望我能傳達給他的兒子。亞歷山大讀完簡訊後，笑著把手機給妻子看。

他的妻子讀完之後隨即就哭了。「你看到了嗎？」

「看到什麼？」

當亞歷山大第一次讀那則簡訊的時候，他只看了開頭的幾句——實際上，那是一則很長的簡訊。他讀到的那部分是以一個箭頭作為結尾，而那個箭頭剛好也是後半段簡訊的開始。由於他只讀了前面的部分，因此錯過了箭頭之後的內容。但是，他妻子卻完整讀完了整則簡訊。簡訊裡還寫有哈利·查平那首〈搖籃裡的貓〉的歌詞——就是亞歷山大和他父親的那首歌！

那天晚上，我快要睡著的時候，感覺到亞歷山大的父親來到我身邊，也感覺到他腦海裡的歌詞。因此，我立刻上網Google，把完整的歌詞抄下來簡訊給了亞歷山大。

從此以後，那首歌就變成了亞歷山大感覺到父親存在的一個徵兆。有一天，亞歷山大要開一場很重要的商業會議——他要在一間咖啡館，和三個他未曾謀面的人開會。在前往咖啡館的途中，一路上他都很焦慮。就在他閃身滑坐到咖啡館的卡座之際，他突然想到，如果他能在會議開始之前，先和他父親聊一聊就好了。

說時遲那時快，咖啡館的音箱突然傳送出〈搖籃裡的貓〉。正當他需要聽到這首歌的時候，這首歌翩然來到了。亞歷山大低下頭，眼眶裡含著淚水。於是他向在場的人致歉，起身走到洗手間開始哭泣。

「和我父親連結的那一刻真是太美妙了，」他說，「我

父親藉此讓我知道我做得沒錯，我做得很棒，他就在那裡，在守護著我。」

　　亞歷山大發送出自己需要父親支持的需求，而他父親也立即給予回應——在那一刻播放了那首歌曲——這正是宇宙的神秘語言運作的方式。

　　自從母親過世後，亞歷山大也創造了一個非比尋常的特定徵兆給他的母親使用。

　　「我母親最喜歡的動物是長頸鹿，」亞歷山大告訴我，「她很愛長頸鹿，我們也老是用長頸鹿來開玩笑。而她最喜歡的城市是巴黎——她的法文很流利。」那麼，他向母親要求的徵兆是什麼？一隻長頸鹿和艾菲爾鐵塔。不是各別存在，而是二者同時並存。

　　當亞歷山大告訴我的時候，我笑了。我覺得這確實是很特別的徵兆，不過我也知道，當我們向我們在另一頭的摯愛傾訴時，他們是會聽進去的。而宇宙有各種神奇的方法，能把我們的徵兆帶給我們。

　　不久之後，我到某個陌生人家裡，去做一場集體通靈。在開始通靈之前，我向屋主借用浴室稍作梳洗，好讓自己神清氣爽一些。當我走進浴室時，牆上有個東西吸引了我的目光——在那一刻，我感到亞歷山大母親的能量衝進了我內心的螢幕。我注視著牆上那個東西，並且傾身向前好看得更清楚。

可能嗎？

是的，沒錯。

那是一幅鑲嵌在畫框裡的鉛筆畫，畫作的名字叫做「蛻變」。畫的左邊是一隻長頸鹿。從畫左到畫右的過程中，長頸鹿的形狀逐漸改變。最後到了畫的右邊時，長頸鹿已經完全變形成……艾菲爾鐵塔。

我立即把這幅畫拍下來，簡訊傳送給亞歷山大。「那正是我要求的。」他說，「從那時候起，我開始在文具店的賀卡上、玩具店和禮品店裡，陸續看到長頸鹿和艾菲爾鐵塔同框的畫面。有時候，我像是被一股隱形的力量拉過去一樣。不過每一次都覺得很神奇。」

就像小時候那樣，亞歷山大花了很多時間在思索徵兆的意義，以及這些徵兆教導給他的、關於來生的課題。

「聽著，如果你住在這個物質世界裡，你就會對來生存有疑問和懷疑，」他說，「你會不停地懷疑，我們死後是否真的還會繼續存在。我是說，打從我八歲開始，我就一直在想這個問題。也許那就是我之所以會向我父母要求那麼多驗證的原因。當然，他們也一次又一次地讓我得到驗證。」

「對我來說，」亞歷山大說，「沒有什麼可以解釋得了那首歌詞以及長頸鹿和艾菲爾鐵塔同框的事，唯一的解釋就是，那是我父母在和我溝通，他們在讓我知道他們和我在一起。」

亞歷山大沒有一天不思念父母，因為無論我們收到多少

徵兆，失去實體的感覺永遠都不會消失。父母的離開讓他感到心碎和極度的悲傷。亞歷山大還保留著父親的鞋子——他們父子的尺寸一樣；有時候，他會拿出一雙父親的鞋子穿上，然後出門走一段遠路。「我是真的穿他的鞋子去散步，然後一路想著我想問他的問題，而他要給我的答案，就會出現在我腦子裡。這是我和他溝通的一個方法，也就是穿他的鞋子去散步。」

最近，亞歷山大看到長頸鹿和艾菲爾鐵塔的次數已經不如從前，不過，他還是斷斷續續一直都有看到，而且每次看到的時候，都很特別。

「我已經學會如何相信這些徵兆，而我也變成了一個比較有直覺力的人。」他說，「我完全理解懷疑論者的感覺，因為我自己也曾經是個懷疑論者。然而，關於生與死，有太多我們不了解的地方，現在，我對於所有的可能性，都保持著開放的態度。」

這對夫妻現在有兩個漂亮的孩子，女兒以他母親的名字命名，兒子則以他父親的名字命名。「我想讓他們知道所有關於他們祖父母的事，」亞歷山大說，「過去所發生的一切教我明白了一件事，亦即我們必須善用我們在地球上的生命，我們要好好利用我們在這裡所擁有的時光。」

他的那些經驗，無論是好的還是壞的——以及所有他接收到的、不可思議的徵兆——也教會了他另一件事。

「它們教我的是，當我們把能量釋放到宇宙的時候，宇

宙就會回應我們。」他說，「它們也讓我相信，我父母依然
『活著』，而且每一天都與我同在。」

我父親去世後六週來到我的夢裡……
　　那是一個難以忘懷的經驗，
那迫使我第一次去思索死後的生命。

　　　　　　——卡爾·榮格

10 默認的徵兆、夢和直覺：
把頻率對準秘密語言

即便我們對宇宙的秘密語言感到陌生——即便我們對這種語言究竟是否存在感到懷疑——另一頭早已在使用它了，而且一直都在使用它來和我們說話。

我們的光之團隊非常想要幫忙指引我們，也樂見我們幸福快樂，所以他們常常等不及和我們一起共創徵兆的語言。他們選擇發送他們自創的徵兆給我們，同時希望我們能夠辨認得出來，並且有所回應。他們足智多謀又不離不棄，他們會用盡一切的人事物，嘗試一切的方法，來博取我們的注意。他們會一試再試，直到我們無法再忽視他們為止。就算是最大的懷疑論者，也會遇到一個徵兆或事件，讓他們無法輕易地不屑一顧。讓我舉個例子給你聽。

麥克‧謝爾默是一名科學史學家，同時也是懷疑論者協會的創始人，該協會旨在調查所謂的偽科學和超自然現象的主張。有一派的人相信，那些奇特和無法解釋的事件，確實

具有其意義。而麥克窮極三十年的時間，在他的演說和辯論中，公然挑戰這個信念。他曾經表示他不相信上帝。無論用什麼標準來看，麥克都是一個不折不扣的懷疑論者。

在2014年6月的時候，麥克和一位名叫珍妮佛的女子結婚。在他們結婚前三個月，珍妮佛把好幾箱的家當都運送到麥克位於加州的家。箱子裡裝了她從她摯愛的祖父華特那裡繼承來的許多傳家之寶。華特在她十六歲時過世，在她的生命裡，華特就像父親一樣。很不幸地，這些傳家寶在運送的過程中，很多都遭到損壞，甚至遺失。

不過，其中有一箱送到時竟然完好無缺，而華特那台1978年飛利浦070晶體管收音機也在裡面。這台收音機有幾十年沒有用了，因此，麥克決定把它拆解開來，試著讓它重生。他花了好幾個小時修理，然而，收音機還是沒有動靜，於是，他把收音機收到他們臥室裡一張書桌的抽屜深處，之後也就淡忘了這件事。

三個月後，在他們婚禮當天，珍妮佛深深地思及她在德國的家人。她也希望祖父可以牽著她走上紅毯。

為了讓珍妮佛能獲得片刻平靜，好從沮喪中恢復情緒，於是，麥克陪她一起走向臥室休息。快到臥室時，他們聽到了房間裡傳來一陣音樂。麥克後來在一篇文章中寫到這件事情。「臥室裡面沒有播放音樂的設備，」他寫道，「因此，我們四處尋找筆電或iPhone，甚至還開了後門，看看是不是鄰居在播放音樂。」

突然之間，珍妮佛轉向麥克。「不可能是我想的那樣吧，會嗎？」她問。

她拉開抽屜，一陣美妙又浪漫的旋律立刻盈溢室內。那首歌正從她祖父那台老舊的晶體管收音機裡傳送出來。

「我祖父也和我們在這裡，」她告訴麥克，「我並不孤單。」

讓麥克特別感興趣的是，那首歌是在珍妮佛說她覺得孤單之後才開始響起的。收音機播送了一整個晚上的音樂，但是到了第二天就停了，而且再也沒有發出過任何聲音。

「如果這件事是發生在別人身上，」麥克後來寫道，「我可能會認為是一次隨機發生的電流異常，並且會用大數定律來解釋這個現象——每天都有數十億人在發生數十億種不同的經歷，在這種情況下，必然會有一些極度不尋常的事件，會因為其發生的時間和背景而引人注目。」話雖如此，他還是這麼寫道：「這些詭異的事情讓珍妮佛確切地感覺到她祖父就在那裡，而那些音樂就是他認同我們結婚的禮物。我必須承認，這件事讓我大為驚訝，甚至撼動了我的懷疑主義。」

麥克的追隨者經常問他，有沒有遇到過讓他無法用邏輯解釋的事情。在經歷過華特別緻的結婚禮物之後，麥克在文章中表示：「我的回答是有，現在有了。」

另一頭不會等到我們完全打開心房接受時，才發送給我

們徵兆。無論何時，當我們真的需要時，不管我們是否已經準備好了，我們的摯愛和指導靈，就會發送徵兆和訊息給我們。也就是說，在我們創造出我們要使用的語言之前，另一頭會用默認的徵兆，試著來和我們連結。

默認的徵兆

以下是另一頭最常發送給我們的一些默認的徵兆：

- 鳥和蝴蝶
- 鹿
- 電流事件（通常會透過手機）
- 出現在我們必經之路上的銅板
- 彩虹
- 圖片
- 標語
- 告示牌
- 雜誌
- 車牌
- 路牌
- 音樂／歌曲
- 羽毛
- 瓢蟲

● 數字序列

　　另一頭用這些東西作為徵兆是有原因的：這些東西對我們來說比較容易辨識——而對他們而言，則比較方便運用，也比較容易置之於我們的道路上。

　　任何徵兆背後的傳導力都是能量。宇宙是由物質構成的，而所有物質的本質都是濃縮的能量。另一頭是由光和我們的靈魂所匯集的能量所組成。因此，能量是把我們綁在一起的要素——是整個宇宙的連結網。愛因斯坦甚至引用物質和能量之間的連結表示：「質量和能量是同一個事物的一體兩面——這是個一般人或多或少還不熟悉的概念。」在某種程度上，我們在另一頭的光之團隊可以操控能量場，讓它們適合用來發送徵兆。

　　我懷疑他們是利用地球磁場（也叫做EMF）來做到這件事的。這個場域是一個由帶電粒子構成的混亂空間，一路從地球內部伸展到太空最遠的深處。科學研究顯示，很多動物利用地球磁場來確認方位，作為牠們在世界上的導航。實驗生物學期刊上有一篇研究就稱這種現象為「天然的GPS」。

　　尤有甚者的是，所有的生命都會產生電磁能量——物體透過電波和磁波所發射出來的一種能量形式。動物可以感受到彼此的電磁場，或者EMF。蝴蝶送出紫外線信號，而很多鳥類則有內建的羅盤，能讓牠們收到地球磁場的導引。長久以來，獵人們也一直抱怨鹿的第六感，原因就是鹿可以很精

確地對準EMF的頻率。

　　這就是為什麼另一頭老是發送給我們動物和昆蟲的徵兆；這點，你可能在一些已經讀過的故事裡留意到了。

　　另一頭也會使用奇怪和不尋常的電流事件——手機異常運作或者收到無法解釋的簡訊和來電、燈泡明滅閃爍或燒壞、報廢的晶體管收音機突然播放出音樂等等。

　　還有錢幣——因為它們是金屬製品——由於具有某種程度的傳導力，因此也很容易成為另一頭會使用的東西。錢幣會出現在不可能出現的地方或時間點，特別是在你思念某個你已逝去的摯愛時，或者當你正在為某個重要決定拿捏不定的時候，又或者是在你度過了不如意的一天時。我曾經在我的烘乾機裡發現一枚一分錢硬幣直挺挺地站立在裡面——當時我正好想起我逝去的父親。另一頭會找到吸引我們注意的方法，所以，我把那個硬幣的不尋常行為視之為徵兆——是我父親給我的一個問候和擁抱。

　　彩虹是另一個強而有力又普遍的徵兆。彩虹在本質上是光能的折射和散布，而另一頭又很喜歡利用光能。在適當時機出現彩虹，甚至出現霓虹，是我們的光之團隊常常選用的徵兆。

　　不過，另一頭是既聰明又機智的，所以，你可能會收到一個和真實的彩虹完全無關的彩虹徵兆。舉例來說，如果彩虹是你的徵兆之一，是你在另一頭的摯愛選用來作為秘密語言的一部分，那麼，你收到的可能會是一張貼在車上的彩虹

貼紙，或印在紙袋上的彩虹，甚至是掛在停車場裡的充氣彩虹。動物也是一樣——一張鹿的素描、一個鹿的刺青，或者一張鹿的照片，都可能取代一隻活生生的鹿，在對的時間點讓你看到。告示牌、報紙和雜誌也有同樣的功能——它們可能夾帶了另一頭要發送給你的徵兆的意象，然後在特定的時間、以特定的方式出現，讓你清楚地知道它們就是徵兆。

　　車牌和街上的路牌也常常被用來當作徵兆。我相信這是因為當我們開車的時候，我們的思緒會轉換成一種類似流動的狀態，讓我們變得比較開放，因而成為徵兆被我們注意到的好時機！同樣地，另一頭也會用音樂來和我們溝通——透過手機、iPad、車上的收音機、音響，甚至電梯。我們的團隊具有一種特別的天賦，能讓我們在需要的當下，聽到我們需要聽到的那首特定的歌。

　　數字序列是另一個普遍的默認徵兆。連續數字、生日、街上的地址、電話號碼，以及加總起來有特殊意義的數字——這些都可能被另一頭用來引起我們的注意。同樣地，這些數字通常都會出現在諸如時鐘、手機、電視等電子產品上，有時甚至也會出現在車牌上。這讓另一頭可以更容易地把有意義的數字放在我們眼前，讓我們留意到他們所發送的徵兆。

　　還有其他很多默認的徵兆——羽毛、瓢蟲、氣球、色彩、雲朵、信件裡的圖片，甚至你在路上遇見的人。你是否曾經想起一個很久不見的人，結果隔天你在街角轉個彎就看

到他們了？在一個無法解釋的適當時機裡出現的徵兆，通常被稱為共時性事件——一個「有意義的巧合」，也就是彼此之間看似沒有因果關係的事件，相互之間卻又好像具有有意義的關聯。

我之前提到過，是卡爾・榮格發明了共時性一詞；普林斯頓大學報在二十世紀中期，出版了他的著作《共時性》。從那時候起，世人就開始研究超乎尋常的現象，並用不同的術語來形容這類違反簡單科學解釋的事件——例如CMPEs（存在於有意義的平行事件之間的關聯性）、同步感應（從遠處感受到別人的痛苦），還有超級共時性，以及其他存在於事件與事件之間無法解釋的連結，諸如此類的極端案例。關於這類事件和經驗，目前為止並沒有科學共識；不過，這些現象是否具有超乎理性解釋以外的意義，科學界至今也並未排除這個可能性。

我不只聽過、也親身經歷過數以千計驚人的共時性事件。此外，我也目睹過，從這樣的事件中擷取意義，是如何在實質上改變了人們的生活。它們是如此重要、如此強而有力，而且意義重大，以至於讓人無法相應不理或無視它們的存在。

因此，請務必要留意我們的光之團隊用來連結我們的默認徵兆。因為，就算我們不好好注意，另一頭也會持續不斷地發送這些徵兆，直到我們注意到為止。

徵兆會排除萬難

　　要判斷一個事件或意外究竟是不是一個徵兆的好方法，就是去衡量它有多麼不可能發生。例如，在動物園裡看到大象的驚喜，遠不如看到大象大搖大擺走過第五大道。那些不得其所、不當時令的事情，或者在不尋常的時間出現，以及不可能出現的事情，都極有可能是徵兆。

　　我們的潛意識和我們的身體，往往會在我們的理性頭腦察覺到徵兆之前，就先對我們發出警報。我們也許會產生身體的反應——驚奇、懷疑，或毛骨悚然的感覺。我們也許會經歷到情緒的爆發、喜悅的衝動，以及反射性的微笑或大笑。

　　當這些情況發生時，我們需要暫停下來，尋找隱藏在剛剛發生或剛剛看到的事情背後的關聯性，並將之連結到我們當下的生命狀態。如果一匹美麗的野馬在鄉間的路上和你的車並排奔馳，那也許是一個有關自由或賦予自我權利的訊息。如果你正糾結於是否應該在當下的人生階段辭職去開創自己的事業，那麼，也許那就是賦予那匹野馬特殊意義的隱藏連結。

　　要留意那些發生在你生活裡、讓你不由自主有所反應的事情。另一頭永遠都是別出心裁又富含創意的，而我們的光之團隊在某種程度上是很愛賣弄的。他們喜歡讓我們目眩神

馳，如果可以讓我們嘆為觀止的話，那就更好了。如果某件事的發生讓你覺得幾乎不可能，那很可能就是另一頭在施展他的魔法了。

時間點的考量

並非所有的徵兆都是大張旗鼓的。最微小、最普通、最不起眼的事情、存在或事件，也都有可能是重要的徵兆。一隻螞蟻、一個棉球或一顆鈕釦，都可能是徵兆。有時候，特別的不是徵兆本身，而是它出現的時機。

收音機裡傳出你最喜歡的那首歌，剛好是你心情最低落的時候。當你擔心考試不及格的時候，你的星巴克收據上顯示的數字是100。在你就要放棄猜字遊戲的答案時，電視節目裡有人碰巧說了那個字。這些單純卻讓人驚訝的事件，都可能是來自另一頭的徵兆，因為它們出現的時間點，讓我們感覺到自己以一種無法解釋的方式連結著這個世界——彷彿我們所需要做的，只是把我們的恐懼和懷疑釋放到宇宙中，然後，宇宙就會用好玩又神奇的安心保證來回應我們。

事實上，那就是真的會發生的事！對於我們的需求，宇宙向來都很積極反應——另一頭知道我們何時需要收到徵兆。稍後，等我們談及向另一頭要求特定徵兆時，你就會知道時機同樣也很重要。不過現在，即便我們並未要求徵兆，我們的光之團隊也知道我們什麼時候需要，然後會以小巧有

力的方法，把徵兆發送給我們。因此，如果某件事情發生的
時間點似乎完美到無可置信，那麼，請注意——另一頭很清
楚時間點就是一切。

重複性

如果某件事情一再發生在我們的生活裡呢？如果我們不
斷地看到同一個東西或聽到同一個句子呢？這些都只是隨機
事件，還是不只如此？

關於徵兆的重要實情之一就是，徵兆並非總在第一次出
現時，就能達到它們所想要的目的。所以，另一頭一再地發
送同樣的徵兆給我們，並不是什麼奇怪的事。或者，那可能
只是另一頭單純地想要藉此強調他所發送的那個訊息或祝福
而已。偶爾一次看到一顆紫色的氣球從我們身邊飛過，並
不是什麼太值得興奮的事。不過，看到紫色的氣球無處不
在——天空中、賀卡上、廣告裡——就算是特別了。一個徵
兆在某種程度上再三出現——那很可能就是另一頭要引起我
們注意的方法。

重複的事件也可能是在提醒我們去檢視我們生活中一再
重複的、不健康的生活型態。我們的光之團隊身負一個很重
要的功能，就是幫助我們學習到我們需要學習的功課，讓我
們朝向更崇高、更好的道路提升。如果我們沒能在第一次的
機會就學會這個課題，那麼，另一頭將會給予我們額外的機

會去學習。

也許，我們會一再碰到不愉快的人際關係，也許，我們會讓自我懷疑阻礙我們成為我們注定要成為的那個勇敢、充滿光的人。也許，我們一直聽從於那些會打擊我們、而非鼓勵我們的人，我們也讓自己處於這樣的人群中。重複的徵兆也許和這些議題有直接的關聯——例如，紫色的氣球也許是另一頭在要求我們躲開什麼——或者是在重複地提醒我們，去檢驗我們某些不健康的生活型態。

所以，如果某件事情不斷地發生在你身上——如果紫色的氣球始終跟著你——那你就要小心了。那是你的光之團隊正試著要告訴你什麼。

我們會帶走我們所愛的

我們活在地球上時心裡的那份愛，並不會隨著我們的過世而消失無蹤——它會跟著我們一起旅行，然後變成巨大的宇宙生命力量的一部分，而宇宙的生命力量，就是我們所有人的愛和光的匯總。

同樣地，我們的熱情、我們獨特的個人天賦和個性，也會跟著我們一起走。曾經在地球上的某個藝術家，到了另一頭還是一個藝術家。一個在地球上愛開玩笑到無可救藥的人，去世後也還是這個模樣。如果我們還存在自己軀體內的時候是喜歡大象的，那麼，一旦我們的意識離開我們的軀

體，轉換為單純的光能時，我們也還是喜歡大象的。

我們會帶走我們所愛的。

這也就是為什麼當我們在找尋徵兆的時候，我們必須知道，我們的摯愛常常會使用他們在地球上特別喜歡的東西或擅長的事物，作為和我們連結的方法。他們之所以這麼做，是因為他們還珍惜這些事物，也因為他們知道，我們認得這些他們所珍惜的東西。

舉例來說，如果你的摯愛最喜歡的顏色是黃色，那麼，你在找尋徵兆時，就要留意和黃色有關的東西。如果你的摯愛總是騎著一輛破舊的紅色腳踏車，那你就要多留意老舊的紅色腳踏車。如果你的摯愛對於一場突來的暴雨會出現的反應是在雨中開心地跳舞，那麼，如果你在情緒低落、意志消沉的時候看到了一個在雨中跳舞的人，你也就無須驚訝了。

我們在另一頭的摯愛發送給我們的徵兆，是為了讓我們想起他們。他們這麼做是為了提醒我們，他們仍然以非常真實有力的方式和我們連結在一起。在地球上把我們維繫在一起的愛，在他們去世之後，依然連結著我們。我們共享的興趣、我們共有的喜悅，以及我們共同歡笑的回憶——這些都是我們和另一頭之間正在發生的、同時也永遠不會間斷的連結的一部分。當我們在地球上時，它們都是穿梭在我們彼此之間、以及我們和另一頭之間，充滿活力的光之繩索。它們也是我們的光之團隊用來引起我們注意、引導我們走向我們最崇高道路的工具。

　　因此，如果你看到什麼、感覺到什麼，或聽到什麼讓你想起你已逝的摯愛，讓你想起他們對你的意義有多麼深遠，那麼，請準備好去接受它，把它當作是一個友善的招呼，一個溫柔的提醒，一個宇宙對你的眨眼——一個來自另一頭最最美麗的徵兆。然後，在心裡對他們表達感謝，用這樣的方法來讓他們知道，你已經收到了他們的訊息，同時也榮顯這個訊息。

夢

　　夢也是我們逝去的摯愛連結我們的方法之一。夢到已逝的人對我們來說並非什麼不尋常的事。在夢裡，我們可以很容易地辨認出他們；當我們醒來時，我們仍然可以感覺到我們過去對他們的那份深刻的情感。我們也可以透過夢境，用一種改變或提升我們過去關係的方式，來和我們的摯愛互動。療癒也經常發生在夢境造訪裡。

　　夢境造訪是一件很真實的事。如我所言，我相信，我們每個人都有能力可以體驗到已逝靈魂的非物質精神能量。但是，我們繁忙生活裡的雜音蓋住了我們，讓訊息很難傳送過來。那就好像卡在某個除了靜電之外，什麼也製造不出來的收音機頻率一樣。我們經常絕望地被鎖在我們的大腦額葉裡，額葉是專管我們語言、數學能力和分析思考的控制台——簡而言之，就是我們所有的認知技巧。

　　除了睡覺的時候。

　　當我們睡覺時，我們的大腦是斷電的。我們會從意識飄走。噪音和靜電都不再作聲。我們的大腦在額葉內外切換。我們進入一種稱之為慢波睡眠的狀態，然後再進入REM快速動眼期的睡眠狀態──最深層的睡眠狀態，也是我們做夢時所處的睡眠狀態。諷刺的是，我們的大腦在REM睡眠時期的活躍程度，幾乎和它們在清醒時一樣，都有著驚人的電流活動。REM時期也是我們的身體和大腦最分離的時候──我們的身體本質上是麻痺的，只剩我們的大腦在全力進行著非物質的體驗。

　　腦科學家傑夫・塔蘭特（Jeff Tarrant）解釋說，當我在通靈的時候，我的大腦確實是從一種意識狀態轉換到類似深度冥想、甚至是無意識的狀態──縱使我當下是清醒、警覺，而且也是有知覺的。那種轉換非常類似於當我們在深度睡眠時發生的事。

　　我們在睡覺的時候能夠達到一種狀態，在這種狀態下，我們可以更容易地體驗到某些人的精神能量；而這些人無論是在地球上或者另一頭，都是我們生命裡的一部分。這也就是為什麼這些夢境往往都那麼不可思議的真實，彷彿真的在發生。

　　我把這些夢叫做3D夢境，並且認為它們是對於看不見的存在事實所產生的驚鴻一瞥。在某種程度上來說，發生在這些夢裡的事，是真的在發生。我們可以在夢裡見到我們的

摯愛，也可以在夢裡收到他們的訊息，並且在夢裡經歷彼此之間的關係進入到一個新的層面。發生在這些3D夢境裡的事，對我們來說確實很重要。某種程度而言，那就好像從宇宙下載了相當有用的資訊，一些我們可能因為太忙或太分神而錯過的資訊。

所以，要多留意你鮮活的3D夢境，多留意你摯愛的造訪，也要多留意我們在睡覺中的大腦所美妙傳達的徵兆和訊息。它們都是我們相互連結的一部分，在某種程度上，榮顯它們將能賦予我們其他事物所無法比擬的力量。

直覺牽引

有一種徵兆是你看不見也聽不到，只能從內心深處感受得到的——一種直覺的牽引。

很多時候我們都會有這樣的感覺。這種感覺，我們稱之為直覺、本能或第六感——一種超越我們理性和邏輯思維的引導力量。向左轉、不要向右轉；走這條路，不要走那條路；離開這個地方，就感覺能量不足；如果我留在這裡，可能會發生不好的事情；去和那邊那個人打聲招呼，因為有段神奇的連結在等待著我們。有時候，我們可以不經過理性的通盤理解，就能在瞬間明白一些事情。

這就是直覺。而我們所感到的那些拉力，就是直覺牽引。

這些牽引背後的能量連結到一份光的大禮，也連結到我

所說的神的能量。它是引導我們、介入我們生命的強大的宇宙力量。那是我們在另一頭的光之團隊在撥動著連結我們所有人的、燦爛的光之繩索。而我們要牢記的是，我們的直覺永遠不會把我們帶錯方向。這也是何以聽從我們的直覺牽引是如此重要的原因。因為當我們跟隨直覺時，我們就是在榮顯它們。

我們和宇宙的神的能量之間，存在著無止境的連結，當我們榮顯這份連結時，所有存在的祝福將更容易流向我們。

直覺牽引是另一頭在保護我們、讓我們在地球上免於做出錯誤或傷害性決定的方法。然而，這些直覺牽引常常都是反直覺的。舉個例子來說，我們可能會相信我們真的想要某個東西，但同時卻又覺得猶豫不決。我曾經幫一位在工作上表現傑出，並且期待可以在公司裡升官的女士做過通靈。但是她也一直有一種感覺，覺得她應該要離職，去追求能讓她感到興奮的新道路。這完全違反了她直覺上認為是最好的做法。

因此，她選擇了不去跟隨她的直覺牽引，而留在了原來的公司崗位上。不久之後，她的公司合併，一名新來的同事取代了她的職位，她只能離開。

結果，這個事件卻反而讓她因禍得福。當她離職時，她擁抱了過去一直在拉扯她的那條全新的、美妙而強大的道路──她的生命也因此打開，以她所無法想像的方式出現轉變。我們的直覺通常都比我們早一步！

　　事實上，直覺有時甚至可以挽救我們的生命。我自己最近就接連發生了三次這種經驗。

　　第一次是發生在一個尋常的週三下午。我和我的孩子出門辦事，我們的目的地是塔吉特百貨。當我開進停車場時，我注意到入口附近有一個空的停車位。我沿著車道朝著那個停車位開過去，但是，有一股感覺卻讓我減低了車速。我沒有時間去弄清楚是什麼原因——只是毫不猶豫地在停車位前面踩了煞車。「媽，你為什麼停車？怎麼了？」坐在後座的兒子問我，「你不是要停車嗎？」就在我兒子問這個問題的當下，一個綁著辮子的小女孩衝進了那個停車位。我的孩子倒吸了一口氣，我也倒吸了一口氣，小女孩的母親也倒吸了一口氣——她面朝我們站在停車位裡，當她的女兒跑開時，她正手忙腳亂地想要拿好手中的嬰兒車用座椅。她很快地拉住小女孩的手，然後把她拉進車裡。四周的空氣彷彿凝結了。

　　「媽，剛才發生了什麼事？」我女兒問。我們都被嚇壞了。如果我沒有先把車停下來，如果我在那一刻開進了停車位，我就會直接撞上那個小女孩。我默默地對我的光之團隊祈禱，感謝他們透過我的直覺警告了我，感謝他們幫我避開了一場會造成兩個家庭永遠無法走出的悲劇。

　　一週後，在我開車回家的路上，經過一個轉彎時，我突然減速到幾近爬行的程度。「媽，你在幹嘛，你幹嘛停下來？」我女兒在後座問我。

　　「我不知道，就是一種感覺。」我回答她。語畢，一顆天外飛來的棒球彈到我的車前，一個貌似十四歲左右的男孩追了上來——就在我車子前面——完全無視於眼前的來車。

　　「我的天啊，媽！」我女兒說，「太誇張了！又發生了這種事了！」

　　「是啊，」我告訴她，「這就是為什麼留意直覺牽引並且榮顯它們是很重要的事情。那是另一頭在照看著我們。」某種程度上，我覺得這也是另一頭在藉著這些經驗，教導我的孩子們直覺的重要性。我再度默默地感謝我的光之團隊。

　　最後一次是發生在那之後幾天。我的大女兒艾希莉和我在車裡，她坐在我旁邊的副駕駛座位上。當時，我們正在等紅燈。從艾希莉很小的時候開始，每次在等紅綠燈的時候，我們就會玩一個小遊戲。她會一直看著燈號，等到綠燈亮起時，她就會用一種很可愛又高八度的聲音說出一個字：「叮！」——那是示意我通行的信號。這天，綠燈亮了，艾希莉也說：「叮！」——但是我並沒有踩油門，有東西阻止了我。我好像瞬間下載了什麼資訊，叫我要留在原地。因此，艾希莉提高了嗓門又說了一次——「叮！」——然後說：「媽媽，你怎麼不往前開？」就在那一瞬間，一輛闖紅燈的卡車以時速五十哩的速度衝過我們前面。我們都嚇了一大跳——如果我剛才開過去的話，毫無疑問地，那輛卡車勢必會撞上我們。艾希莉嚇得張大嘴巴盯著我看，我們得做好幾個深呼吸才能緩過神來。「那就是我為什麼沒有往前開的

原因。」我說。我可以感覺得到。我內在的某個東西叫我停在原地不要動，而我知道那個東西是什麼：是我的光之團隊。

　　直覺是我們身為人類所擁有的最大天賦之一。但是，只有在我們聽從它的時候，它才管用。當我們開始將直覺牽引看作是一種證明時──證明我們和更崇高的力量來源有所連結；當我們開始榮顯直覺時──在某種程度上，榮顯直覺也引領了我們做出更好的決定──我們就能找到自己更崇高的道路，獲得更多滿足的幸福。

封鎖的道路

　　有句很有名的俗語是這麼說的：「小心別許錯願望。」另一頭教了我這個課題的另一個版本──有時候，得不到你想要的反而是一種福氣。

　　另一頭很努力地嘗試要讓我們做出對的決定。而在我們獲得我們以為是自己想要的東西的路途上，有時候，我們的光之團隊甚至會設下一些阻礙。

　　例如，我們可能會在做一件事或採取一個行動時，不斷地遭到阻礙。如果真的如此──如果那似乎是宇宙下定決心要和我們作對的話──我們就得好好想一想，我們之所以得不到我們以為是我們想要的東西，必定事出有因──而原因可能是，那對我們來說並不是最好的。那無助於引導我們走

向我們最好、最崇高的生命道路。

何妨把它視為是另一頭在干涉。另一頭希望我們能幫助自己，避免讓我們自己去追求那些不會帶給我們真正滿足的東西，或者那些會導致我們走上悲傷、憤怒，甚至危險路途的東西。如果我們不停地嘗試要去得到某個東西，但是卻又在方方面面都受到阻擋，並且找不出原因所在的話，不妨想想，那對我們來說也許不是對的道路。有時候，將它交給宇宙，然後繼續我們的步伐，才是我們能做的最有力的事情——也是我們最崇高、最好的道路。

封鎖道路是另一頭介入我們生命的許多方式之一，他們試圖藉此引導我們走向對的方向。同理，那些被帶到我們生命道路上的人也是如此。有些人的出現是一種恩賜，有些人則是一個課題——有時候，我們也會是別人的課題。通常，當課題完成時，另一頭就會把某個特定的人帶離我們的道路。了解到這一點並讓這些人離開，會是幫助我們走上我們最好、最崇高道路的有力工具。同時也會幫我們打開我們的能量，去接受嶄新的、美妙的連結和課題。

回想

儘管我們的光之團隊可能會盡其所能試著要把徵兆發送給我們，不過，我們可能就是看不到或收不到。不管我們和另一頭的連結有多緊密，我們在地球的存在（靈魂在肉體裡

面），以及我們的能量在那之後所發生的事（當我們離開了我們的肉體），這兩者之間還是有些必要的區別。這些區別是我們靈魂之旅中的重要步驟。因此，溝通的過程不會永遠都是直接的，而會是含蓄隱晦的，有點像是宇宙的摩斯密碼。

正因為如此，有時候我們每個人都會錯過一些徵兆。那些徵兆甚至可能是很大的徵兆──既大又醒目，不可能會弄錯的那種。然而，我們還是會經過它們卻沒有注意到，或者因為在講電話而沒看到，又或者看到了卻沒有真的看見。這都是千真萬確會發生的狀況。所以，如果你此刻正坐著在想：「我從來沒收到過什麼徵兆」，那麼，我向你保證──你的光之團隊一直都在發送徵兆給你，只不過你都錯過了。我們的光之團隊明白這點，所以他們才會持續不斷地發送徵兆給我們，直到我們終於看到。

不過，我們有個方法可以幫到他們。我們可以回想。

我們可以想想發生在我們生命中的事件，然後找出一個可以辨識的模式──交織在這些事件中的一縷宇宙的光繩和連結。在回想的過程裡，我們也許就可以做出我們第一次錯過的連結了。

你要自問：「這曾經發生在我身上嗎？」或者「我曾經否定過什麼徵兆或者什麼連結的時刻，或者曾經把它們拋諸腦後嗎？」「我是否曾經不經意地對什麼不可思議的事情不加理睬？」我們可以在腦子裡回想，然後把錯過的連結轉化成已完成的連結。

不要站在我的墳前哭泣

我不在那裡。我沒有睡去。

我是輕拂過的千縷清風。

我是雪地裡微光閃爍的晶鑽。

我是灑落在金黃稻荷上的陽光。

我是飄落在秋天裡的溫柔雨絲。

當你在寂靜的晨光中醒來

我就是鳥兒盤旋飛舞下、急速上升的氣流。

我是夜空中閃耀的星光。

不要站在我的墳前哭泣；

我不在那裡。我並未死去。

——瑪麗・伊莉莎白・佛萊
　　（Mary Elizabeth Frye）

第二部

創造你自己的語言

宇宙一直都在和我們說話……發送微小的訊息給我們，
引發偶然和巧合，提醒我們停下腳步、環顧四周，
以及相信其他更多的事情。

——南希·塞耶

（Nancy Sayah）

　　想像你正在一間繁忙的餐廳裡，看到某個你認識的人在餐廳裡走過。你想要博取他們的注意，所以就開口叫了他們的名字。在一片嘈雜的人聲中，他們聽到有人在叫自己的名字，所以就轉過身來。你們對彼此招了招手，互換一個微笑，對彼此連結的這個短暫瞬間感到歡喜。

　　我想讓你知道的是，和另一頭連結，就像在餐廳裡叫別人的名字那麼簡單。

　　我們在另一頭的隊伍已經準備好，渴望著我們去認同這份連結。是的，他們發送徵兆給我們，而他們也善於此道，不過，他們仍然需要我們和他們互動，需要我們藉由創造新的意義符號——以及強化我們之間的光之繩索，去擴展溝通的可能性。

　　下個章節是一連串的故事和觀點，它們將有助於你和另一頭共創出你們自己獨特的語言。當你創造了自己的語言之後，有兩件神奇的事將會發生：(1) 你會發現，要收到能夠深刻影響和提升你生命的徵兆，變得容易多了；(2) 你將為你自己的生命以及你在另一頭的光之團隊帶來巨大的喜悅。

11　帶它回家

徵兆能改變我們。徵兆可以把我們從一種狀態帶到另一種狀態。它們可以把我們從絕望帶向希望，從迷失到安心，從停滯到飛升。這是多麼神奇的力量！這世上有多少東西能夠在這麼短的時間裡，做到如此絕對又正面的轉變？而且完全無需處方！

不過，那就是徵兆所做的事──它們在黑暗中閃過一道光，賦予我們一個嶄新且強大的方法來看待這個世界。

徵兆會在看似找不到意義時，給予我們意義。

徵兆能夠改變我們的方法很多，而其中最美妙的方法之一，和我們失去摯愛時感到的悲傷有關。我們很容易就陷入我們的悲傷裡──感到排山倒海而來的傷心、空虛和孤單。但是，我們在另一頭的摯愛並不希望我們如此，因此，他們會發送徵兆給我們，讓我們的悲傷可以轉化為更深刻的感受──我們會持續、也將永遠和我們的摯愛連結，即便他們已經去到了另一頭。

　　不過，還不僅止於此。我曾經看過有些人在地球上的時候，很難和他們的摯愛溝通；但是當他們去世之後，他們的溝通技巧卻大為進步。這意味著我們的關係不僅會延續，還會改善。想想這一點！我們的摯愛離世後，我們和他們之間的親密與滿足，可以來到一個新的層次。我們甚至可以更單純地感覺到他們的愛，比他們在世時，我們所能感受到的還要多。

　　我們可以寬恕曾經有過的傷害，並且療癒過去的傷口。

　　這是徵兆非凡的力量——也是我何以會說它們有改變我們的潛力。

　　我知道這是真的，因為我自己不久前才經歷過。

　　父母過世是一種深切的損失，我父親在2016年去世的時候，我就感受到過。問題是，身為一名靈媒，也知道關於另一頭的那些事，是否有助於我度過自己的悲傷期？這對我來說是一項試驗——我將會真正了解到我所學到的一切。

　　我和我父親約翰的關係有點崎嶇。我很愛他，而且是無條件地愛他，但是他有很多問題。除了喝太多酒之外，他既易怒又孤僻。在我的成長過程中，很多週末的夜晚，他都在地下室彈吉他。在他的三個孩子裡，我是唯一一個會被他的電子吉他聲吸引、偷偷跑到地下室去看他的人。我父親喜歡播放音樂，也喜歡自彈自唱他最喜歡的歌曲，並且把它錄下來。後來，那也成了我們會一起做的事，變成了專屬我們的

事。我們會一起唱歌一起歡笑，一首又一首不停地唱，直到我母親下樓來把我趕去睡覺。

隨著時間過去，我父親喝得越來越多，也變得更疏遠。在我搬離家裡去上大學之後，只要有空，我還是會常常打電話給他、去探視他。但是後來電話越來越少。一天天、一週週過去，我們說話的次數越來越少。

然後有一天，我突然收到另一頭發送給我的一份強烈感應——打電話給你父親。打電話給他就對了。然而，在每天忙亂的日常裡，我不是一頭栽入亂七八糟的瑣事，就是在外面跑腿辦事，因而忘了打電話給他。我感覺到另一頭不斷地叫我打電話給我父親，一定有什麼原因，但是我卻沒有去理睬這個感覺。

就在那陣子，我父親的一個高爾夫球友打電話給我母親。

「約翰不太對勁，」他告訴我母親，「他看起來不太好。」

於是，我母親開車到我父親的公寓（我父母當時已經離婚，不過還是朋友）。他朋友說得沒錯——他看起來很糟糕。我母親帶他去看家庭醫生，醫生直接就把他送進了醫院。但是醫院的醫生卻無法斷定他哪裡出了問題。他們讓他留院觀察一晚，隔天我就去醫院看他了。

一走進他的病房，我立即就知道我父親的生命能量已經離開，正在消滅中。他不會再走出醫院。他的靈魂已經準備好要離去了。我陪伴了他幾個小時，儘管他的身體很虛弱，

他的頭腦卻依然很清醒。躺在病床上的他和我聊些什麼呢？法國文學和生命的意義。

幾個小時過去，他說話開始越來越沒有條理。

醫生雖然做了檢查，但是他們找不出問題所在。到了這個節骨眼上，我父親已經沒有了意識，也無法溝通。儘管如此，一名護士告訴我們，她確定我父親會復原，然後出院；但是在我聽來，那根本就不可能。我的首要想法以及我所知道的是，他走不出醫院，他已經準備好要離開了。不過，我還是希望那個護士是對的。

在護士預測的隔天，我父親的狀況變得更糟。他的生命象徵急轉而下。他被送到加護病房，裝上了呼吸器。事情發生的時候，我正在家裡洗澡。當我洗完澡的時候，我腦子裡的螢幕亮了——這種事經常會發生——出現的是我父親最好的朋友。我都叫他尼克叔叔，尼克叔叔早幾年的時候就過世了。我很高興能看到他，特別是他看起來很愉快。他說，他很高興、也很興奮會再見到我父親。我父親另一個好朋友李叔叔，也出現在我的螢幕上，看起來也是一副充滿喜樂的模樣。

我父親的老朋友們要我知道，當他過世時，他們會在那兒迎接他。

就在他們開始慢慢消失時，我心想不知道他們是否可以告訴我，我父親何時會離開，這樣我就可以讓家人有心理準備。我問他們——我父親何時會走？我得到的是一個很明確

的回答——本週四。然後他們就消失了。距離週四還有三
天。

　　那一天，我得出席一場在長島一家大劇院舉辦的活動，
那場活動早在幾個月前就已經安排好了。好幾百人都已經預
購好入場券，我也不想讓他們失望，加上我已經知道我父親
雖然已經失去意識，但是三天內不會離開。劇院的經理知道
我父親生病，便問我說：「你確定你可以來嗎？我知道你想
在你父親離開的那一刻陪在他身邊。」

　　「沒關係的，」我告訴他，「他週四才會離開。」

　　我就是那麼確定。

　　我打電話給我住在其他州的兄弟姊妹，告訴他們父親將
在週四過世，他們需要來看他。當晚，就在節目結束後，我
到醫院去，那個護士告訴我，她覺得我父親的狀況在好轉，
甚至可能很快就可以出院。我告訴她我不認為如此，但她卻
說我錯了。

　　「他現在狀況還不錯，」她說，「他會出院的。」

　　隔天，我父親的重要器官開始衰竭。檢查報告顯示他已
經沒有希望。

　　因為另一頭的訊息，我們得以在週四那天齊聚在醫院陪
他——我哥哥、姊姊、我母親、我父親的妹妹安，還有我自
己。他的身體正在衰敗，沒有呼吸器就會無法呼吸。他血液
裡的氨濃度破表，這些都讓他承受著很大的痛苦。我們都知

道，我父親不會想靠人工的方式來延續生命，因此，我們做了一個痛苦的決定，讓醫生拿掉他的維生系統。

我們輪流和他單獨相處，這樣我們就可以一一和他道別。我告訴父親我有多麼愛他，而且一直以來都很愛他，至於那些需要被原諒的事，我也都原諒他了，此外，我也知道他有多麼努力在為他的家庭做出對的事。我們都告訴他我們愛他，他可以放心離去。

但是我父親卻沒有離去。

醫生告訴我們，只要呼吸管一拿開，我父親可能在二十分鐘之內就會去世。我的第一個想法是，你不了解我父親，他不會那麼容易就走的。我們都圍繞在他的病床邊，我母親則握住了他的手。我父親的生命跡象完全沒有改變。我們在他的病床邊又坐了一個小時，然後繼續坐了兩個小時，但是他的情況還是一樣。最後，我們決定做一件事，來讓他知道我們有多愛他──我們要為他唱歌。

我哥哥拿出他的iPhone，我們開始播放所有我父親喜歡的歌曲。我們一起唱著海灘男孩的〈Sloop John B〉，強尼·凱許的〈Folsom Prison Blues〉，巴迪·霍利的〈That'll Be the Day〉。和我父親一起唱歌和聽音樂，是我們連結他的方法之一──甚至可能是最好的方法。我們曾經在長途駕駛中全家一起歡唱；而現在，我們再度以一家人的姿態一起唱歌，病房裡充滿了愛和喜悅。

我們的歌聲在父親回家的路上陪伴著他。

「你應該播放艾維斯的歌，」我母親說，「你父親喜歡艾維斯。」

我姊姊、哥哥和我幾乎同時開口說道：「是嗎？」我們沒有人記得我父親曾經聽過艾維斯的歌。因此，我們繼續播放著我們印象中他喜歡的歌。

在我母親建議播放艾維斯的歌之後大約一個小時，我收到我朋友芭比·艾莉森的簡訊。芭比也是一名靈媒，我們常常會收到和對方有關的訊息。當靈媒變成朋友，常常混在一起時就會如此——我們經常會涉入彼此的生活。芭比知道我父親快死了，也知道那天晚上我在醫院陪他；同時也知道另一頭告訴過我，我父親會在那晚過世。我猜，那則簡訊應該只是芭比想要傳達她的愛。

「我知道這很奇怪，」簡訊是這麼寫的，「但是你父親來找我。他已經準備好要離開他的軀體，但是他卻還沒準備好要走。他不停地在傳送一首歌給我。我一直聽到這首歌，他說這首歌是他要給你母親的訊息。」

我們都圍坐在他病床邊對著他唱歌，但我父親卻去找了芭比，並且還給她一首特定的歌。這實在也夠神奇了。不過，芭比說那是一首特定的歌，所以，我也想知道究竟是什麼歌。

「〈Love Me Tender〉！」她回簡訊給我，「艾維斯的那首歌。」

「播〈Love Me Tender〉！」我幾乎是對著我哥哥大聲

叫了出來。在他播放這首歌的同時，我看著我父親的臉，看看他是否會有什麼反應。

我看到他的左眼眼角出現了一絲淚水。

我們這些兒女從來沒有人和我父親一起聽過艾維斯的歌，但這不是重點。艾維斯的歌是他和我母親一起分享的。艾維斯是屬於他們兩人的。

「媽，這是他給你的訊息。」我告訴我母親。

當歌曲結束時，我們都靜靜地啜泣。我們見證了如此強而有力的一刻。在歌曲結束的兩分鐘內，我父親的生命跡象開始崩壞。他的心跳、呼吸——所有的一切——都出現了變化。我們把手輕輕放在他的身上。他降到零的心跳突然衝高到一百，然後又立刻戛然停止。在全家人的圍繞和撫觸下，我父親在愛的環繞中走了。

艾維斯是他最後的歡呼，是他給我母親的最後一個愛的訊息——那是一個肯定，是在讓我母親知道，儘管曾經有過種種艱辛，他一直都深愛著她。我父親一直撐到他能傳達出這個最後的訊息才離開，而在芭比的幫助下，他做到了。然後，他終於放開了手。

在那個美妙的時刻裡，我父親還做了一件事。他創建了一個他可以在另一頭用來和我們溝通的徵兆。

他的徵兆就是艾維斯。

————

他沒有等太久。

我父親去世的隔天早上，我母親、姊姊、哥哥和我到殯儀館去做一些必要的安排。我們都還處在悲傷之中。雖然我父親最後給了我們一個奇蹟，我們也感受到豐盛的愛，但是失去他依然讓我們感到無限的傷痛。我們每個人和他都有著各自難解的關係，那使得這股失去的感覺更加沉重。我們都感到相當的悲傷和空虛。我們的下一個任務是選花，但是大家決定先去吃頓午餐，好讓自己能夠透一口氣。

「我們應該去哪裡？」我母親問。

「找家小餐館好嗎？」我提議。

雖然附近有幾家大餐廳，不過我強烈地感覺到被一股力量拉往小餐館，而且是某一家特定的小館子——迪克斯山丘小館。當我們抵達的時候，餐館和往常一樣座無虛席。我們在停車場裡找到最後一個停車位，因此預期進到餐館後，應該會等很久才有空位。沒想到餐廳老闆娘走過來說：「我們後面還有一個包廂空著，你們要嗎？」

我們對自己的好運感到開心，便跟著老闆娘走到那個空包廂。我們坐下來之後，開始聊及還有哪些待辦的事。於是，我又開始感到失去的悲傷，並且感覺到我母親、哥哥和姊姊也是。我們四個人就這樣沉重地坐在包廂裡。我們不經意地挪動著餐具，心不在焉地看著菜單，低頭強忍著淚水。

然後，我聽到我姊姊說：「哦，哇，你們抬頭看。」

　　我姊姊指著包廂上的牆壁，只見牆上掛了一幅很大的圖片。這幅鑲嵌在畫框裡的圖片主題叫做「天堂餐館」，上面畫著三位名人坐在一間餐廳裡。這三個人分別是瑪麗蓮·夢露、詹姆士·狄恩，還有艾維斯。

　　艾維斯──就在我們最需要他的時候！而且他就在「天堂餐館」裡。

　　我們立刻就出現了轉變，我可以從家人臉上看得出來。我父親剛讓我們知道，他還和我們在一起。他用他的方式在告訴我們：「我很好，我就在這裡，不要為我感到難過，我愛你們每一個人。」

　　然而，我那過去從來都不善於溝通的父親，他所做的還不只如此。他想要確定我們都知道他還和我們在一起。

　　隔天，我姊姊和母親開車去一家酒類專賣店，要去買葬禮招待會上用來待客的酒。那家專賣店剛好是我父親最愛去的一家店。就在她們要開進停車場時，一輛車在她們前面發出刺耳的聲音，硬生生地擋住了她們。她倆清楚地看到了那輛車的車牌。

ELVIS4U

　　當我母親和姊姊在專賣店的時候，我正在自己家裡的廚房，把我的思緒導向我父親，並且和他展開一次小小的對話。我們都在想，我父親應該做些什麼，以業報的觀點來

說，才能彌補那麼多年來，他對我母親的嚴厲。

　　我不知道你要怎麼彌補，我想著。你得做點什麼戲劇性的事，例如讓她中個樂透之類的。

　　就在那個時候，我母親正在幾哩外的專賣店裡結帳。她總共買了九十七元的東西，因此，她給了一張一百元的鈔票。收銀員在收銀機上按下一百元現金，但是收銀機上不僅沒有顯示應該找給我母親三塊錢，反而顯示我母親應該拿到八百萬元！

　　「哇，這種事從來沒發生過。」一臉吃驚的收銀員笑著說，「我想，我現在得給你八百萬了。」

　　每個人都笑了。當我母親回到車上之後，她打電話給我，告訴我關於艾維斯車牌和收銀員的事情。

　　然後，我也告訴她關於我和我父親的對話。

　　也許他並沒有安排我母親贏得真正的樂透。但是，他還是盡全力給了她八百萬。

　　而且，他向來都很有幽默感。

　　葬禮隔天，我得飛去加州做原本安排好的工作。在飛機上的時候，我感到很痛苦。一切的悲傷都記憶猶新。我繫上安全帶，呆坐在座位上。前座椅背後的螢幕電源是開著的，上面顯示著美國的地圖。螢幕右邊則是音樂頻道上正在播放的歌曲列表，「50電台的50年代歌曲」。

　　我看著螢幕，注意到那些播放的歌曲都是我父親喜歡的歌：〈Buddy Holly〉、〈Johnny Cash〉。每一首都是他喜歡

的。我看了看其他的螢幕，沒有一個螢幕是調到這個音樂台的。

我知道這些歌曲是來自我父親的另一個徵兆，我也感謝他把它們發送給我。最後播出的幾首歌裡，有一首是Johnny Horton的〈The Battle of New Orleans〉。那是一首鮮為人知的歌，但是我小時候，常常和我我父親一起唱這首歌。我甚至還記得，當我還在蹣跚學步時，我父親就開始對我唱這首歌了。再一次聽到這首歌，不僅帶來了快樂的回憶，也讓我心裡充滿了愛和平靜。

「老爸，我真的很佩服你，」我告訴我父親，「這個安排很棒。」

飛機開始下降，就在我們落地前，音樂台播出了最後一首歌。

艾維斯的〈Don't Be Cruel〉。

從加州回來以後，我只在家停留了一天，就又飛往佛羅里達，為永恆家庭基金會的年度大會擔任志工。我的朋友暨靈媒同業喬伊‧裴瑞塔也在那裡。他知道我父親過世了，但是僅止於此。

「嗯，蘿拉，」他說，「你父親要我傳達一個訊息給你，不過我不懂那是什麼意思。他沒有解釋，只是叫我告訴你，他證明了他和你一起在飛機上。」

我笑了。

「我知道他在。」我告訴他，然後我把關於那些歌的事都告訴了喬伊。

情況立刻出現了轉變。我感到瞬間的滿足，以及和我父親瞬間的連結感。在某種程度上，我覺得我和他更親近了，比我記憶中他還在地球時的感覺更加接近。這真的很不可思議！

「我聽到你說的話了，老爸，」我告訴他，「我沒事，我明白，我知道你和我在一起。」

三個星期後，我開車到那家我母親和姊姊看到艾維斯車牌的酒類專賣店去拿一瓶酒。這回，我沒有看到或聽到任何和艾維斯有關的東西。店裡播放著音樂，不過都是些近期的歌曲。就在我排隊要付款時，傳出了Queen演唱的〈Crazy Little Thing Called Love〉。

收銀員操著過大的聲音，轉向他的同事脫口而出說：「喂，這是艾維斯的歌嗎？」

「什麼？」他的同事說，「你怎麼會問這種問題？每個人都知道這是Queen的歌。」

「哦，對喔，」收銀員說，「我知道啊，但我不知道為什麼我會以為那是艾維斯的歌。」

不過，我知道。

就算我父親無法發送給我一幅艾維斯的畫、一張艾維斯的車牌，或一首艾維斯的歌，但他還是找到了一個讓我聽到艾維斯這個名字的方法。雖然那個方法很詭異、很不可思

議，甚至很尷尬（對那個收銀員來說），但是卻難以置信地有力。

「謝謝你，老爸。」我在心裡想著。

我發現我父親在另一頭變成了一個更好的溝通者，比他在地球上的時候好太多了。

除了艾維斯，還有其他的徵兆，包括來自50電台的歌以及那八百萬。

在我父親去世的隔天，我母親發簡訊問我，我是否認為我父親到了另一頭之後，已經不再有以前那些問題了。就在我編輯簡訊回覆她的時候，我鍵入了「介入」這個字。

但我的手機卻自動修正了這個字，並且將之改為「我很好。」

之後是企鵝。

我父親喜歡所有的動物，也喜歡國家地理雜誌的一切。在他過世那天，我朋友南希・迪拉斯默──她也是靈媒──告訴我說，我父親為了我而讓她看到了企鵝。她問我企鵝可有什麼特別的意義，但是我怎麼都想不起來。我告訴她，我會記住這個訊息，並且試著弄清楚它是什麼意思。

我父親過世那天晚上，在我回家途中，我經歷了我所謂的恍然大悟的剎那。

我感到有一股力量在拉著我回家，牽引我去打開梳妝台最上面的那個抽屜。我知道我需要去找放在那抽屜裡的一封

信——一封我父親給我的信。我不知道為什麼這個念頭會突然出現在我的腦子裡。我甚至不知道那封信裡寫了些什麼。我只知道我被那個梳妝台的抽屜所吸引，而且我必須要去找那封信。

一到家，我就衝進我的臥室打開抽屜。事實上，抽屜裡有兩封信。第一封是在2010年寫的。我父親在信裡說，他非常慶幸有我在他的生命裡，以及我對他來說，是多棒的一個女兒。我坐到床邊開始哭泣。接著我打開第二封信，當我把信從信封裡抽出來時，立刻倒吸了一口氣。

那是一張母親節卡片，上面有兩隻企鵝——一隻企鵝和牠的孩子。

突然之間，我記起我父親曾經告訴過我，企鵝爸爸是如何照顧和保護牠們的小企鵝，以及牠們有多麼擅長照顧牠們的孩子。這張卡片喚起了我的回憶。

我父親在卡片裡告訴我，我是多麼偉大的一個母親，我總是帶給我的孩子們安全、溫暖，讓他們被愛圍繞。我一直都留著卡片，而就在我父親去世的那晚，它們又重新回到了我手中。

我父親把企鵝傳送給我。

這也不會是最後一次。

我父親過世後九個月，我飛到東京上一個日本電視節目。若說那是我離開了自己的舒適圈，其實還算是個保守的說法。雖然受邀上那個節目對我來說既興奮又榮幸，不過我

還是感到有些擔心。在我試著傳達另一頭的訊息時，我得戴著耳機、靠翻譯來幫忙來回傳達問題和答案。僅管我對另一頭的禱告向來是：「只要我能做到，請盡量利用我來作為這世上愛和療癒的工具。」我想，我從來沒有預料到我會被派到日本，在嚴重的時差和戴著耳機的情況下，透過翻譯來分享愛和療癒的訊息。感覺好像是宇宙把什麼搞混了一樣。

就在我出發前往攝影棚之前，和我同行的丈夫蓋瑞特向我保證一切都會很順利。

「你來這裡是有原因的，」他說，「而且一切都會很好。」

我到電視台攝影棚之後，節目製作人告訴我等一下會怎麼做。我會被帶到一間根據我在紐約的辦公室所設計的房間。在這個日本節目進行當中，我的影像會被轉播到攝影棚裡——好讓主持人和觀眾以為我是透過 Skype 從美國連線——之後，我才會被帶到現場，給所有人一個驚喜。因此，我跟著製作人到了那間偽裝成我紐約辦公室的房間。

當製作人帶我進到那個房間時，我發出了一個小小的禱告，祈求另一頭能夠清楚地顯靈，並向我的光之團隊請求支持。

我注意到製作單位在房間裡擺了一張普通的書櫃作為辦公室道具，也在櫥櫃上放了一些小擺設增添家的感覺。

那些擺設全都是一隻隻陶瓷的小企鵝。

「好的，老爸，」我告訴自己，「我明白了，你就在這

裡和我一起，一切都會順利的。」

我全身的能量都改變了。節目進行得非常順利。另一頭
在顯靈時很清晰有力，翻譯過程也很流暢。那些企鵝提醒我
我並不孤單，它們就是我在當下需要的東西。

不過，我父親做的還不只這些。他不僅在那裡發送給我
支持的徵兆，也發送給我一個訊息，讓我知道他以我為榮。
等節目錄影結束後，我上了一輛計程車準備回飯店，車上的
地板有個閃閃發亮的東西吸引了我的目光。我看出那是一枚
十分錢的美元硬幣。自從我父親過世之後，每當我對他的離
去感到難過時，或者當我需要做出什麼困難的決定時，又或
者只是單純地想要感覺他就在我身邊時，我就會在偶然之間
看到十分錢硬幣。哇，老爸，我心裡想著。一枚出現在日本
計程車上的美元十分錢硬幣！做得好。

我們需要持續不斷地找尋我們已逝的摯愛發給我們的徵
兆。那些讓我們知道在我們最需要他們的時候，他們一直在
支持著我們、與我們同在、愛我們的徵兆。也許是企鵝、也
許是艾維斯，也或許是十分錢硬幣——任何東西都可能是他
們的徵兆。

我們在另一頭的摯愛，永遠都能找到方法來讓我們知
道。

關於我父親發送給我的徵兆，我可以一直聊下去。

例如，他喜歡所有豬油做的東西，因此，我們就不斷地

會看到和豬油有關的東西。我曾經在洛杉磯，看見有人身穿印有餐廳名字「豬油」的T恤。我哥哥曾經在飛機上看到飛機飛過一個叫做曼蒂卡的城鎮——西班牙文豬油的意思——而當他旁座的男子起身去洗手間時，他看到那個人手臂上的刺青寫著：「我們相信豬油」。

每當我們看到諸如此類的徵兆時，我們都會發簡訊給家裡的每個人讓他們知道。這些簡訊不只搞笑，還充滿喜悅和愛。我們經常會收到這樣的簡訊，每一則都讓我們更緊密地連結在一起。我毫不懷疑這些徵兆是我父親用來聯繫我們，讓我們知道他愛我們、他在照看著我們的方式。其實，在他逝世之後，我很可能陷入我自己的悲傷之中，進而錯過所有那些徵兆。但是，由於我終究打開了心房去接受它們——因而讓我出現了轉變。我被從我深沉的悲痛中拉出來，得以用一種嶄新的、美麗的方式和我父親連結。

透過徵兆，我們的摯愛能成為更好的溝通者，遠比他們在地球上時好更多更多。我父親已經變成宇宙中最健談的靈魂了。相較於過去，我父親現在會用許多非常真實的方法，更頻繁地出現在我身邊。他比以前更充滿愛、更細心，也更懂得回應。如果我把對他的愛發送到宇宙之中，他會立刻回應我，而且回傳給我更多的愛。

我父親讓我明白了一件事：我們需要徹底地敞開心扉，去接受這些強而有力的訊息。只有在我親自經歷過失去父親的巨大創痛之後，我才真正了解到那有多麼艱難，那些徵兆

是多麼重要——如果我們允許它們深入到我們的世界。他不只變成了我在另一頭的保護者，也變成了我的老師。我們的關係並未結束，並且還會持續成長和發展。

對我父親和我而言，一切都不會太遲，也永遠不會太遲。

療癒你和你已逝摯愛的關係，並且讓其成長，這件事永遠都不嫌太晚。

12　**1379**

　　布蘭登・雨果住在愛荷華州北部的一個小鎮──小到該鎮邊界的一個告示牌上是這樣寫的：總人口數，95人左右。

　　他出生於四月一日愚人節那天，後來證明他的生日在這一天真是再適合不過了，因為布蘭登總是能逗得大家呵呵大笑。「他喜歡惡作劇，不過沒有人會對他生氣。」他母親安吉拉說，「每個人都把他當作最好的朋友，因為他總是充滿了愛，而且既敏感又真誠。」布蘭登有一股吸引人的特殊魔力──他是一個很好的傾聽者，能在別人需要的時候幫助他們；他也是一個媒人婆，成功地撮合過好幾個朋友；同時，他還是一個和平製造者──無論是鄉下佬還是富家子弟，沒有人不喜歡他。

　　「他把人們連結起來，」安吉拉說，「他可以修補嫌隙。很多人會來找他，而他也總是能夠把這些人都凝聚起來。」

　　一月三十一日那天傍晚，就在布蘭登二十一歲生日前兩

個月，他和一個朋友開車到鎮外五哩路的地方，去勘查他很感興趣的一座農場規模。回程途中，他們在郊外一個小酒吧停車休息。「他還不到能進酒吧的年齡，不過他還是進去了。」他母親說，「說到喝酒開車這件事，他向來都很有責任感，不過當天晚上，他卻決定要小喝幾杯。」

布蘭登和他的朋友最後在半夜兩點離開酒吧。大約就在那個時候，他母親突然在沉睡中驚醒。「我不知道為什麼，」她回憶道，「就是有股奇怪的感覺。」

幾分鐘之後，家裡的電話響了。

數字讓我們的生活產生規律——我們幾點起床、我們有多重、我們每個月有多少預算。數字是我們在生命中最早學習到的東西之一，而我們生命中最有意義的事物，也多半是用數字來作為符號。生日、紀念日、幸運數字——我們總是賦予數字更多的意義，多過統計學家和數學家告訴我們的意義。當我們隨機查看時間時，我們可能會把那個數字寫下來——6：31、2：22、11：47——或者，我們也可能在生活中會特別留意同一組數字。我們不是唯一會這樣做的人。

聖奧古斯丁在大約公元400年的時候，為他自己奠定了數字力量早期提倡者的地位。「數字是神提供給人作為確定真理的宇宙語言。」他曾經如此聲明過。他相信，我們獲得真理的方法，就是探查出現在我們生命中的數字，進而發現它們的秘密含義。幾個世紀以來，數字命理學一直都在暗示，數字在我們的日常生活裡具有神秘的關聯性。

在我個人的經驗裡，數字是另一頭用來和我們溝通最有力的工具之一。如同聖奧古斯丁所相信的，關鍵是要對隱藏的數字力量、對它們揭示真理的能力心存開放——那些我們可能並未看見的真理。

布蘭登在成長的過程中，一直都在家裡的農場幫忙，是一個很乖巧的孩子。他喜歡躲在引擎蓋底下修理引擎，也很愛在他的工作室裡，拆解他那幾輛撞車比賽用的車子。高中的時候，他挾著多項成就，被票選為實習週之王。他既是運動明星，又是志工消防員，還是他朋友伯特的導師。伯特把他視為偶像，並且像親兄弟一樣地友愛他。

那天晚上在酒吧裡，布蘭登所喝的酒超過他應該喝的。伯特原本計畫在隔天和布蘭登一起去參觀一些有機飼養的豬，不過，他擔心布蘭登會因為宿醉太嚴重而無法守約。因此，他偕同另一個朋友開車去酒吧，想要確認布蘭登沒事。

酒吧在深夜兩點打烊的時候，一個鄰居同意讓布蘭登和伯特搭他的皮卡回家。很不幸地，那個鄰居同樣也喝多了。伯特向他索取車鑰匙，但是鄰居不願意把鑰匙給他——除了他自己，誰都不能開他的皮卡。酒吧距離布蘭登家不到四哩路，但是那個鄰居在半路的時候，突然想要向他們展示他的皮卡能飆多快。就在車子開上一處陡峭的斜坡時，他失控了。

他的皮卡栽進壕溝裡，又衝撞了一百五十碼，之後再撞上田裡的道路，經過連續幾圈的翻滾，才終於底盤朝天地停

了下來。司機被甩出了皮卡，當場死亡。伯特雖然受傷嚴
重——骨盆裂了、肋骨斷了，加上氣胸——不過，他還是掙
扎著爬出撞爛的車子，打電話給布蘭登的母親。

「你得快點來，」他喘著氣說，「最壞的事情發生了。」

安吉拉和丈夫在不知道布蘭登是否還在皮卡裡的情況下
趕往現場。等他們到達的時候，現場完全沒有他們兒子的蹤
影。其他鎮的消防員和警察也都趕來了，安吉拉聽到他們之
中有人說：「有人在卡車底下！」消防員立刻拿起木樁，企
圖要把卡車抬起來。布蘭登的父親不停地問每一個消防員：
「是布蘭登嗎？」

正是布蘭登，但他已經往生了。

撞車本身並沒有對布蘭登造成太嚴重的傷害——他只斷
了兩根肋骨。然而，他卻因為被拋出座位而卡在了駕駛座車
窗，是皮卡壓在他身上的重量造成他窒息而亡。

五百多人到殯儀館去見他最後一面；隔天，七百個來參
加葬禮的人，把教堂擠得水洩不通——那是這個小鎮上有史
以來最大的葬禮。「每個人都含淚而來，」安吉拉說，「有
些成年人我甚至都不認識，每個人都在哭泣。和布蘭登道別
是世界上最困難的事情。」

伯特幾乎崩潰。車禍之後，他爬上一片玉米田裡的坡
頂；根據急救人員的說法，以他的傷勢狀況，要爬上那個小
丘幾乎是不可能的事。伯特相信是布蘭登幫他爬上了那座
山丘——在悲傷之中，他開始相信布蘭登可能還活著。「他

開始在布蘭登的電話留下各種訊息，告訴布蘭登他要去找他。」安吉拉說。布蘭登的女友拉娜知道他手機的密碼，因而聽到了語音信箱裡的留言。她開始擔心，於是便把這件事告訴了布蘭登的父母。

之後，伯特決定要刪除他留給布蘭登的訊息，這樣一來，就沒有人會聽到了。但是，沒有密碼，他無法登入布蘭登的手機──除了拉娜以外，沒有人知道手機密碼。車禍後一個星期，伯特打電話給拉娜，告訴她他知道密碼。

「你怎麼知道的？」拉娜問他。

「我試了各種方法，」伯特說，「他的足球號碼、籃球號碼、車牌，但是都沒有用。後來我做了一個夢，夢裡，布蘭登和我開著撞車大賽裡的車，被警察一路追趕。感覺上就好像我人在車外，看著我們在開車一樣。然後，我留意到車牌的號碼，等我醒來的時候，我知道那就是密碼。」

「那個號碼是什麼？」拉娜問。

「1379。」

拉娜屏住了呼吸。

1379正是布蘭登的密碼。

布蘭登的母親安吉拉一直都相信上帝、耶穌和來生的存在，而她也相信她曾經做過的一些夢，是祂們發送給她的徵兆。因此，當她聽到伯特的夢時，她一點都沒有懷疑。

伯特做夢後的隔天，安吉拉帶布蘭登十幾歲的妹妹莉絲

去見一名諮商師。「我們都需要有人指導我們，如何面對這樣的損失、如何往前走。」安吉拉說。諮商結束之後，她們驅車前往塔吉特百貨進行採購。

從塔吉特百貨出來到停車場時，莉絲指著地上。

「媽，你看！」她說。

一個矩形的白色小塑膠硬片就在莉絲所指之處，塑膠片上印著四個紅色的數字：1379。

「這怎麼可能？」安吉拉說，「在全世界所有的停車場裡，我們剛好就停在了這個停車場，還發現了一片標籤，上面印有十四個小時之前，伯特在他的夢裡看到的數字？布蘭登手機密碼的那四個數字？簡直不可思議。」

在回家的路上，車裡的收音機電台正在播放Diamond Rio的〈I Believe〉。布蘭登向來很喜歡Diamond Rio，還曾經數度去看過他們的演唱會。「就在〈I Believe〉這首歌響起的瞬間，我們知道布蘭登依然和我們在一起。」安吉拉說。

布蘭登過世後幾個月，我和安吉拉見了面。她和她的第二任丈夫馬丁報名了一場永恆家庭基金會贊助的放下悲傷的活動。第一天晚上，我向大約六十名與會者發表演說，告訴他們我都做些什麼，以及我是怎麼做的。至於另一場比較私密、大約只有十人左右參與、並且能讓我專注接收另一頭訊息的小型聚會，則被安排在第二天晚上。

不過，第一天晚上，就在我開始演講後沒多久，有人就

現身了。事實上，現身的是兩個靈魂。他們很堅決。我的注意力立刻就被吸引到安吉拉和馬丁所在的位置。我看著安吉拉，告訴她，她母親很渴望和她說話。

不過，我同時也告訴她：「還有一個年輕的男性也試著現身，他還說他要先和你說話。他正在對你母親說：『不好意思，換我了。』」

布蘭登要我告訴他母親，他最喜歡的顏色是綠色，希望他母親信守承諾，把他的房間漆成綠色——雖然他知道他母親想漆另一個顏色。他還問為什麼馬丁的聖誕樹那麼大，而他的聖誕樹卻那麼小。「那是真的，」安吉拉說，「我們的起居室裡有兩棵聖誕樹，十二呎高的那棵是馬丁組裝的，而放在櫃子上的那棵小聖誕樹，則是布蘭登的。那是他小時候我買給他的。」

接著，布蘭登讓我知道，他喜歡那個刺青。

「我沒有什麼顯眼的刺青，馬丁也是。」安吉拉說。不過，馬丁隨即起身，挽起袖子，露出他的新刺青給我看。為了紀念布蘭登，他在手臂上刺了1379這個數字。所以布蘭登才說他喜歡也認同那個刺青。

「等一下，」我告訴馬丁，「布蘭登還說，你考慮再刺一個，而這回你打算刺在屁股上？」

馬丁瞬間臉都紅了。

「我們昨天晚上還在開玩笑，」馬丁解釋道，「我對安吉拉說，我要在屁股上刺幾個字，『你的名字』，這樣我就

可以和別人打賭說，我把『你的名字』刺在我屁股上了，如此一來我肯定會賭贏。」

「好吧，」我說，「布蘭登想讓你知道，他覺得很好笑。」

那是一場即興又不可思議的通靈，布蘭登在這個過程中，對他母親做了幾次的驗證。不過，其實安吉拉並不需要我，就知道兒子還在她身邊。她不需要我就可以知道布蘭登依然愛開玩笑、依然在笑、依然從另一頭在和眾人連結。

一天下午，安吉拉在清理廚房時，因為想起布蘭登而感到悲傷。

「孩子，」她大聲說，「媽媽需要另一個徵兆。」

那天傍晚，安吉拉上樓打算到廚房去。就在她走到樓梯口時，她聽到家裡的博士收音機正在播一首歌。但她記得自己並沒有開過收音機。

「它播的是布蘭登最喜歡的歌曲之一：是Ozzy Osbourne的〈See You on the Other Side〉。」她回憶道，「我知道那是布蘭登。我要他給我一個徵兆，他就立刻回應我了。當下我就想：『這真是太酷了！謝謝你，小布，我愛你！』所以，我就站在樓梯上，仔細聽著那首歌的歌詞。」

但我知道你會讓我再次看見

當我見到你時，我將會在另一頭與你相會

　　布蘭登去世後十三年，在他逝世紀念日那一天，安吉拉在度過了疲憊的一天後開車回家。「我總是會注意徵兆，特別是在他生日和逝世紀念日的時候，或者他朋友或家人發生什麼特別的事情時。不過，那天我卻沒有注意到有什麼徵兆。」

　　在等紅綠燈的時候，她瞥見車上的里程表顯示著134‧1哩。

　　「我心想，好吧，這個數字至少和我們的數字很接近。然後我就繼續開車，並且時不時持續留意著里程表。」

　　當她終於到家時，她把車子停在車道入口處的信箱旁邊。

　　此時的里程表上顯示137‧8。

　　「好吧，」她想，「相當接近了。」

　　接著她開上車道，打開車庫的門，把車子停了進去。

　　「在我完全停好車時，我再度看了一下里程表。」她說。

　　里程表上的數字是137‧9。

　　「我坐在車子裡半晌，然後才大聲說：『幹得好，小布！我也愛你！』」

生與死是一條線，
是從不同的兩邊所看到的同一條線。

13　鬼來電

蘇珊娜・史考莉在商業界有一份很棒的工作。她花了十年的時間在學習門道、努力工作、令人刮目相看，而且一次又一次地獲得升遷。她的未來看似無限光明，但是——她卻辭職了。

「大家看我的樣子好似我長了三顆頭一樣，」蘇珊娜說，「我已經很成功了，但是，我為什麼要把那些成就丟掉？」

答案很簡單——好奇。

成長於海灣區的蘇珊娜一直都有很多疑問——關於生命、死亡等等。「我身邊都是一些很邏輯、很實際的人。」她說，「我有很大的好奇心，但是卻沒人能回答我的問題。」

稍微長大之後，蘇珊娜終於在書裡找到了一些答案——麥克・紐頓（Michael Newton）博士所寫的《靈魂之旅》（*Journey of Souls*）。紐頓是一名催眠治療大師，他讓二十九名受試者回溯過去，以獲取他們前世的記憶。他的著作是關

於人們如何在超意識的狀態下，能夠詳述他們在地球上的靈魂之旅。

「當我讀那本書的時候，感覺好像有人幫我拉開了窗簾。」蘇珊娜說，「我記得我在床上看這本書，然後轉身對我丈夫說：『這本書解釋了生命所有的意義！』」

蘇珊娜後來閱讀了更多有關來世和靈魂之旅的書籍，並且開始用不同的方式來看世界。在新的觀點下，我們選擇要如何度過我們在地球上的一生，成為了她所專注的課題。

在職場上，蘇珊娜是同事們會來求助的對象。「他們會走進我的辦公室，關起門，然後告訴我他們的希望和夢想。」她說，「我發現我很享受自己和他們的對話，也很樂於幫助他們走向更能自我實現的方向。」不知道從什麼時候開始，蘇珊娜發現她也可以為自己做同樣的事。

因此，她辭去工作，成為了一名人生導師。

「我的生活發生了巨大的改變，」她說，「我每天醒來時，都對我那一天要做的事感到興奮。我對於幫助別人、讓他們在生命中做出重要的改變，抱持著很大的熱忱。」

她發現，身為生命導師，她最重要的技能之一，就是對徵兆和訊息保持開放的能力。「我們都被訓練要發掘我們的直覺，」她解釋道，「身為生命導師，我必須信任我的感覺。所以，在我和別人談論他們的生活時，如果當下有什麼念頭突然閃進我的腦子，我學會了要跟隨那個念頭走，不管那是什麼詭異的感覺。」

　　舉例來說：在蘇珊娜和一名客戶的會談過程中，一個很嚇人的刺耳噪音讓她無法集中注意力。「我辦公室的窗外有隻鳥像發神經似的，不斷地在尖叫。」她說，「那隻鳥彷彿不停地在抱怨著什麼。雖然我試著不去理會，但我終於還是喊停，並且對我的客戶說：『抱歉，我不得不注意那隻鳥──牠發牢騷發得像瘋了一樣。』」

　　語畢，她的客戶突然哭了。

　　「她告訴我說：『今天是我父親過世七週年。』」蘇珊娜回憶道，「她說她父親也會用同樣的字眼──發牢騷──來形容她從剛才開始就不曾停止過的抱怨。」

　　那件事讓她的客戶在情緒上出現了重要的突破。「如果我當時避而不談那隻鳥的事，就會錯過那個時機。有時候，我們的身體會在我們的腦子察覺之前，就先發信號給我們。所以，對於那些非陳述性或非語言的徵兆和訊息，我們都需要保持開放的態度。當我的客戶說了什麼讓我背脊發涼的話時，我就會知道我們要面對的問題很大。我就是知道。所以我會說：『等一下，讓我們先聊一下你剛才提到的那件事。』然後，我會看到他們的臉上流露出情緒的反應。」

　　幾年前，史考特・丁斯默也辭去了他在世界五百強的工作。

　　史考特曾經在網上看過蘇珊娜啟發人心的部落格，因而打電話給她尋求建議。他們發現彼此都對鮮少有人選擇的道

路比較感興趣，因此很快就變成了朋友。不久之後，史考特和妻子展開了一場為期一年的環球之旅，在抵達坦尚尼亞攀登吉力馬札羅山之前，他們已經造訪過了二十座城市。

在八天登山行程中的第六天，當史考特和妻子距離高一萬九千呎（約五千八百公尺）的頂峰只差兩千呎時，他們聽到了頭頂上傳來一聲尖叫。有人大喊：「當心！」

一塊SUV大小的巨石正從山上滾下來。史考特的妻子立刻仆倒下來尋求掩護，但在史考特來得及做出任何反應之前，巨石就擊中了他。那天，沒有其他登山者受到重傷。

但是，史考特卻死了。

他才三十三歲。

「我接到電話時大為震撼，」蘇珊娜說，「我真的跌坐到地上。這一點道理都沒有。一個那麼充滿生命力、那麼熱愛生命的人，怎麼會突然就不在了？」

史考特的旅遊部落格和他的一場擁有數百萬點擊率的TED演講，讓他在啟發和成就的圈子裡成為一個明星。「他在三十三年的生命裡所經歷過的事，比別人一輩子還要多。」他父親說。史考特過世後兩個月，他的朋友們在舊金山美術宮舉辦了一場活動，來讚揚他的生命。

「那天的氛圍就像史考特一樣，」蘇珊娜說，「每個人都站起來發表各種激勵人心的演說。那是一場頌揚史考特和他的傳奇的盛會，不僅美妙而且充滿喜悅。」

活動結束之後，蘇珊娜回到車上，查看因為活動而切換

成靜音模式的手機。她發現有一通未接來電，是一個她不認識的號碼，還有一則語音留言。她開始聽取留言。

「沒人說話，」她說，「只有一段短短十五秒的音樂，那是我所聽過最美、最平靜、最輕柔的音樂。然後突然就結束了，戛然無聲。」蘇珊娜回撥了那個號碼，但是電話那頭只傳來一段人工錄音，告訴她那個號碼已經無法接通。

換句話說，那通電話似乎不知從何而來。

「我馬上就知道那是來自史考特的徵兆，」她說，「我就是毫無疑問地知道。我們有著一種很特別的連結，我們都選擇了非尋常的道路，是這個事實把我們連結在一起。那段語音留言的音樂是那麼地撫慰人心，而且它只維持了很短的時間，然後就結束了。我以前從來沒有發生過那種事，之後也沒有。」

自從接到鬼來電之後，蘇珊娜偶爾會看到手機裡有陌生號碼的未接來電，但一回撥卻又發現那些號碼都無法接通。「那只發生在我的手機處於靜音模式時，所以，我聽不到電話響、也不可能接電話。」她說，「後來，我再也沒有收到過音樂的語音留言，不過，卻接到一堆無效號碼的未接來電。所以我就想：『好吧，那是史考特在和我打招呼。』」

蘇珊娜主持了一個廣受歡迎的播客節目，不久前，她邀請我上她的節目擔任來賓。在訪談中，她把手機調到靜音。訪談結束之後，她在查看手機時發現有四通未接來電，全都來自同一個無法接通的電話號碼。「我一點也不覺得驚訝，」

她說，「史考特當然會在我和一位靈媒聊天時來找我。」

　　現在，蘇珊娜總是會告訴她的客戶對非語言的徵兆和訊息保持開放。她相信，徵兆會幫助你，讓你的生命轉換到更崇高、更充實的道路。史考特‧丁斯默把他創建的激勵人心的線上活動命名為活出你的傳奇。

　　「那是我們都想要做的，」蘇珊娜說，「我們都感到生命中有什麼更大的召喚。也許我們不知道那究竟是什麼，但是我們骨子裡卻都可以感受得到。」

14　物以類聚

　　凱西·卡德雷認為自己是一個很幸運的女人。她和丈夫法蘭克結褵十年，育有三個漂亮的孩子。「法蘭克是個警察，他的幽默感很糟，總是逗得我哈哈大笑。」凱西說，「他很愛孩子，是個很棒的父親，我就是那麼那麼地愛他。」

　　然而，很不幸地，法蘭克被診斷出罹癌。他在診斷後兩年過世，享年三十九歲。

　　凱西沒有再婚——失去法蘭克讓她幾乎難以承受。「我再也無法找到像法蘭克一樣的人，」她說，「我們彼此很容易溝通，除了法蘭克，我不想讓任何人插手來教養我們的孩子。所以，我便獨力撫養三個孩子。」

　　不過，凱西說，她常常覺得自己並不孤單——她覺得法蘭克某程度上還和她在一起。

　　「我感覺到他的存在，」她說，「有時候就是一種感覺，有時候他會找個方式和我打招呼。」

　　某一天早上，當凱西準備要去上班時，她的女兒吉

娜——吉娜和她住在一起——也正要把她的小孩送上校車，凱西聽到門外傳來一陣嘈雜的喧囔。

「我走到外面，看到一隻鮮紅色的紅雀在我的樺樹上。」她說，「那隻鳥正在尖叫，不知道在對什麼尖叫。吉娜也走了出來，我說：『你看這隻鳥，牠發瘋了。』你知道嗎，那棵樺樹——當它還是棵小樹苗的時候，我丈夫就把它種在那裡了。」

吉娜走回屋裡，但是凱西還留在屋子前面，看著那隻瘋狂鳴叫的紅雀。那隻鳥既不願意離開——也不願意安靜下來。牠從樹上跳到信箱上面，然後在信箱上繼續鳴叫。之後牠又跳到凱西的車上，仍然不願閉嘴。「牠就那樣看著我，不停地製造噪音。」凱西說，「最後，我回到屋裡做家事，然後把垃圾拿到屋後。就在我到後院的時候，那隻紅雀居然繞著房子飛到了車庫頂上，然後停在屋頂上看著我，繼續尖叫。」

「就在那時候，我說：『好吧，那是法蘭克，不然還會是誰？』」

那天稍後，凱西在上班時，無意中瞄了日曆一眼。結果，日曆上的日期讓她差點喘不過氣來。

「那天是五月十三日——是法蘭克的逝世紀念日。」她說，「已經整整二十九年了。那隻憑空而降的紅雀，還對我叫了二十分鐘。」尤有甚者的是，凱西注意到那隻紅雀是在早上九點十分飛走的。「那正是法蘭克當年離開的時間，」

她說，「我就是在那時候很確定地知道牠就是法蘭克。」

　　法蘭克去世前兩年，他曾經帶凱西到賓州鷹湖去看一處房產。「他已經知道自己生病了，」凱西說，「但是，他真的很想買那塊地。他說：『我想帶兒子在這座湖釣魚。』法蘭克喜歡釣魚嗎？他不喜歡。但是他喜歡和兒子在一起。」

　　卡德雷家買下了那片地產，但是，在他們來得及到那裡共度家庭時光前，法蘭克的病情就開始惡化，沒有多久，他就過世了。在接下來的歲月裡，凱西每個週末都會帶著孩子們到那裡。「法蘭克希望我們全家能一起在那裡，當我在那裡時，我真的感覺到他的存在。」她說，「當我們的孩子都長大成人，而且也有了他們自己的第二代之後，他們也會帶孩子們來到湖邊。我想，我們在那裡都感覺到和法蘭克更加接近。」

　　他們在湖邊的鄰居，是一個名叫克里夫的好好先生，他就像是凱西的兒子小法蘭克的代理父親一樣。「克里夫教了他所有我丈夫會教他的事——怎麼修理東西、怎麼油漆，當你擁有一個完整的家時，所有你需要知道的事情。」凱西說，「我想，那是我們家到那裡的最終目的。即使法蘭克從來不認識克里夫，他希望我們可以去那裡，這樣克里夫最終就會成為我們兒子的好導師。」

　　在過了將近三十年之後，當孩子們不像以前那麼頻繁來到這裡時，凱西開始考慮出售這座房產。「但是這對我來

說好難，我好掙扎，」她說，「法蘭克希望我們擁有這個地方——他希望我們能以一家人的姿態到那裡去，而我們也確實做到了。我需要知道法蘭克是否同意我把那裡賣掉。」

凱西的女兒吉娜就是在那個時候來找我的。她告訴我關於那個鷹湖房產的故事，以及她母親是多麼痛苦地做了出售的決定，但是卻不知道那樣做對不對。

我立刻就和凱西的丈夫法蘭克連結。他對自己的立場十分明確。

「你父親說當然可以賣掉，」我簡訊她，「他只希望你母親能覺得輕鬆一點，所以你可以告訴你母親不用擔心。另外，你父親開玩笑說，反正你們沒那麼容易甩掉他。」

此外，他還希望她知道，將他和這個家庭維繫在一起的，從來都不是那塊地。「是愛把他和你們維繫在一起的，」我告訴他們，「你們要相信這點。」

隔天，凱西寄了一張感謝的短箋給我。

「我現在很期待步入下一個階段，」她是這麼寫的，「能夠證實我們的摯愛還支持著我們，是一種很棒的感覺。雖然我一直都打從心裡相信這點，不過，能從你口中得知就更棒了。」

凱西誠摯的信函讓我感動。

「我知道，你不需要我來告訴你你丈夫還在，」我回覆她，「因為你早就已經感覺得到他，而他也一直都在發送徵兆和訊息給你。他希望你快樂，也希望你能在你生命的下一

個篇章裡，對那些會出現在你生命裡的事敞開心扉——不過他也說，他會發送給你一隻老鷹，這樣你就會知道，在出售房產這件事情上，你擁有他的祝福。老鷹將會是證明他祝福這件事的徵兆。」

我所不知道的是，法蘭克已經發送出了老鷹的徵兆。

後來，我從凱西那裡得知，在她決定要出售房產的前一天，她決定要把家裡的一個櫥櫃清空。那個櫃子裡堆放了一箱箱多年未曾打開過的文件。凱西從櫃子最深處拉出一個塞滿文件的文件夾。

「那個文件夾的封面是一張很漂亮的老鷹圖片，」她說，「我根本不知道這個文件夾的存在。」

當下，一個念頭突然閃進她的腦海：法蘭克為家人而買的那座房產就座落在鷹湖。

「我覺得那一定是個徵兆，」凱西說，「那個文件夾在那裡放了好幾年，完全被遺忘了。但是，就在我需要法蘭克發送一個關於房產的徵兆給我時，這個文件夾剛好就被我抽了出來。當我看到文件夾的時候，我覺得是他在告訴我：『好吧，是時候放手了。』」

房子出售那天，凱西和吉娜在開車去看牙醫的路上，吉娜突然說：「媽，你看！」凱西回憶說，「有隻老鷹正好飛過我們的車窗，距離近到幾乎伸手就可以摸到。」

從此以後，凱西開始在很多地方都看到老鷹。

「牠們會飛過我頭上，或者停在我看得到的樹枝上。」
她說，「而且，每當我看到老鷹的時候，我就再一次得到確
認──沒錯，鷹湖是我們很特別的所在，沒錯，在那裡，我
們都覺得和法蘭克很靠近。不過，事實上，我們不需要那個
地方，因為法蘭克無處不在。」

現在，凱西常常和法蘭克聊天。「我會說：『你今天好
嗎？』或『法蘭克，我需要你幫個忙。』而法蘭克也總是會
出現，也許是透過一個徵兆，也許是透過一個念頭，或是突
然閃進我腦子裡的一個字。」

雖然凱西和她家人不再擁有鷹湖，但是，他們依然常常
相聚。去年夏天，凱西和她的孩子一起去蒙塔角度週末。
「我們幾個人一起散步到燈塔去，我記得當時有海鷗在我們
身邊圍繞，空氣裡充滿海洋的味道，感覺十分平靜。我也記
得我試著讓自己站穩在岩石上，以免掉到海裡。」

突然之間，凱西的女兒注意到他們附近的一塊岩石上寫
了一個名字。那是附近數以千計的岩石裡，唯一被塗鴉的一
塊。

岩石上寫著的名字是法蘭克。

「在那一刻，我想到和我一起沿著海岸散步的每個
人──法蘭克的女兒，他的兩個孫子，金斯頓和凱勒，他的
姊姊南西，和他未來的媳婦金。我知道，看到他的名字出現
在岩石上，是法蘭克讓我們知道他也和我們一起在那裡的方

法。對此，我毫不懷疑。」

　　不管法蘭克用的是什麼方法，凱西永遠都準備好要接收法蘭克發給她的任何訊息。

　　「每一次，它都能讓我泛起笑靨。」她說，「法蘭克很容易就可以和我溝通，他向來如此。他還是像以前一樣愛開玩笑，還是像以前一樣守護著我們。知道法蘭克還在這裡，讓我覺得很安慰。他常常來看我，而那真的是一件很棒的事。」

15　路牌

馬修・比騰是一個開朗、有趣、外向、個性出眾又具有不尋常好奇心的的男孩。他常常會提出一些經過深思熟慮的怪問題，讓父母大為吃驚。在他八歲的時候，一天下午，他的母親開車帶他去一家店，一路上，馬修都很安靜。

「你知道嗎？媽咪，」他終於開口，「我不確定我是不是想比你先死。」

他的母親法蘭西斯卡聞言嚇了一跳。「你為什麼這麼說？」她問。

「因為我知道，如果我比你先死的話，你會因為心碎死掉。」

「哦，親愛的，不用擔心，」法蘭西斯卡向他保證，「你不用想這種事。」

馬修後來也沒有再提起這件事。但是，法蘭西斯卡卻總是懷疑，馬修內心深處是不是在某種程度上，可以感覺到自己不會活得太久。

————

　　馬修在二十五歲生日後兩週，因為用藥過量而去世。他和過度依賴止痛藥的習慣奮戰了好幾年，不過，他最終似乎還是讓自己從這樣的掙扎中解脫了。有好一陣子，他對自己的未來很樂觀，彷彿又重回到過去的他，而不是後來那幾年的他。然而，當他住在加州一間中途之家時，他的藥癮又復發了。他突如其來死亡的事實既殘酷又震撼。

　　「有好長一段時間，我覺得有很大的罪惡感，」法蘭說，「如果我當時堅強一點呢？如果我有看到徵兆呢？如果我教養他的方法有所不同呢？」

　　在他去世之後，法蘭把自己關在房間裡整整五個星期。她不想面對任何人，不想和任何人談起馬修，她無法重回原本的生活。她就那樣凍結在悲傷和絕望之中。最後，一個朋友告訴她，她需要到當地的學校，去幫忙把一些物資塞進背包給需要的孩童。法蘭說：「我不想去，我不想和任何人講話。因為我怕只要一開口，我就會開始放聲痛哭。」

　　但是在朋友的堅持下，法蘭最終還是去了。

　　不過，在她前往學校之前，她做了一件事：她要求馬修給她一個徵兆。

　　她要求的是幸運之手——那是一個猶太符號，是一隻五指張開的手，掌心上還有著一隻眼睛或五芒星。這個符號通常被視為是防禦負面神靈的保護象徵，也代表力量和祝福。

「那不是你隨處都可以看到的東西，所以我也擔心我要求的會不會太特定，不過，我還是提出了這個要求。」法蘭說，「當我到達學校的體育館時，我環顧四下，卻什麼也沒有看到。我猜，我可能是希望能夠立刻就看到吧。」

接下來的兩個小時裡，法蘭默默地把學校提供的物資塞進背包裡。「我沒有和任何人說話，」她說，「我就像機器一樣地在打包。」後來，一名年紀較長的婦女過來和她打招呼。她們聊了一下，法蘭突然提起兒子最近剛過世的事。「我就那樣脫口而出——我兒子死了，」她說，「我甚至還告訴她，我要求馬修給我一個徵兆，但是我還沒有看到。我四處尋找，不過就是沒有看到。」

那名婦人隨即指著體育館的一面牆壁。體育館的牆上塗滿了學生彩繪的標示。最靠近法蘭的那個標示——基本上就在她面前——畫的是一個很獨特的符號。

那是一個掌心上有著五芒星的幸運之手。

「我一直都沒看到，」法蘭說，「它就在那裡，而我居然錯過了。當我看到的時候，我說：『哇，馬修，這真是太厲害了。』」

體育館裡那個幸運之手讓法蘭認為那很明顯是來自馬修的一個徵兆，然而，無論她多麼想要相信，某一部分的她還是有點懷疑那是不是真的——或者只是巧合。在開車回家的路上，法蘭感覺到好像有什麼改變了。彷彿她扳動了什麼開關，啟動了連結。法蘭暗自希望，也許會有更多的徵兆出現。

　　法蘭把家裡的地址輸入車子的導航系統。她很確定自己知道怎麼從學校回家，但為了確保萬無一失，她還是用了導航。突然，導航軟體裡的電腦模擬聲音叫她左轉。「我覺得好奇怪，」她說，「左轉會把我帶到別的路。我的意思是，我會真的走錯路。因為那會讓我繞到我根本不需要走的那些街道。這太不合理了，不過我還是左轉了。」

　　導航帶著她穿越過一個她不熟悉的社區，最後來到一條死巷。當她在死巷盡頭停下來時，導航突然毫無預警地關掉了。「這從來沒有發生過，」她說，「我不知道是怎麼回事。」

　　法蘭把車迴轉，開出死巷。就在她要離開之際，她瞄了一眼路牌，注意到那條陌生街道的名字：馬修之路。

　　法蘭立刻停車，坐在車裡好一會兒。「我在想：『天啊，這是個徵兆嗎？我是說，那一定是個徵兆！』」她說，「馬修之路！」

————

　　從此以後，法蘭把馬修發給她的徵兆都記載到一本筆記本裡。「他很會發送徵兆給我。」法蘭說，「當你收到徵兆的時候，你會想要繼續收到。不過我不想太貪心，所以，基本上，我只要求馬修每星期發一次就好。我要求幸運之手或他喜歡的歌〈Wonderwall〉。你知道嗎，那首歌居然在最詭

異的地方播放出來。」

馬修去世後幾個月，法蘭參加了一場活動，而我就在那場活動中幫一些與會者通靈。當她走向我時，我立刻就感到馬修的存在。

「你是不是有個兒子最近去世了？」我問。

「是的。」她回答我。

「哦，他說他很喜歡那個灶坑，他希望你知道，他一直都和你在那裡。」

法蘭看起來似乎很震驚。她解釋說，她最近才在家裡後院蓋了一個灶坑，因為馬修喜歡和家人坐在戶外彈吉他。

「他說，他也喜歡你戴他的項鍊。」我告訴法蘭。

法蘭脖子上沒有什麼項鍊。不過，當我這麼說的時候，她從襯衫裡掏出一條尾端有五芒星的鍊子。

我們兩人都很清楚，馬修很高興他和母親之間還保有連結。

可以確定的是，馬修後來也一直發送給法蘭各種不同的徵兆。她不斷地在地上發現一九九一年的硬幣——那是馬修出生的那一年。連續好幾天，她都在早上5:30準時醒來，但她不知道為什麼會這樣。後來她突然想到——馬修的生日是五月三十日，5/30。「在我想通了之後，我就再也沒有在那個時間醒來過了。」法蘭說，「馬修似乎是在等我弄清那個徵兆的意義，才不再繼續把它發送給我。」

馬修逝世後九個月，法蘭和朋友決定去度假。就在她抵達目的地時，法蘭感到一股罪惡感。「馬修很喜歡旅行——

他去過澳洲、泰國等很多地方，」法蘭說，「我知道他會希望我再度出門去看看世界，然而，我無法不覺得愧疚，因為他一定也想要和我們在一起。所以，我就在腦子裡問他：『請給我一個徵兆，讓我知道你也和我同在這裡。』」

就在那個時候，一個穿著泳褲的魁梧男子一屁股在法蘭旁邊的泳池躺椅坐了下來。「我看向他，發現他手臂二頭肌上有一個五芒星的刺青，圖案下面還寫著『我愛你，媽』。」法蘭說，「那個徵兆再明顯不過了。」

馬修去世後兩年多，法蘭仍然感覺得到他們之間持續的連結。每當她想要感覺靠近兒子的時候，她就會坐到後院的灶坑旁；有些夜晚，她幾乎可以感到馬修就和她一起坐在那裡，彈著他的吉他。

「重點在於敞開心靈，要相信當他們離去時，你們的關係並未結束，」法蘭說道，「我聽說有些父母在孩子去世後十年還無法往前看，我可以理解，不過，我希望他們知道，他們需要找到一個方法，和他們的孩子創造出一段新的關係。那就是我現在正在做的——我正在學習如何和馬修保持新的關係。不管我怎麼跺腳、怎麼吶喊，都無法把馬修的軀體帶回來。但是，我可以找到一個新的方式和他連結，那也是我一直在做的事。」

法蘭說，馬修發送給她的那些徵兆，讓她相信馬修現在很好。「那讓我可以過我的生活，而我知道，馬修也希望我如此。」

這就是愛：飛向秘密的天空，
讓數以百計的面紗在分分秒秒裡飄落。
首先要放開生命，
最終，無需雙腳就能勇敢跨出一步。

——魯米

16　閃爍的蠟燭

　　幾年前，我去長島一家從來沒去過的沙龍弄頭髮。幫我剪頭髮的那個可愛的男生亨利‧巴斯托並不知道我是靈媒，而我也無意告訴他。不過，當我坐在他店裡的椅子上時，我感到有人為他顯靈了。那個信號並沒有太強烈，所以我便猶豫著是否應該要說出來。然而，那個感覺卻遲遲不肯離開。最後，我只好自認是個靈媒。

　　他沒有特別驚訝。他對我說，他不太相信這種事。我向他解釋我是如何收到來自另一頭的訊息——同時，我們也要對接收這些訊息心存開放，這樣它們才能觸及我們。好吧，亨利說，他會試著對此保持開放的心態。他才剛說完，他的祖父赫南就帶著訊息來了。

　　「他給我看一柄小刀，」我告訴他，「是一把放在皮袋裡的小刀。他說，這把刀的主人相信他們要為他的死負責。但是他們不需要對此負責，而且他們需要知道那並非他們的錯。」

　　亨利感到不可置信。他那已經去世了六十年的祖父，怎麼可能突然和我們同處一室，還為了別人發送訊息給我們？

　　「好吧，」亨利終於說道，「讓我打電話給我在哥斯大黎加的母親，問問她關於小刀的事情。」

　　我看著亨利當下直接打電話給他母親伊莉莎白，操著一口西班牙語和她說話。當通話結束時，亨利似乎有點沮喪。

　　「當我問她有關小刀的事時，她說：『你怎麼知道的？』」亨利說道。他母親告訴他，赫南在死前曾經把那把小刀給了他的叔叔路易斯。路易斯一直認為，赫南的死是他的錯，因為赫南死的時候他並不在家。路易斯帶著這份愧疚活了六十年，直到赫南透過亨利傳達了這個訊息告訴他說，自己是死於生病，沒有人能救得了他。

　　赫南還有一個訊息要給亨利。

　　「他要我告訴你，他現在很好，還有，他現在每天都很努力在幫你祖母蓋一座天堂，等她到那裡的時候，天堂就會蓋好了。他要她知道，他們會一起坐在陽台欣賞落日餘暉。他還給我看他用一把小刀幫你祖母切柳橙的畫面。」

　　亨利的臉色頓時發白，雙眼開始泛出淚水。「我祖父母住在一幢面對海灘的小屋，他們總是一起坐在前廊看著夕陽西下。」他告訴我，「我祖父會坐在那裡，用小刀把柳橙削成一片一片的給我祖母。一切都和你現在說給我聽的一樣。」

亨利一直都過著靈性的生活，現在，他變成了一個相信光的人，他相信是美妙的光之繩索將我們都連結在一起。「我現在明白，某些事物在另一頭等待著我們，那是我們在這裡所看不到的。」他說，「那些事物的美好是這裡所無可比擬的。而那也讓我對於我生命中已經去到另一頭的人，有一種類似如釋重負的感覺。」

其中之一就是亨利的祖母艾瑪。「我媽媽在我十四歲以前都一直在努力工作，所以我幾乎是被我祖母養大的，我都叫她媽咪艾瑪。」亨利這麼說，「她是我的知己，是真正在乎我的人。」

亨利在二十歲的時候離開了哥斯大黎加，去追求他在時尚界發展的夢想。雖然他花了不少時間，但是終究在美髮界為自己開創出生氣勃勃的事業。我認識他的時候，他的祖母艾瑪已經九十九歲了，而且健康狀況並不好。

在媽咪艾瑪去世前，亨利曾經承諾她說，他要去葡萄牙的法蒂瑪聖母玫瑰堂，在那裡為她點一盞蠟燭。

「我們相信法蒂瑪聖母會幫助人們從內在療癒和恢復，並且不再感到可怕的痛苦。」亨利說，「我祖母向來都叫我要向法蒂瑪聖母祈禱，請求祂幫助我能一直走在正確的道路上。」

在祖母過世後，亨利預訂了飛往葡萄牙的機票，啟程前往克瓦達伊利亞。在聖母顯靈的克瓦達伊利亞，有一座小教堂。亨利買了兩根蠟燭，來到教堂的旁邊，在那裡，人們會

為自己的摯愛點上蠟燭。亨利在數以百根的小蠟燭之間，找到了一個足以容納兩根蠟燭的空位。

他點燃第一根，祈求世界和平，也為他身邊所有需要幫助和指引的人祈禱。

「然後，我點燃了第二根，」亨利說，「為我祖母向法蒂瑪聖母獻上蠟燭。我說：『媽咪，我在這裡。我來實現我對你的承諾。我知道此刻你和我同在這裡。』」

當時，空氣裡沒有一絲風。所有其他的蠟燭火焰都很微小、穩定。但是，就在亨利對他祖母說話時，他蠟燭上的火焰開始閃爍變大，從原本一吋的高度，熊熊燃燒到了十吋之高。

「我可以告訴你，這道火焰直指天空，而且不斷地左右飛舞。」當時目睹的現象，讓亨利至今還深受感動和驚訝。「我拍了照，你可以看到火焰有多高。其他幾百根蠟燭——完全沒有反應。只有這根蠟燭、這道火焰，竟然獨自在搖曳飛舞。於是我開始哭泣，哭得像這輩子從來沒有哭過一樣。」

亨利不想離去。火焰還在竄燒，他也還在哭泣，而他祖母的存在也越來越強烈。「最後我說：『媽咪，沒事的，這並非道別，而是後會有期。』就在我那樣說的時候，火焰慢慢安靜了下來，然後恢復到和其他蠟燭一樣的狀態。我知道這聽起來很不合理，但是我有照片為證。現場的每個人都看到了，它真的發生了。那是我這輩子發生過最不可思議的

事，也是我一輩子都不會忘記的事。」

亨利從葡萄牙回來之後，我見到了他；他告訴我所有關於那個奇蹟火焰的故事。他給我看照片，他媽咪艾瑪的那根蠟燭，火焰確實大大高過了其他蠟燭。我也告訴他，我們在另一頭的摯愛用自然的火光和蠟燭來傳送給我們徵兆和訊息並非什麼不尋常的事——空氣、光、風和火，都是另一頭可以操控的元素。用點燃蠟燭來作為和他祖母溝通和連結的方法，恰好給了他祖母一個很好的機會，藉此回送給他一個訊息。

因此，那也變成了他們的徵兆——一根閃爍的蠟燭。

「我並不是每次點蠟燭的時候，就會要求我祖母玩點魔法。」亨利說，「不過，有時候我真的需要感覺到她的存在；每當我有這個需要時，我就會點一根蠟燭，而她也總是會讓我知道她就在那裡。」

在亨利的一個好朋友因為癌症去世後，亨利感覺到特別的哀傷，因為她來不及看到亨利的聖誕樹，像他們之前說好的那樣。他心裡滿是悲傷，因此完全沒有動力去組裝那一年的聖誕樹。他只是坐在起居室裡，燃起一根蠟燭，開始對他的朋友說話。

「我告訴她我愛她，我想念她，我也知道她和我在一起，然後我看著蠟燭，」他說，「我期待蠟燭開始閃爍，但是沒有。」

接著，亨利發送了一個訊息給他祖母。

「我說：『媽咪，我知道你在這裡，所以，請讓我的朋友知道，我會為她把聖誕樹組裝好。』說完，蠟燭就像瘋了一樣。火焰開始狂舞。當時沒有一扇窗戶是打開的，一切都是靜止的。但是，燭火卻開始閃爍。」

亨利很確定地告訴我，他沒有對太多人提過關於蠟燭的事，然而，每當他為他的媽咪艾瑪點燃蠟燭時，蠟燭就會開始在無風的環境裡搖曳飛舞。

「這件事對我和我的信仰都是很個人的，」他說，「它帶給了我極大的平靜和解脫。我覺得我已經了解到另一頭是怎麼運作的。」

「每當我收到徵兆的時候，都能感受到它所傳達的美妙訊息：希望、安心、凝聚，以及我們是如何地相互連結、我們的家人是如何地相互容忍；還有，在需要的時候，我們又是如何地永遠都會為彼此而在。」

17　烏龜和美人魚

史黛芬妮・穆拉是佛羅里達一間日本餐廳的調酒師。所有人都喜歡她——顧客、同事，每一個人。由於太受歡迎，所以她常被要求連上兩班，只因為她可以吸引一大群人來到酒吧。在一個二十天的工作跨度裡，史黛芬妮的工作時數超過一百二十個小時。「她就像磁鐵一樣，」她母親吉歐說，「每個人都認識她，每個人都被她吸引。她工作時間那麼長，好像永遠都回不了家似的。」

某個週六，在精疲力盡地輪班了十四個小時之後，史黛芬妮在午夜2:30坐進自己的車裡，準備回家。雖然很累，不過她還是很興奮，因為她姪女的第一次聖餐儀式將會在那天稍後舉辦。不知道是什麼原因，極有可能是因為過於疲憊，讓她忘了繫上安全帶。

她在駕駛途中睡著了，結果車子撞到一棵樹，導致她當場死亡。一名警察找到她的手機，打了電話給她母親。但是，吉歐並沒有聽到電話響。警察只好親自到她家，然而，

吉歐也沒有聽到敲門聲。那天早上，一名警官再度登門，這回，吉歐應門了。

「我可以進來嗎？」他問。

吉歐這才知道發生了什麼事。

「史黛是那麼美好的一個人，富有愛心又體貼慷慨，」吉歐說，「她把每個人都看得比自己重要。很多我們不認識的人都來參加她的葬禮。」

失去女兒的悲痛讓她難以承受。一切似乎都太突然，太沒有意義。「唯一有幫助的是，我們從來沒有停止對彼此說『我愛你』，」吉歐說，「我們很親近，所有的事情都會互相分享。」在她們最後一次看到彼此的那天早上，吉歐曾經叮嚀過女兒要小心點。

「她看著我說：『魯達媽』──她都叫我魯達媽，因為我喜歡那個饒舌歌手魯達克里斯──『我很好，我不會有事的。』那竟然成為我們最後的對話。」

一個月後，史黛的大學文憑──她剛完成傳播學位的主修以及海洋生物學的輔修──寄到了她們家的信箱，彷彿在提醒著一個不會發生的未來。

「這真是沒有道理，」吉歐說，「我們那麼愛彼此，但是，這份愛突然之間就消失了？就這樣？不，不可能。這樣的愛不可能就此消失。」

史黛去世後幾個月，我在永恆家庭基金會贊助的一個活

動上，見到了吉歐和她丈夫派特。

　　當活動開始時，某個東西立刻把我的注意力吸引到吉歐坐的地方。有人為她現身了，那份感覺既清晰又有力。是她的孩子，一個女孩。她分享了發生在她身上的故事。

　　「她在大限還沒到之前就走了，這讓她感到遺憾。」我傳達道，「不過她現在很快樂。她很好，她告訴我說她選擇了你們這個家庭。」

　　史黛接著解釋她這番話的意思。她父母過去都曾經有過一段婚姻，他們各自帶著自己的孩子組成了現在這個家庭。「你帶了三個孩子，」我先指著派特說道，然後再轉向吉歐。「妳有兩個。剛開始的時候，這樣的組合確實引起了一些問題。」

　　吉歐點了點頭。「我們的婚姻在一開始的時候很坎坷，」她說，「我們每個人都很難調適，也許所有的重組家庭都這樣。後來我們有了史黛，她來的時機恰到好處，並且把我們都凝聚在了一起。她向來如此。」

　　「她是這個家庭的黏合劑，」我在通靈的過程中告訴吉歐。不過，在史黛糾正我之前，我先糾正了我自己。「事實上，她正在說她並非那個黏合劑，愛才是那個黏合劑。」

　　吉歐和派特雙雙哭了。他們相信女兒就在那裡，向他們確保她很好。然而，一如其他許許多多傷心的父母，他們需要的不只這些。他們需要一個方法來和他們的摯愛連結。他們需要知道他們之間的那個連結依然活著。

事實上——吉歐已經知道了。

她只是不知道自己已經知道了。

所以，她的女兒透過我來提醒她。

「她提到你的項鍊，」我對吉歐說道；吉歐聞言，本能地伸出手摸了摸項鍊。「她要你知道，她很喜歡那條項鍊，而且那條項鍊和她有關。」

吉歐嚇了一跳。她知道史黛從來沒看過那條項鍊。那是吉歐的一個朋友在史黛去世後，為了紀念史黛而送給吉歐的。不過，吉歐很快就明白史黛為何會提起那條項鍊了。

史黛從很小的時候開始，就非常喜歡動物，所有的動物她都喜歡。「她還是個小嬰兒的時候，就會爬在泥土上找昆蟲。」吉歐說，「她完全不怕，而且大膽得很。所有活著的東西她都喜歡，不過她最喜歡的是烏龜。我們養了各種寵物——狗、貓、蜜袋鼯——而她最愛的是一隻叫做保羅的烏龜。」

由於史黛實在太喜歡烏龜了，所以她的綽號就叫做烏龜。

高中的時候，她在一間狗狗救援中心擔任管理員。大學的時候，她則在羅格黑海洋生命中心擔任志工——佛羅里達一間專事海龜保育的機構。「她的夢想就是窮極一生都要幫助海龜和其他生物。」吉歐說。

史黛過世後幾個星期，她的家人為了紀念她，在她三十歲生日那天舉辦了一場派對。「派特組裝了一座很大的水族

館，上面還有她的名字，並且用她喜歡的粉紅色珊瑚和天使魚作為裝飾。」

　　大約在那個時候，吉歐從史黛的一個朋友那裡聽說了一件事。史黛曾經鼓勵這個朋友往藝術發展。「他對自己向來都沒有信心，但是史黛卻支持他繼續繪畫。」吉歐說，「當史黛去世的時候，他開始創作一些很棒的畫作。他是為了紀念她而畫的，他說自己的繪畫事業完全歸功於她。」

　　那些出色的畫作所描繪的都是人魚，而每一條人魚的臉，都是史黛美麗的臉龐。

　　不久之後，一個社區團體宣布要為募集基金舉辦一場拍賣會，拍賣物品包括一件美人魚的巨幅畫作。「為了紀念史黛，我把那幅畫買下來了。」吉歐說，「畫裡甚至還有一隻小烏龜。」

　　吉歐常常買一些烏龜的小雕飾送給史黛，即便在史黛過世後，只要看到烏龜，吉歐還是繼續在買。吉歐說：「它們就是不斷地出現。」

　　吉歐渴望能找到一個連結女兒的方法。她不停地在尋找鑰匙，一把可以解鎖史黛生前她們所共享的那份愛的鑰匙。她需要找到足以說服自己史黛不僅還和她同在、也將永遠同在的那個東西。

　　然而，那是什麼？那個東西是什麼？

　　那是世界上最醒目的東西。

　　「當蘿拉・琳恩說史黛喜歡我的項鍊時，一切似乎都豁

然開朗了。」吉歐說，「那只是一條黑色皮繩和一個黃金吊墜的組合。但是，藏在吊墜裡面的，還有一隻銀製的烏龜。」

我們在地球上感受到的愛，在我們逝去後，依然會和我們緊緊相隨。無論是我們對彼此的愛，還是我們對一切在地球上與我們緊密相關的事物的愛。在史黛的例子裡，她對動物的熱情，特別是烏龜，並未因為她的離世而消失。所以，她現在也會繼續用烏龜作為和她母親連結的一個方法。

烏龜就是她們的徵兆。

在內心深處，吉歐已經知道了這一點。每逢看到烏龜雕刻、烏龜明信片或烏龜Ｔ恤時，她都會想起女兒。而在想起女兒的那一刻，吉歐就會再度體驗到愛！那些烏龜讓吉歐感覺到女兒還在她身邊。沒錯，她們的溝通方式現在已經不同了，但是，她們對彼此的愛卻一如既往的真實、生動，而且讓她對生命充滿了希望。

對吉歐來說，一切都變得清晰了起來。她女兒一直以來都在對她說話！例如，在史黛過世後幾個月，她決定下班後開始去教堂為女兒禱告。她所屬的那間教堂在那個時間點並沒有對外開放，因此她就找了另一間，不過這間教堂距離她家遠了很多。第一次去的傍晚，她覺得既悲傷又不自在。「我身處在一個陌生的建築物裡，所有的人我都不認識。」她說，「我覺得好茫然。」

就在那個時候，一名女子走進教堂，在她正前面的長椅

上坐了下來。那是一名護士，身上還穿著醫院的工作服。「我看著她，注意到她工作服上的圖案。」吉歐說，「是烏龜。幾百隻的烏龜！教堂裡人不多，她大可坐在其他任何地方，但是她卻選擇了我正前方的位子。」

吉歐立刻覺得好過許多。「那些烏龜，」她說，「是史黛給我的訊息。而那些訊息的意思是：『魯達媽，我很好。魯達媽，我還在這裡。』」

我不認為吉歐需要我幫她通靈，才能明白那些烏龜和美人魚是她和她親愛的女兒共享的徵兆。我相信她自會明瞭。

不過我也相信，是史黛把她母親帶到了我的道路上，如此，她才能加速這個過程，讓她母親知道，她們仍然以一種強而有力的方式連結在一起。在我們通靈的過程中，史黛傳遞了很多明確的肯定。她告訴吉歐說，她喜歡她的項鍊；她也說她覺得很好笑，因為她父親居然會穿皮鞋而不是涼鞋（「她當然會想笑」，吉歐補充說）。她還提及她父親為她蓋的水族館、她母親給她的巧克力餅乾，甚至還提到家人為她舉辦派對時，掛在後院的那些中式燈籠。

「她想讓我們知道，她也在那場派對上。」吉歐說。

事實上，史黛在讓她所愛的人知道，無論他們在哪兒，她永遠都會和他們同在。

即便吉歐和史黛無法在形體上一起去逛街，或者像以前一樣，一起坐在床上暢談個幾小時，但是，她們依然可以繼

續對彼此說：「我愛你」——就像史黛還在世時，她們會做的那樣。

　　只不過，她們現在用的是烏龜和美人魚，而不再是文字語言。

如果你可以感覺到，你對你生命中遇到的人有多重要；

你對那些你想像不到的人來說有多重要。

那一定是因為在你和他人每一次的相遇中，

你都留下了你自己的些許什麼。

——佛瑞德‧羅傑斯

（Fred Rogers）

18　連結者

　　如果你現在正在閱讀這些字句，那麼，你可能已經、或者未來某一天，將會挽救某人的生命。

　　沒錯──從另一頭顯示給我的一切來看，我們大部分的人都有機會拯救至少一條性命，甚至有可能更多。

　　我們的生命互相連結，正因為如此，我們對彼此所做或為彼此所做的事，都具有我們未必能看得到的深遠結果。（至少在我們還沒到另一頭檢視我們的生命之前，我們是看不到這些結果的，只有在另一頭重新審視我們的生命時，我們才能看清一切、了解一切。）當我們在地球上時，我們每個人都跟隨著自己的生命道路，但是，我們的道路也會和其他人的道路交叉，反之亦然。而這些交叉都具有相當的意義──那是我們透過支持、引導，是的，還有挽救生命，來扮演他人生命中重要角色的機會。

　　在我進行過的數千次通靈當中，我看到另一頭會利用這些交叉點，來幫助我們走向我們更崇高的道路。另一頭也會

把在這個地球上的人，列為我們光之團隊的一部分──那些幫助引領我們走向更崇高道路的人們。我稱這些人為光的工作者。

　　光的工作者是另一頭在地面上的步兵。他們摩拳擦掌，讓事情發生。他們身負契約──他們甚至並不自知──在地球上幫另一頭做事。有時候，他們只是在對的時間出現在對的地方，有時候則是在某個特定的情境下，展現出他們獨特的技巧和天賦，藉此來促進人與人之間的思想、連結和徵兆的交流。另一頭會發送給我們各式各樣的徵兆和訊息，同樣地，他們有時候也會把這些光的工作者派遣到我們的生命裡。

　　這些光的工作者是誰？

　　他們就是我們。

　　我們每個人都有潛能成為光的工作者。另一頭可以利用我們來讓一些事情發生在別人身上，而我們也確實常常被這麼利用，儘管我們自己並不知道。

　　不過，有些人似乎更有能力扮演這樣的角色。有些人似乎總是會在對的地點和時間，扮演別人生命裡的一部分。他們的功能就像舊時代的電話接線生，坐在交換機前面，把電話插頭插進電話孔裡，連結就發生了！他們的靈魂和另一頭簽署了一份靈性合約──他們自己並不知道──去執行另一頭所吩咐的事。

　　他們就是我所謂的連結者。

　　讓我來告訴你有關吉兒的故事，她是我認識的人裡，最神奇的連結者之一。

　　吉兒是那種完全不在乎別人眼光的人。她善良、古怪、逗趣，並且對這個世界和所有的可能性都具有開放的心態。她二十五歲的時候，遇見一位印度古魯（Guru，宗師），經歷了一次靈性覺醒。那位古魯讓她做了一場冥想練習，之後，吉兒繼續走遍了印度，感受到一些經驗，而這些經驗挑戰了她對世界是如何運轉的概念。「我感覺到我的心打開了，也感覺到時空的限制擴展了。」吉兒說，「我對現實的新層面完全敞開了心扉。」

　　最後，吉兒的朋友開始注意到，當他們和吉兒在一起的時候，似乎就會有神奇的怪事發生。

　　例如，吉兒的一個好朋友最近失去了丈夫。她朋友的丈夫在過世前，還在讀一本偶像歌手派蒂·史密斯寫的書《Just Kids》。「因此，我朋友決定要去見派蒂·史密斯，」吉兒說，「她相信和派蒂·史密斯見面，是她丈夫給她的徵兆。」

　　不久之後，她們搭乘美國國鐵，從華盛頓哥倫比亞特區前往紐約——那是她朋友在丈夫去世後第一次旅行。「在火車上的時候，她突然全身發抖地對我說，」吉兒回憶道，「『派蒂·史密斯就在這輛火車上。』我還對她說，『那是你的幻覺吧。』」

　　但是，派蒂·史密斯真的在那輛火車上，因此，吉兒和

她的朋友鼓起了勇氣去找她。「我把故事對她解釋了一遍，然後告訴她說：『你是我朋友的徵兆。』」吉兒說道。「結果派蒂・史密斯居然回答說：『我很高興能成為她的徵兆！』」

「我不知道為什麼，」吉兒的朋友這麼告訴她，「但是，每當我們在一起時，就會有徵兆出現。」

當另外一個朋友的父親去世時——她父親是一位知名演員，吉兒一直在她身邊陪伴她度過悲傷的過程。「我注意到有些怪事開始發生，包括電視、手機和其他電子產品等等。」吉兒說，「我告訴蘇西：『這是你父親和你溝通的方法。』」

蘇西父親的照片開始出現在蘇西的手機裡，但是蘇西從來沒有拍過那些照片。當蘇西和六個朋友聚集在她家裡追憶她父親時，只要她父親的名字一被提及，窗戶就莫名其妙地發出嘎嘎的聲響，然後在話題一轉到其他事情時，就又恢復正常。另外，蘇西車裡的收音機老是會播出〈I Will Survive〉這首歌；而她的手機總是自動把「是」更改成「死」，把「艾莉塔」這個名字改成「主動脈」，而這些字都會讓她想起她死於心臟病的父親。

「這些詭異的事情一再發生，」吉兒說，「我叫她把這些事一一記下來，因為那是她父親試圖在連結她。」

吉兒開車送蘇西去她父親的葬禮，但是，她們在回程時卻迷路了。她們在不熟悉的街道之間繞來繞去，為了弄清楚自己究竟身在何處，最後，她們只好停車。結果，她們找到了一個路牌——那條街的名字正是蘇西父親的姓氏。

「我們兩人都覺得很安慰，」吉兒說，「我說：『妳不斷地收到徵兆！』我覺得我知道那些徵兆代表什麼；通常，如果你知道什麼的話，你就是知道。人們可以相信自己想要相信的事，但是相信卻比不上經驗。而所有已經發生的事情，全都是連結的直接經驗。它們都是真的。」

吉兒的朋友們開始描述她讓徵兆發生在她身邊的神奇能力。他們稱之為顯化——就像吉兒讓她的朋友見到了派蒂·史密斯一樣。吉兒似乎可以為她身邊的人邀來另一頭栩栩如生又強而有力的徵兆。

吉兒個人的靈性之旅改變了她看世界的方法，並且讓她成為了另一頭理想的合夥人。她說，她強烈的冥想體驗，「讓我能和已逝的人產生不同的關係。也因為如此，我並沒有把死亡看成是結束。我常說，當一個好朋友去了很遙遠的地方旅行，我會感到傷心，因為我不能和他們有身體上的互動，不能看到他們的有形存在。那就是我對死亡的感受。彷彿我們所愛的人並未永遠離開，他們只是去了很遠很遠的地方而已，譬如泰國！」

吉兒是個行動主義者，她同時也是社會正義、永續發展和全民教育的有力支持者。誠如她的一個朋友所言：「吉兒很清楚她生命的目的，透過她的努力，她活出了她的最佳狀態，成為了一個連結者，推動人類朝著更大的福祉前進。她在不同的世界裡茁壯成長，而她和這些世界之間的連結也自然而然、毫不費力地發生在她身上。共時性也因此成為了她

生命中經常發生的現象。」

這種共時性是如何運作的，下面就是一個例子：

最近，吉兒接到一個參與人權組織的朋友來電。該組織過去一年的財務狀況非常嚴峻，就在他們為營運預算所苦之際，某個攸關人道主義的緊急狀況卻在那個時候發生，需要他們立即提供援助。那個朋友問吉兒是否認識任何人可能願意挺身而出、幫他們提供資源。吉兒告訴她的朋友：「讓我看看我能做什麼。」然後，按照吉兒的說法，「我就把這個訊息發給了宇宙。」

幾個小時之內，吉兒就接到另一個朋友的電話。這個朋友想要知道他們能做些什麼，才能對有需要的孩子帶來立即的影響和幫助。

「其實，」吉兒說，「我正好有合適的地方。」

在吉兒的聯繫下，不出幾天，一架載滿必要性物資的飛機就劃過天空，將這些物資送到了一群心懷感激的小孩手上。

當我聽到這個故事時，不禁對宇宙是如何快速地藉由吉兒讓某些奇蹟發生而大感驚嘆。她是一名真正的光的工作者，在另一頭的合約驅動下，於地球上製造重要的連結。

不過，除了她的高度靈性之外，吉兒並沒有具備任何獨特的超能力。

相反地，造就她成為如此強大的連結者的能力，是我們每個人都擁有的能力。

　　正如我們都能接收到來自我們的光之團隊所發送的徵兆和訊息一樣，我們也都可以是另一頭的連結者。

　　有時候——就像吉兒的例子一樣——我們會意識到，我們是徵兆和訊息的某種管道。不過也有很多時候，我們根本不會意識到——而它就直接發生了。我們每個人的道路都延伸到我們各自的生命之外，和其他人的生命道路交會，進而為我們創造出無限的機會，讓我們在他人的旅途中扮演具有意義的角色。我們的生命不只關乎我們自己——也和我們與其他人的連結息息相關。

　　我們必須明白，僅僅只是一個簡單的動作，我們就能夠對別人的生命造成有意義的影響——對一個陌生人的一抹微笑，就可能帶來超乎想像的結果。最近，我讀到一則故事，是關於一名女子經過Dunkin' Donuts時，看到一個流浪漢，便買了一杯咖啡給他，然後坐下來陪他聊了五分鐘。就只是那樣——一杯咖啡和五分鐘。

　　然後她又去買了外帶，就在她準備要離開的時候，那個流浪漢塞了一張揉成一團的紙條到她手裡，便轉身走出Dunkin' Donuts。那張紙條上面寫著，他那天原本打算要自殺，但是他們短暫的交談——單純地注意到他的存在，以及他身為人的價值——改變了他的一切，讓他活了下來。我聽過無數類似這樣的故事。關於非常簡單的一個善良之舉，竟然可以造成我們無法想像的結果。一絲微笑、一個字、一個

動作、一份禮物，都可能讓一切改變。

是的，它們還能拯救生命，如果它們還未曾拯救過的話。

基於各種不同的原因，我們會和彼此相遇。如果我們敞開心扉來面對這些連結的瞬間——在了解到我們的言行可能對他人的生命道路帶來遠比我們所能知道的影響還要大的情況之下——我們就能讓我們身為另一頭的連結者這個角色更顯榮耀。

據說，人們與我們相遇或者進入我們的生命，若非是一種恩賜，就是一個課題。通常來說，兩者皆是。若非他們有什麼要教導我們，就是我們有什麼要教導他們，或者更好的是，我們要彼此互相教導。而那就是光與相互連結這個巨鏈如何運作的方法。

以下是關於徵兆和訊息最美妙的事情之一——另一頭需要我們的幫忙，讓它們變得更強大有力。我們的光之團隊不僅需要我們對自己的徵兆抱持關注、開放和接受，也需要我們對別人的徵兆有所幫助。

「我們屬於彼此。」德蕾莎修女曾經表示。

我的朋友吉兒就是最好的例子。不過，事實上，我們都可以是光的工作者和連結者。宇宙已經準備好要利用我們每一個人了。我們只需要準備好加入彼此的光之團隊就可以了。

直到愛過動物之後，
一個人的靈魂才會全部甦醒。

——安那托爾‧佛朗士
（Anatole France）

19 萬物生靈

　　我常常被問及寵物是否也會到另一頭去，他們是否也會發送給我們徵兆。這兩個問題的答案都是肯定的。我們在地球上深愛的動物，當然也會到另一頭。而一旦到達那裡，他們就可以──也會──發送神奇的徵兆給我們。

　　在我的通靈經驗裡，我遇過不下數百次的寵物，他們向來都以一團開心的光與能量之姿出現。當他們和我們在一起時，他們是我們的老師，分享給我們關於無私之愛的深奧課題──這是最適合由他們來教導的課題。在他們過世之後，他們仍然以真實而強大的方式和我們連結著，給予我們希望、慰藉和支持，當然，還有永恆的愛。

　　聽起來也許很奇怪，但是，動物確實比人類更擅長發送徵兆。為什麼？因為他們完全沒有被寵壞。他們並沒有受到分析思維的束縛，因此，他們仍然可以自由地投入我們與他們的連結能量中──就像邏輯大腦啟動之前的嬰兒一樣。

　　基於這樣的天真和自由，動物更能感受到宇宙能量的流

動。另一頭教我明白的是，在地球上圍繞著我們的事物，我們只能看到其中的百分之十五。剩下的是看不見的能量和光的連結。然而，動物能看到的，卻遠遠超過百分之十五。例如，動物可以在地震和其他自然災害發生前幾天就有反應，這是眾所皆知的事。你不妨想想——你曾經注意到，你家的狗或貓會突然坐直，對某個想像的聲音或事件做出反應嗎？彷彿他們看到或聽到了什麼你沒有看到或聽到的東西？其實，他們是在對某個確實存在的東西做出反應。

動物也可以感覺到、並且看到來地球造訪我們的靈魂能量。

不久之前，我幫一名最近不幸喪子的婦人通靈。在我們通靈時，她的兒子現身了，要我告訴他母親，何以他們家的狗前一天會表現得那麼瘋狂，那是因為狗看到他了——或者說，看到他的靈魂了。

「哦，我的天，」那位婦人說，「真有其事，那是真的。那隻狗真的瘋了，我們還在想：『那隻狗到底怎麼了？』我們確實懷疑過，他是不是看到或者感覺到我們的兒子來看我們了。」

事實證明，我們的寵物在地球上時，很擅長感應到靈魂的活動——以及和另一頭溝通——爾後，也同樣擅長從另一頭發送訊息給我們。

我的一名舊生梅麗莎簡訊給我一則關於她的愛犬海蒂的

故事，海蒂活過了整整二十一個美好的年頭（對，二十一年！）。海蒂是一隻愛玩、可愛又喜歡追逐蝴蝶的流浪犬。她的去世對梅麗莎來說是一個很大的打擊，因為她在梅麗莎的生命旅程裡，佔了很大的一部分。梅麗莎對海蒂的思念之深，讓她無法考慮再養另一條狗。

海蒂去世後兩年，梅麗莎檢視自己的臉書，發現了一則重要事件的提醒。那天正好是海蒂二十三歲的生日，如果她還在的話。在緬懷海蒂、對海蒂表達對她的愛時，梅麗莎的腦子裡出現了一個美好的念頭——也許是收養另一隻流浪犬的時候了。

那天，梅麗莎從一個流浪犬組織下載了一份申請書，然後便帶著申請書去上班，展開救生員工作的一天。「當我填寫申請表格的時候，」她說，「有一隻蝴蝶飛到我頭上，開始在我頭上飛舞。蝴蝶總是讓我想到海蒂。」

由於梅麗莎對另一頭的訊息保持著開放的態度，所以她知道蝴蝶代表什麼。那是來自海蒂的徵兆，是海蒂在給她祝福，和她一起慶祝，確定她再領養一隻流浪犬的決定是對的。於是，梅麗莎領養了一隻新的狗，從那時候起，她的生命——以及那隻狗的生命——都變得更有意義也更豐盛。

這是我們深愛的寵物在另一頭最重要的任務之一——他們幫助我們放開了我們因為失去他們所累積的愧疚感，並且促使我們做出決定，一些讓我們在地球上感到快樂、擴展我們愛的經驗的決定——特別是再養另一隻寵物。就像我們所

有失去的摯愛一樣，我們在另一頭的動物也希望我們快樂。

因此，如果你正面臨這樣的情況，正在猶豫是否應該再養其他的動物，那麼，儘管去向你在另一頭的寵物要一個徵兆。

我母親和她一生中所愛過的那些狗也有很強的連結。在他們去世後，他們仍然存在她的生命裡很久很久。閃電是一隻可愛的小型獵狐㹴——一隻黑白棕三色相間、有著彎曲的腿和無窮精力的小狗。我哥哥曾經把閃電單獨挑出來想佔為己有，但是閃電就是會黏著我母親。

「他決定我才是他要跟的人。」我母親說。

我們全家一起去喬治湖度假時，我母親把閃電也一起帶上了。為了想去湖上划船，所以，她把閃電關在二樓的一間房間裡。當時我正坐在屋外的陽台，突然看到一團黑影從天而降，急速竄過草坪。那是閃電！他居然跳出窗戶，還從陽台上一躍而下，衝過草地，就為了去湖邊找我母親。

還有一次，我母親把閃電留在一名狗保姆家裡，那個人的後院圍著六呎高的籬笆。沒有人認為閃電可以越過一道六呎高的圍籬，但是，他當然可以，而且他真的做到了，並且還跑出去找我母親。由於我母親當時所在之處需要開車幾個小時才能到達，因此，我姨媽（她也是靈媒）便放下工作去找閃電。她被吸引到杭亭頓的港口，果不其然，她就在那裡看到了正沿著水邊行走的閃電。於是她打開車門，呼喚了閃

電的名字，而閃電也一骨碌地跳進她的車裡。

　　為了和我母親在一起，閃電似乎什麼事都做得出來。他就是無法忍受和我母親分開，即便只是很短的一下子。

　　閃電活了很久、也活得很精采。當時，我母親還有另一隻狗——一隻名叫凱西的大型拉布拉多。閃電向來都和我母親睡在床上，而凱西則睡在地板上的狗床墊。閃電常常會在睡覺的時間跳到凱西的床墊上，而凱西就會看著我母親，好像在說：「你看到了嗎？你看到閃電是怎麼惹我的嗎？」這時候，我母親就會把閃電趕下凱西的床，而閃電也會識相地乖乖跳上我母親的床睡覺。

　　閃電去世那晚，到了睡覺的時間，凱西走進我母親的房間，但是卻拒絕到自己的床上去。「她顯然很焦慮，」我母親回憶道，「我就說：『怎麼了？閃電不在這裡，你可以去睡覺了。』但是凱西依然看著我，然後帶著憂傷的眼神，回頭看著她自己的床。她有八十五磅（約三十九公斤）重，腿又短，怎麼都不可能跳到我的床上；但是那晚，她卻跳到我床上，完全不想靠近她自己的床。她看起來很害怕，雖然我什麼也沒看到，不過確實有什麼東西讓她感到非常不安。」

　　是閃電在另一頭逗她嗎？

　　閃電過世的隔天，我母親洗完澡出來，聽到浴室門外傳來一陣微弱的嗚咽聲。她想起來，閃電以前常在她洗澡的時候，站在浴室外面嗚嗚叫，直到她出來為止。但是閃電已經走了，那是誰在發出這些聲音呢？「我認得閃電的聲音，」

我母親說，「我聽得出他所發出的各種聲音。而當時浴室門外的嗚咽聲聽起來就像是他的聲音。不過，當我走出浴室時，沒有任何人在那裡。」

閃電離開後幾個月，我母親養了一隻新的狗，一隻名叫多比的吉娃娃和貴賓混種。多比會睡在床尾的角落，就是閃電以前睡覺的位置。「半夜的時候，我的腳踢了一下，我應該是在不自覺的情況下誤踢到了多比，因為我聽到她跳下床的聲音。『多比，』我叫喚她，『回到床上來，對不起。』但是我什麼也沒聽到。」她知道每當多比感覺到威脅的時候，都喜歡躲藏在床底下，因此，她猜多比當時應該就在那裡。

我母親試著繼續睡覺。然而，她才把腿伸直，就踢到了某個很重的東西。她覺得很困惑——她把書留在床上了嗎？於是，她伸出手想摸摸看到底是什麼東西在那裡，結果竟然是多比，熟睡中的多比！這讓她覺得有點不安。「我知道我沒有瘋，但是我確實聽到一隻小狗從我床上跳到地板上的聲音。閃電還在的那些年裡，我曾經聽過多少次那個熟悉的聲音？我躺回床上——然後聽到了小狗沿著走廊離去的腳步聲——我真的聽到了！」

對於徵兆和訊息，我母親也同樣抱持著開放的態度；她很快就明白發生了什麼事。

「那是閃電，」她說，「他想告訴我他還在我身邊。而且一直到我弄清楚之前，他都沒有停止過製造聲音。直到我

了解怎麼回事之後，那些聲音就立刻停止了。」

幾星期後，我母親去我姊姊位於紐澤西的家探望她。她一到就放開多比的狗繩，結果多比隨即就跑走了。流浪犬出身的多比非常沒有安全感，也很怕人。她從來沒到過這一帶，所以，就算她想回家，也不知道怎麼才能回到家。我母親、姊姊和幾個鄰居找了她兩天，卻依然不見她的蹤跡。更糟的是，那時正逢隆冬。兩天之後，我母親知道她別無選擇，只能回家。

「我的心都碎了，」她說，「我開著車到處找多比，一邊找一邊哭著說：『求求你，閃電，以前你每次跑走，我們都會找到你──每次都像奇蹟一樣。現在，我就需要一個小小的奇蹟。請你幫我們找到多比。』」

兩個小時後，我姊姊家的大門響起了一陣敲門聲──一個鄰居看到了多比。我母親和姊姊開車到那個鄰居看到多比的地方，發現多比藏在一片樹林裡。「她當時全身發抖，如果我們沒有找到她，誰知道會發生什麼事。」我母親說，「她隱藏得那麼好，能找到她真的是個奇蹟。」

我母親知道閃電已經回應了她的請求。「閃電幫我帶來了奇蹟，是閃電幫我找到了多比。」

在我們的寵物過世後，他們希望讓我們知道他們很好。如果他們在地球上的生命走到盡頭時，曾經感到過虛弱、疼痛和煎熬，那麼，他們現在希望我們知道，他們已經不再有

痛苦，又可以嬉戲、跳躍和奔跑了。當他們去世的時候，他們希望我們不要懷疑自己，也不要感到無謂的罪惡感。我們的寵物知道，我們所做的每一個決定，都是打從心裡想為他們好。他們知道，我們盡了最大的力量，讓他們在離開的時候能覺得舒服一些。他們想要減輕我們的悲傷，治療我們破碎的心。而他們的方法就是讓我們知道他們依然和我們同在。

　　我也得知，當我們離開的時候到了，第一個歡欣雀躍前來迎接我們的，通常都是我們的寵物。這點，在通靈的過程中，我不止一次地看到。

　　我的朋友暨靈媒同業喬安‧吉伯，最近分享了一個關於她的愛犬路易斯的故事。路易斯是一隻西高地白㹴，他可以說是喬安生活的中心。看到喬安在她的臉書上張貼路易斯可愛的照片，已經變成了我的一種習慣和期待。因此，當我看到路易斯被診斷出罹患腦部腫瘤，並在四個月後去世的消息時，我覺得十分難過。

　　路易斯的過世對喬安來說無疑是一大打擊，但是在接下來的幾個星期、甚至幾個月裡，她告訴大家路易斯來找過她好幾次，並且讓她知道他很快樂、可以自由活動，再也沒有痛苦。

　　就在路易斯去世幾星期後的一個晚上，喬安在康乃狄克州的九十號高速公路上，發生了三輛車追撞的可怕車禍。她前面的那輛車突然煞車，喬安只好緊急轉彎以免直接撞上。

結果她的車子在冰上打滑失控，衝進了對面車流迎面而來的三線車道。一輛車先擦撞到她，接著另一輛聯結車撞上她乘客座的一邊，導致她的車子撞上了分隔線上的路障。安全氣囊立刻爆開，不過喬安依然還有意識。因此，她踢開車門，爬到了積雪的路面上。彷彿奇蹟一般，她竟然只受到了擦傷和瘀青。

第一批抵達的緊急救援人員幫忙清理了事故現場，一名拖車司機也來幫喬安移開被撞壞的車子，然後再送她回家。就在拖車司機要把脫落的後保險桿裝進喬安的後座時，他突然停下來問喬安，後座是否有一隻小狗……因為他覺得他看到一隻白色的小動物在那裡。

然而，車裡並沒有動物。

喬安立刻就知道了——那是路易斯！

「我知道有天使在保護我，」那天晚上她在臉書上寫道，「而路易斯就是其中之一。」

喬安的故事驚人地描述出我們的寵物一直都試著在保護我們、讓我們快樂，從來沒有停止過。那些無條件的愛依然存在。我們和他們之間的連結也依然強大。他們會做一切的嘗試，來讓我們知道他們依然與我們同在。如果我們需要奇蹟的話，他們也可能為我們帶來奇蹟。

我可以很有信心地說，

人類最重要的部分並非其物質形體，

而是其非物質的本質，亦即有些人口中的靈魂……

非物質的部分不會死亡，也不會衰敗，

因為它並非是有形的。

　　——哈洛德‧庫希納

　　（Harold S. Kushner）

20　土撥鼠

　　在我的編輯茱莉拿到我的第一本書之後，我們見了面。我到她位於曼哈頓市中心的辦公室找她，打算幫她做一次通靈，但是她隨即告訴我，她那天並不想通靈。「我是相信這回事的，」她告訴我，「所以，你不需要幫我通靈來說服我。」然而，我的作家經紀人也在那裡，她堅持茱莉應該要和我做一次通靈。茱莉心不甘情不願地答應了——雖然我並未堅持，不過，我知道茱莉為何一開始的時候會抗拒。

　　我們準備好之後就開始了。在通靈進行到一半左右的時候，茱莉的父親現身了。我告訴她，她父親帶著一隻狗出現了。

　　「他給我看一顆桃子，」我告訴她，「我不知道我要對這個桃子做什麼解讀，但那就是他給我看的東西。我不知道——也許是喬治亞？例如喬治亞桃子？」

　　茱莉的情緒很明顯地出現了波動。

　　「喬治亞女孩，」她說，「那是我小時候養的狗。」

　　茉莉的父親告訴我，他有關於另一隻狗的信息。他甚至還讓我知道那隻狗叫做阿福。

　　「你父親希望你知道，你幫阿福做了正確的決定。」我傳達道。然後，我遲疑了一下，十指交叉握住了自己的雙手。「你知道我要說的是什麼……不過，你父親要你知道，你做的是對的。你帶給他很多美好的時光；一旦他的時候到了，你父親和喬治亞女孩會在那裡等著他。」

　　此時，茉莉已經哭得像個淚人兒了。茉莉的狗，一隻名叫阿福的十五歲西藏獚犬，幾天前才剛動過一次危險的手術。那就是她那天為何一開始的時候，拒絕讓我通靈的原因。她心情很低落──所以擔心會情緒潰堤。當然，她也擔心會在通靈中得知阿福的健康安危。

　　她父親的訊息證明了他所言確實。手術讓阿福回到了從前，他很快就康復了，又重新獲得了青春活力。事實上，阿福又快樂地活了兩年，然後他的健康狀況才開始衰退。

　　因此，茉莉帶他到市中心的獸醫那裡，打從阿福還是隻小狗的時候，那名獸醫就認識他了。「我想要知道阿福是不是很痛苦，我這樣讓他活著是不是很自私。」她後來告訴我。她沉重地坐在候診間裡，阿福就躺在她的腳邊。等待的時候，她的視線被對面牆上告示牌裡張貼的走失狗傳單所吸引。於是，她起身直接走向其中一張尋找柴犬的海報。「當時我在想：『不知道這隻狗最後被看到的地方在哪裡。』然後便用手指滑過海報上的資訊往下看。那棟建築物所在的地

址，是我母親在布魯克林長大的地方。」於是，茱莉把傳單的照片發給了她妹妹。「你查一下這個地址。」她在簡訊裡寫道。她的妹妹回覆說：「不可思議──就是這個公寓號碼！」茱莉之前完全沒有注意到傳單上的細節──#1A，那是她外祖父母住了將近五十年的公寓。當茱莉還小的時候，他們全家會一起去探望外祖父母，喬治亞女孩會從車子裡衝出來，直接跑上那棟建築物的樓梯、左轉，然後坐在公寓門口，搖著她的小尾巴。

「我立刻就明白了，」茱莉告訴我，「我之所以在獸醫診所是因為我知道我們已經走到盡頭了，而我眼前這個明確無誤的徵兆，就是在呼應你那天通靈中所說的那些話。當阿福的時間到了的時候，喬治亞女孩、我父親，甚至我的外祖父母，都會在那裡迎接他。」

現在，茱莉和她父親之間的溝通管道已經被打開了，他會在我們開會或通電話時偶爾顯靈。有一天，我們為了討論我即將出版的第一本書而通電話，就在電話結束之際，我問她：「今天是什麼特別的日子嗎？你父親今天一直在我旁邊繞來繞去，他說今天會有個慶祝活動之類的，是派對嗎？」

茱莉沒有接口──我可以感覺到她需要一點時間。「今天是我父親的生日，」她說，「二月二日，土撥鼠節。」

茱莉和她父親的關係很特別，她父親是在十二年前去世的。「我是他的朋友、他的搭檔，」她解釋道，「他公司距

離我的學校不遠，所以他每天都會接送我上下學。我們總是一起度過這些時光，早上和傍晚。他堅如磐石——工作認真、值得信賴，充滿活力，永遠都在不停地運轉。他像電影明星一樣俊帥，所有的顧客都喜歡他。」

她父親在經過一段長期的臥病在床之後去世，當時茱莉大約三十幾歲。「他從不抱怨，向來都心存感激。他的靈魂好像經過拋光打磨，讓他對他的生命深深地感到滿足。看著一個曾經那麼健壯又能幹的人，行動竟然變得如此受限，那種感覺真的很可怕。然而，他生病前所具有的種種美德，在他生病後甚至變得更好了。」

在土撥鼠節通話後幾個月，茱莉到她位於長島郊區的週末小屋去。那天是父親節，在她父親去世之後的每一年，這個節日都會帶給她一些苦樂交織的感受。她一邊清洗碗盤，一邊透過窗戶，望向庭院外毗鄰這棟房產的一座農場。突然之間，她的眼角餘光瞥見一團棕色的小東西從樹林裡竄出，跑到庭院中間停了下來。

「過來看一下這個，」她叫喚著在隔壁房間的丈夫和兒子。「那是什麼？長得好奇怪的貓？還是海狸？」

「看起來像是土撥鼠……可能是吧？」她丈夫說。

「Google一下——看看土撥鼠長什麼樣？」

她兒子Google了一下，找出一隻土撥鼠坐在後腿上的照片。「沒錯，是土撥鼠。」他們再看了看院子裡的土撥鼠，他的坐姿就和照片裡的土撥鼠一模一樣。

　　「哦，天啊，」她說，「今天是父親節。」

　　幾個月後，一個大學時代的朋友在週末時去拜訪了茱莉和她的家人。茱莉告訴他關於父親節那天看到土撥鼠的故事。她對他說，我鼓勵人們向另一頭要求徵兆——她的朋友也在幾年前失去了父親——而且無須擔心徵兆是否太特定——另一頭對特定的東西自有辦法。茱莉一邊講述著這個故事，一邊望向廚房窗外，多少希望土撥鼠會再奇蹟似地出現。不過，她覺得自己似乎要求太多了。

　　之後，她上樓去鋪床，再度看向窗外。只見兩隻紅雀，應該是一對，正坐在她視線裡的一根樹枝上。

　　「我常常看到他們，」她說，「我都叫他們紅雀先生和紅雀太太。他們讓我想起我那結褵五十四年之久的外祖父母。我認出了他們，然後說——我說得很大聲，因為當時四下無人。『很高興看到你們倆，見到你們總是很開心，不過，你們知道我今天真正想要的是什麼嗎？我想要再看到那隻土撥鼠。』」

　　茱莉鋪好床，走回樓下的廚房，開始清洗早餐的碗盤。她站在水槽前，透過窗戶看出去。土撥鼠就在那裡，等著她。

　　她不敢移動——直挺挺地站在原地，看著土撥鼠一路穿過庭院，不慌不忙地，直到隱沒在矮樹叢裡。

　　雖然她相信徵兆，誠如她在我們第一次見面時所言，但

是在二度看到土撥鼠之後，茱莉不敢再要求徵兆——她害怕土撥鼠不會再出現，這樣她就會大感失望。不過，一年以後，在經歷了一段艱難的時期之後，她在腦子裡想著：我真希望可以知道我父親現在就在我身邊，也知道我已經走過了那段悲傷。

那天稍後，她到一條鄉村小路慢跑。在回程的路上，她看到遠處的前方有一隻棕色的小動物，正在緩緩穿越小路，就在她前方一百碼左右的地方。「我看不出那是貓或是浣熊還是什麼東西，」茱莉說，「我開始朝他跑過去，但是就在我看得清楚之前，他就越過小徑，消失在了樹林裡。」

好吧，算了，她心裡默默地想。

但是，當她走到那隻動物剛才行經的地點時，她發現那裡並非全是樹林——就在灌木叢的另一邊，還有一片小空地，而空地上有一隻土撥鼠正在那裡等著她。「我屏住了呼吸，」她說，「我們對視了一會兒——然後，他才跑進了樹林裡。」

茱莉用最快的速度飛奔回家，頭頂上還有一隻亮黃色的蝴蝶跟著她一路飛舞。她覺得興高采烈——「世界像是一個慈善之地，」她如此形容。她等不及要告訴所有人她看到了什麼。「我覺得那隻土撥鼠是我父親給我的明確訊息，他在告訴我，他知道我所經歷的一切，而他也和我在一起。我克服了對失望的恐懼，我提出了要求，而就在我最需要的時候，他也回應了我。」

21　如何共同創造你們自己的語言

當我幫人們通靈時，會讓自己處在一個安靜的地方，然後有意識地切換我的能量，讓自己進入到全然感受的狀態。我將之稱為，對另一頭「打開」我自己。在某種程度上，我把自己清空——我不再是蘿拉・琳恩——如此一來，我就可以為我們的光之團隊當一個更稱職的使者。所有透過我傳達的信息，都源自於另一頭；我只不過是個容器而已。

讓我自己進入這種狀態並非每次都易如反掌。在成長的過程中，我並不明白另一頭在引起我的注意；事實上，我甚至還有點害怕。我不想知道任何有關於人、生與死這類我不應該有任何方法得知的事情。我花了很長的時間，才了解並接受我的天賦，而且我花了更久的時間，去學習如何使用它。最後，我的程度終於讓我可以掌控來自另一頭的資訊流量，這樣我才不會一天二十四小時都被各種資訊塞爆。

在我越來越相信並且開發這份天賦之後，我開始學習宇宙的秘密語言。誠如我不止一次提到過的，我終究明白到，

這個語言是我們每個人都能使用的──它屬於我們每一個人。同時，我也了解到，喚醒其他人的這些可能性，是我人生旅程的一部分。接下來要介紹的是一些指引，這些指引將有助於你創造出屬於你和你神奇的光之團隊的獨特語言。我希望，截至目前為止我和你所分享的故事，能讓你已經準備好邁開你的第一步，去對另一頭敞開你的心扉。

請安靜

我建議你先給自己十分鐘的安靜時間，來作為這個步驟的開始。不是賴在沙發上看十分鐘的電視，也不是滑手機滑十分鐘。我說的是真正的安靜、冥想的安靜。那種能讓你清淨你的思緒、轉換你的能量，並且盡可能和你的日常生活切斷連結的安靜。

從找一個安靜的地方坐下來開始。這也許不像聽起來的那麼容易──相信我，我知道，因為我有一個丈夫、三個小孩、兩隻狗，還有一隻貓。把你臥室的門關起來，洗個熱水澡，坐在椅墊上，雙腿盤坐在瑜伽墊上──或者掌心朝上仰臥。如果有什麼噪音滲進你的安靜之地，那就播放一些舒緩的音樂。盡可能試著創造出最安詳、最不受干擾的環境。

事實上，如果你可以每天都留出這些寶貴的安靜時刻，並且堅持下去，你就可以開始學習如何轉換你的能量，並且藉由你的意圖，進入到一個不同的意識狀態。這就像我們談

及夢的時候所說的——我們要試著關閉我們的邏輯大腦。我們要把我們的意識從身體釋放出來。我們要讓被稱之為「猴子腦袋」的所有額葉顫動都安靜下來。

我們要去到一個地方，在那裡，我們可以聽見——並且連結——另一頭。

所以，幫自己找個安靜的地方。讓身體覺得舒適。閉上雙眼。做幾個深呼吸，鼻子吸氣，嘴巴吐氣。把你的注意力專注在你的氣息上。吸氣、呼氣。輕輕地把雜念排除。

如果你覺得你需要有個畫面，才能讓你的腦子安靜下來，那就想像你處在一個波光粼粼的湖邊，頭上籠罩著微光，然後，讓這些微光流瀉到你的頭頂，從腳尖到頭頂，填滿你的全身。我把這個過程叫做「帶來光明」。

先這樣做一分鐘，然後再做一分鐘。一直做到你感覺不到時間。待在這個安詳、寧靜的地方。除了享受這份安靜之外，什麼也不要做。

我需要指出的是，在我們的生活裡，有時候我們會意外地進入到這種改變的狀態而不自知。當我們在做一些習以為常、無須多加思考的事情時，就會發生這種狀況。在這種時候，我們的大腦就會切換到自動駕駛的模式。淋浴就是一個很好的例子。我們淋浴的時候，身體是在動的，但是當我們動的時候，我們不會去思考我們正在做的動作——一切動作都只是自動發生。這讓我們的大腦獲得釋放，並且讓我們進入一種稍微斷開的狀態。

　　同樣的情形也可能發生在當我們開車開在一條再熟悉不
過的道路時，或者當我們在清洗滿滿一水槽的碗盤時。那都
是一些不太需要演繹推理的事情。

　　我已經聽過上百個故事，是關於人們在洗澡時，和已逝
的摯愛發生連結的故事。我自己也有過這樣的經驗。流動的
水聲具有某種鎮定和催眠的作用，進而讓我們轉換我們的能
量。淋浴穩定的聲音也可以蓋過其他的噪音，製造出一種神
奇的寂靜（更遑論負離子的效果，這個我們會在稍後的章節
裡討論）。我們得以在淋浴中愉快地感到與世隔絕，或者感
受到被流動而溫暖的水所擁抱。這一切都幫另一頭創造了一
個可以觸及到我們的理想環境──也讓我們可以聽得到他們
的環境。

　　我不是說你得要關在浴室裡淋浴，然後才試著去和你過
世的姨媽或叔叔講話。那樣就有點過頭了，而且效果不彰。
我的意思是，當我們處在這種偶然斷開的狀態時，我們就需
要對流進和流出我們腦袋的東西有所察覺。對於另一頭而
言，這種狀態是他們顯靈的絕佳時機，而這種狀態也會給我
們當下的心境──我們在步驟一所進入的安靜時刻──帶來
一些領悟。

要求屬於你自己的柳橙

　　第二步是要求你想要的徵兆。就這麼簡單。

記得我要求另一頭給我一顆柳橙，作為我正走在正確道路上的徵兆嗎？我是在身處後台時的某一個安靜時刻提出了那個要求，然後在很短的時間裡，我就得到了我的柳橙——事實上，我得到了好幾百顆。所以，想想你希望另一頭給你什麼徵兆，然後只要提出要求就可以了。

以下是幾個小竅門。你可以大聲提出要求，也可以在腦子裡默默要求。你可以在你和你的摯愛之間來一段很長的對話，或者只是簡單地說，「發送一隻綠色的猴子給我」。你可以使用某些默認徵兆裡的元素，因為那對另一頭來說會更容易——然後再加上一點變化，好讓這個徵兆更具有獨特性。你也可以創造一些超乎想像的徵兆。

盡量不要要求某些不可能或負面的東西。例如，你可能不會想要求看到一架巨無霸噴射客機降落在中央公園。但是，你可以要求看到一架閃亮的飛機出現在一個不可能出現的地方（你得到的回應可能是擺在玩具店窗口的一架玩具飛機，或者你臉書動態新聞裡的一則飛機廣告，甚至可能是突然輕輕撞在你手臂上的一架紙飛機）。因此，如果你不想要求某些荒謬或者幾乎不可能的事時，你絕對可以要求一些獨特甚至具有挑戰性的徵兆。

還有另一個小竅門：給你的徵兆一點時間。通常，人們會在提出要求的三天之內就收到徵兆，不過，它們也可能在一天內，或一星期以後出現。不要期待立刻就可以看到徵兆——雖然另一頭確實很神奇，但即便是我們的光之團隊，

也無法讓那些東西突然就出現在我們眼前（至少我認為他們做不到）。儘管如此，我還是知道有不少人在提出要求後不到幾分鐘，確實就收到了徵兆。有些時候，另一頭的動作很快。不過一般而言，給另一頭多點時間，也是讓我們自己對徵兆保持開放的一個好方法；這樣，當徵兆來臨時，我們就會注意到它。

最後，要求某些個人的東西。要求一些你和另一頭的摯愛有所連結的東西。也許他們喜歡蒐集陶瓷海豚。如果是的話，那就要求海豚作為徵兆。或者要求某些你喜歡的私人物品。這麼做的重點是讓它成為你的徵兆——某個你和／或你的摯愛所特有的東西。這會讓伴隨著徵兆而來的愛和連結感覺更加美妙。

你也可以對另一頭不同的人要求不同的徵兆。你可以要求你的祖母發送給你一顆寫有「愛」字的粉紅色的心——要求你祖父給你一隻藍色的河馬。你可以要求你的指導靈發送給你一組555的號碼。如何創造你和他們共享的語言，這一切都由你決定。你所創造和建立的徵兆越多，這個語言就會越流暢。一句「更愛你」、數字333、尼爾‧戴蒙的〈甜美的卡洛琳〉、一隻蜜蜂，你創造的徵兆越多，你們的語言就會越廣闊。

所以——也許我們無法和已逝的摯愛分享一杯咖啡，但我們可以分享的是，再次感覺到親密的甜美瞬間。

我們所需要做的，就只是提出要求。

你也可以要求幫助

我們不僅能要求徵兆，也可以要求幫助。另一頭渴望幫助我們。我不是指用抽象的方法來幫助我們──例如「幫助我變成一個更好的人」（你的光之團隊本來就會這麼做）。我所說的是，用特定的東西來幫助我們。「我今天有一場很重要的考試──請幫助我保持冷靜和專注」、「我男友和我吵架了──請幫我想想我可以說些什麼來解決事情」、「我欠債了──請幫助我採取行動，以改善我的財務狀況」、「我今天需要在靠近那家店的地方找到停車位，請幫我找一個停車位」。具體的問題會有具體的幫助。千真萬確、實實在在的幫助。我自己就有過好幾次的經驗。

因此，如果你覺得自己已經走投無路，而且不知道向哪裡求助時，那麼，去找你的光之團隊。如果你願意的話，可以把它視為一種祈禱。要具體而且誠實，然後提出你所需要的幫助。

樂於接受

我們可能會如何錯過另一頭發送給我們的徵兆，關於這一點，我已經說過了。如果我們並沒有在尋找徵兆，那我們就可能會錯過它們。但是，我也聽過有些人要求某個特定且

具挑戰性的徵兆，而且也收到了這個徵兆，但是最終又錯過了。我最近就看到過這樣的事。

不久之前，我母親要求我剛過世的父親給她一個徵兆。她要求了某個特定的東西——一頭紫色的象。她告訴我，在她提出要求的一天之內，她就收到了她的徵兆。那是出現在鄰居前院草坪上的裝飾物，一頭紫色的充氣大象！

一週以後，我姊姊克莉絲丁從紐澤西過來。我們有一項艱難的任務要完成。我們要先去墓園，然後再去訂購墓碑。我母親開車載我們到墓園，之後，我們到附近的一個小鎮去吃午餐。午餐之後，我們得再回到墓園，因此便循著原路回去。途中，透過車窗，我看到一間新開的餐廳上方掛了一個我從來沒注意過的巨幅招牌。

紫色大象

餐廳前面甚至還有一隻仰天而立的紫色大象！我父親做得真是太極致了。他發送的徵兆完全符合我母親所要求的，而且還是她絕對無法錯過的方式。然而，第一次經過的時候，我們還是忽略了！

「媽，你看那個！」我大聲叫了出來。

「看什麼？」

我讓她迴轉，直接開到餐廳前面，這樣她才可以好好地看個清楚。

「哦，哇，」她終於看到了。「那間餐廳怎麼樣？看起來也像是個吃午餐的好地方。」

這件事讓我們學到的課題是：我們不僅要看，而且要看見。

要達成這個目標，我們不需要改變我們的生活，只需要稍微改變我們感知的方法。

在高爾夫運動裡，正面思考的教練會告訴他們的選手，要抬頭挺胸地走在球道上，充分浸淫在環繞著他們的景觀裡，而非一味低頭行走，只看得到眼前的草皮。這是為了讓高爾夫球選手更投入、更警覺、更有接受力，也為下一球做出更好的準備。

同樣地，我們也可以在日常生活中這麼做——只要抬頭看，我們就可以汲取身邊更多的風景。這是我們聚焦方式的一種小改變；是我們注意力層面的一個小提升；這是對一切要更加留意的自我承諾。如果我們做此承諾，那麼，當來自另一頭的下一個徵兆出現時，我們就會有更充分的準備。

說謝謝

當我們收到徵兆時，花點時間來表達我們的感謝，這點是很重要的。如果我們要求我們的祖母發送給我們一隻帝王斑蝶時，我們應該要說：「謝謝你給我這隻美麗的蝴蝶，奶奶。」我們需要提及這個徵兆，並且心存感激，不管是放在

心裡的念頭或者真的說出口。

　　為什麼？因為對另一頭的徵兆表示感謝，就是在榮顯存在於我們之間的強大連結。同時也是讓看見徵兆這件事，變成一個共享的事件──存在我們和我們已逝的摯愛之間的一個充滿喜悅的交流瞬間。根據我所看到過的經驗，我們在另一頭的摯愛，會從與我們的連結上獲得巨大的喜悅。因為那讓他們知道，我們仍然可以感覺到他們的存在；同時也讓他們知道，他們在地球上的摯愛依然視他們為生命裡的一部分。聽到一聲「謝謝」，就是對此最大的證明。

　　也許最重要的是，為了徵兆而說感謝，也會讓我們覺得好過一些。它讓我們覺得更有連結、更不孤單。如果你正在和你的摯愛對話，而且是剛剛才發送給你美妙徵兆的摯愛，你怎麼可能還會感到孤單呢？我們的相互連結是一份恩賜，而道謝正是在榮顯這份恩賜，並且也創造了跨越維度的強大喜悅和幸福。

分享徵兆

　　我和很多曾經收到過不可思議徵兆的人聊過，知道他們至今未曾向任何人透露過此事。也許他們擔心別人會不相信他們，或者認為他們瘋了。不管什麼原理，他們都把這個驚人的經驗束之高閣，當作個人的隱私。

　　你當然可以這麼做，那個徵兆對你的意義也不會因此而

改變。不過我的建議是，把你的故事和全世界分享。如果你覺得想告訴你的朋友們，那就告訴他們。徵兆的現象不光只是關於我們連結了我們在另一頭的摯愛，也是關於我們在地球上的彼此連結。

如果你相信徵兆是真的，那就無須擔心別人會不相信你，或者以為你腦子有點不對勁。反正那終歸會發生，並且會引發很多不同的議題和討論。對於不同的意見，永遠都會有挑釁的人和評論家出來抨擊。但重點是，如果你和某人分享自己的故事，你就更可能全然接受自己的經驗。和別人分享你的故事，甚至可能會讓別人感到自我釋放，進而也分享他們的故事！而和別人分享喜悅，也只會增加和散播這份喜悅。所以，儘管說吧。說出你的故事，分享你的徵兆。

最重要的是，你要知道我們的生命並非只關乎我們的選擇和我們的道路。我們以非常真實而深刻的方法，影響著我們身邊的世界和人們。我們在別人的旅程中扮演著重要的角色，這意味著我們如何帶著能量存在於這個世界上是很重要的。我們選擇要和這個世界分享什麼也很重要。不和別人分享我們生命中如此有意義的時刻，這對我們的朋友和我們所愛的人來說，確實都是一種損失。我們都同在這趟非凡又美麗的旅途上。這份相互的連結就是萬物存在的最真實的喜悅。我們藉由和世界分享我們的故事、能量和光，來榮顯我們的這份連結，而我們榮顯的越多，我們的存在就越豐盛。

　　要和另一頭共創屬於你們的獨特語言有幾個基本要素——正念、開放、安靜、感激、能量、交流；要求徵兆的意願，以及接受徵兆的意願；對相互連結的理解，並且樂於和別人分享我們神奇又令人驚嘆的經驗。

　　在下一個部分裡，我想要分享幾則故事。這些故事的主角創造和發展出非常個人的語言，來連結他們在另一頭的摯愛；同時，他們也發現，隨之而來的連結時刻，幫助他們度過了嚴重的生命危機，也幫助他們做出了改變人生的決定。

　　這些連結的瞬間是我們每個人都可以經歷的。宇宙的神秘語言無須保持神秘。徵兆的力量無遠弗屆、不受限制；而密碼則掌握在我們自己手中，任憑我們決定。

第三部

在黑暗中航行

我決定要堅持愛……仇恨是過於沉重的負擔，
讓人無法承受。

——馬丁‧路德‧金恩

　　拿支筆和紙坐下來，把你生命中所有重要的時刻都寫下來：你的出生、第一次約會、你的第一份工作、生涯變動、結婚、孩子。然後，把每一項都用圓圈圈起來，再把它們按照年分順序從左到右排好。接著在每一個圓圈之間畫上一條線，把它們連結起來。透過這條線串連起來的，就是你的生命軌跡。

　　不過，我希望你知道，這並非你可以選擇的唯一道路。

　　宇宙教導我們，每個人都有好幾條足以帶領我們走過人生的道路，包括我們最崇高、最充實、最真實的道路。每一條道路都會帶著我們從開始走到結束，然而，我們要怎麼到達那裡——我們如何走過人生——完全仰賴於我們選擇的道路。

　　宇宙發送給我們徵兆，驅使我們走向我們最崇高的道路。

　　從一條道路跳到另一條並非總是那麼容易。擁抱改變、面對讓我們裹足不前的恐懼可能非常困難。有時候，我們會拒絕離開我們正在走的道路。那就像穿了一雙太小的鞋子在走路一樣。我們可以選擇繼續穿著那雙鞋走，最終，我們也可以到達目的地，但是，那並不是最好的選擇。

　　徵兆在我們的恐懼上投射出一道光，如此一來，我們便可以在黑暗中行走，選擇一條更崇高、更好的道路。接下來的故事是關於有些人聽從他們的徵兆指引，而徵兆也幫助他們做出重大的人生決定——他們在直視恐懼的當下，選擇了希望和愛的道路。

22 迷彩、一把槍和一個新的任務

　　幾年前，我參加了永恆家庭基金會在長島舉辦的一場活動。那場私密性的聚會是在一間會議室裡舉行，與會者包括了十名過世兒童的家屬。當我走進會場時，他們全都一起回頭，帶著一種混合了希望和沉重的眼神看著我。你不需要身為靈媒，才能看出他們臉上那種痛苦和渴望。

　　在簡單的開場之後，我很快地閉上雙眼，對另一頭打開我自己，然後等待著被牽引向某個人。第一個現身的是一個男孩，他把我拉向他坐在會議室左邊的母親和姊姊。他身負驚人的能量，並且帶來很多撫慰的訊息要傳達給她們。這次的通靈洋溢著快樂、希望和不可思議，整間會議室裡的能量都隨之改變了。不過，當我在為他們通靈時，我無法不注意到獨自坐在會議室另一頭的一位父親。

　　那是一位年約五十、蓄著鬍子的魁梧男子。他穿著一件黑色皮背心、藍色牛仔褲和一雙摩托車長靴。他雙臂交叉疊在胸前，低頭看著自己的腳。每隔一會兒，他就抬起頭，似

乎在看向我。他的身體語言透露出他把自己封閉了起來，渾身上下充滿了防禦心和憤怒，老實說，他有點嚇到我；但是，我也可以感覺到，他鋒利的外表只不過是他內心深刻痛苦的擋箭牌。我知道我之所以來此，就是為了要幫助痛苦的他，然而，某部分的我也擔心，如果我被牽引到他面前的話，又會發生什麼事。他會如何接收另一頭要傳送給他的訊息？

果然，另一頭就把我拉向了他。

那是一股非常強大的力量。我走過去站在他面前，但是他依舊低著頭，盯著地板。一股憤怒和緊繃的情緒籠罩著他，讓他散發出極大的負面能量。我不知道要如何開始。

不過，我還是開了口。「嗨！」我活潑的語氣聽起來有點荒謬。

他緩緩地抬起頭。當我們目光交會的時候，我嚇了一大跳，因為他眼裡的那抹溫柔相對於他粗野的外表，完全是兩個極端的對比，也讓人為之心碎。

另一頭的一個女孩立刻出現在我腦海裡的螢幕上。她看起來已經不是小女孩了——應該算是青少年，或者二十出頭左右。她溝通的速度很快，一堆言詞、符號和影像彷彿砲火一樣猛烈朝我扔過來。而且，她讓我看到的畫面十分嚇人。

「你女兒過世了。」我對他說。

他的雙眼開始蒙上淚水，然後他大聲清了清喉嚨。

「對。」他說。

「她去世是因為……」

我猶豫著。

「……她告訴我她是被謀殺的。」

男子再度低下頭，不發一語。

他無須多說。他女兒的故事已經完全呈現在我的螢幕上了。她被謀殺了，事實上，每個人都知道兇手是誰──她的前男友──但是，不知道為什麼，他的罪行卻沒有遭到起訴。而這件事，那女孩讓我知道，就是她父親痛苦的來源之一。這份冤屈讓人無法承受。

接著，女孩給我看了一些影像，感覺像是有部電影在我的螢幕上播放。這種狀況有時候確實會發生──一串清晰而生動的影像，讓我彷彿像在看電影一樣。女孩讓我看到她獨自在家的父親，穿了一身黑衣和迷彩裝備，還有好幾把來福槍在他的床上一字排開。

「她正在告訴我說，她整天都試著要阻止你，」我告訴他，「她一直都在那裡，苦苦哀求你不要那麼做──不要去殺她的前男友。但是你完全沒聽見。你把槍放在你的車上，就是不肯聽她說話。她讓我知道，你決定要為自己尋求正義。她說，她整天都嘗試著要讓你理解，但你就是完全忽視她的存在。」

男子依然瞪著地板。房間裡一片靜默。

「那天晚上，你打算殺了他。」我說。

他再度清了清喉嚨，拭去淚水。

「對，」他說，「沒錯。」

「但是……你沒有。你沒有殺他。」

他不吭一聲。

「你聽到她說的話了。你女兒說，你終於聽到她說的話了。你很憤怒，你打算為她的死報仇。但是你終於感覺到她，也聽到她說的話，然後你聽進去了。你聽了她的話。」

他開始哭泣。

「她希望你知道，你不應該為她報仇，」我繼續說道，「那不是你該做的事。你要做的是繼續愛她、榮顯她的生命。她也希望你過得生氣蓬勃，希望你選擇愛的道路以提升你的靈魂，而不要走上憤怒、仇恨和黑暗的道路，因為那會削弱你生命的光。那不是在榮耀她的生命。她說，業報是真的存在，每一個靈魂都需要為他們的所作所為負責。無論是在地球上還是過世以後，每個靈魂都會被追究責任。不過，那不是你要做的事。如果你選擇那麼做，你就選擇了一條黑暗的道路。然後，你將會創造更多的黑暗，而非光明。」

「現在，」我持續說著，「你女兒想對你說謝謝。謝謝你聽了她的話，也謝謝你沒有那樣做。謝謝你一直愛著她。你把她的話聽進去了，這讓她感到無比的感激和快樂。」

我幫這位悲慟的父親所做的通靈，深深影響了現場的每個人，包括我自己。當他女兒顯靈的時候，她教了我們所有人一個強大的課題。一個關於人生道路的課題。

　　在我們的旅途中，我們有時候會茫然疑惑，不僅沒有選擇更崇高的道路，反而選擇了較低下的道路，一條束縛我們、拖緩我們，讓我們通往死巷的道路；一條讓我們遠離愛、走進黑暗的道路。當這種情況發生時，我們就會過著我所謂的「影子人生」的生活——只有陰影的人生。一個無法反映我們真實力量和潛能的人生；一個讓我們無法和世界分享我們真正的光、愛和能量的人生；一個貧瘠的人生。

　　我曾經幫一些陷入影子人生、只專注於恐懼和憤怒的人通靈。在很多這樣的案例裡，我看到另一頭從來不曾放棄，並且持續不斷地在試著把我們從影子人生的道路，推向一條充滿愛、光和意義的更崇高的道路。

　　另一頭為何要這麼做？因為我們的光之團隊——我們的摯愛、指導靈和神的能量——只希望我們快樂又充實。他們希望我們的生命是建立在愛而非恐懼之上。

　　我們的光之團隊是如何推動我們的？

　　他們可以藉由顯示他們存在的徵兆和訊息來做到。

　　有些徵兆的出現只是為了打招呼，或者讓我們知道我們逝去的摯愛依然和我們同在，在為我們加油打氣。但是，有些徵兆則是在幫助我們於生命中做出對的選擇。這樣的徵兆通常會在我們來到一個十字路口時出現——並且在較低下的道路和更崇高的道路之間提出一個選擇。這也就是當另一頭在對我們吶喊，企圖引起我們的注意、並影響我們選擇的時候。

　　以下是那名迷彩裝備的男子可能會發生的狀況。在悲慟和憤怒的淹沒下，他會走上仇恨和痛苦的道路。如果他當時帶著痛苦走下去，他的行為不僅無法改變過去，仇恨和痛苦還會改變他的未來。他的雙手和靈魂將會沾滿鮮血，然後被關進大牢，眼睜睜地看著自己的人生毀滅。

　　他女兒努力想告訴他的是——他不應該為失去她而復仇，因為那不是我們在地球上的任務。我們的任務從來就不是去跟隨仇恨的道路。愛的道路永遠都是我們最崇高、最明亮的人生道路。

　　他女兒知道，她的任務是要驅使他走向更崇高的道路。她發給他的徵兆並不是視覺上的徵兆。那不是一隻鳥、一道彩虹或一個車牌，而是我所謂的天耳通和超感知的徵兆。天耳通是指我們可以透過非感官的聽力聽到聲音。例如——出現在我們腦海裡、但並非出自我們自己思緒的某個字或某句話；某個不是我們自己念頭的想法；某個不是我們自己聲音的聲音。曾經有過什麼相關的、或意外的東西，突然就閃進你的腦子裡嗎——某個不知道源自何處的東西？

　　那並非不知源自何處，而是來自於另一頭。超感知的徵兆也許是一種我們甩不掉的直覺。我們可能會有一種說不出的感覺，覺得我們的摯愛就在那裡。我們可能在自己的心裡超越聽覺地「聽到」了我們摯愛的聲音。

　　這名男子的女兒在決定性的那天，一次又一次地對正處於交叉路口的他發送訊息。但是，他若非沒有接收到，要不

就是沒有注意到。然而她並沒有放棄。即便他已經把來福槍都搬上車了，她還是繼續不斷地發送給他同樣的訊息。

不要這樣做，這不是你表達愛我的方法。

終於，他終於聽到了。

他對著所有在會議室裡的人解釋說：「我聽到她說的話了。我聽到我女兒叫我不要那麼做。我感覺到她就在那裡和我在一起，告訴我不要那麼做。」

他聽了女兒的話！他對她的訊息敞開了心房！他聽到她在說話，彷彿她就和他在一起──事實上，她也確實就在那裡。

由於他聽了女兒的話，所以他並沒有淪落到影子人生的命運，沒有被關進大牢，靈魂也沒有蒙上烙印。在他女兒的幫助下，他選擇了更崇高的生命道路──那條道路給了他一個機會，讓他把巨大的傷慟轉化成某種正向的力量。

事實上，他決定參加這場活動、讓他女兒顯靈，教導了我們這個強大的課題，這些都已經是朝著正向的轉變了。

一如接下來那些不可思議的故事裡的主角們，我們都會面臨到足以影響我們和他人生命軌道的選擇，而那也就是通往不同人生道路的十字路口。我們所需要了解的，以及這名男子勇敢的女兒所教導我們的就是，我們在十字路口的時候絕不孤單。我們不需要獨自做出艱難的決定。在這些困難的時刻，我們的光之團隊會竭盡所能聯繫上我們。他們絕對不會讓我們的恐懼、悲傷或疑惑阻擋我們邁向更崇高的生命道

路。

在以下這些時刻，我們需要傾聽並且榮顯另一頭發送給我們的徵兆：

- 我們的腦海裡突然閃現一句話或一個想法
- 一股甩不掉的直覺油然而生
- 聽到已逝的摯愛的聲音
- 感覺到摯愛的存在

徵兆就在那裡！它們永遠都會在那裡！另一頭永遠不會停止發送給我們這些不可思議的徵兆。他們永遠都不會停止嘗試。

因此，我們必須對它們敞開心扉，確實去尋找和傾聽，讓它們引導我們朝向我們最好、最快樂、最崇高的人生道路。因為我不止一次得知，我們所做的選擇、我們所擁抱的能量，不只影響著我們的人生道路，也影響著愛的集體道路，一條我們所有的人都在其上的道路。

23 嬰兒和熊

　　很少有生命的決定像生小孩的決定這麼重要。因為孩子會改變一切。我深知這一點，我有三個小孩，他們是我生命裡絕對的愛，是我最大的喜悅，也是我最寶貴的恩賜。我無法開始想像我生命裡沒有艾希莉、海登和茱麗葉——那對我來說是完全無法理解的。他們是我所做過最棒的決定，嫁給我那優秀的丈夫葛瑞特當然也是。

　　然而，這些決定也可能會讓人害怕、疑惑和難以承受。正因為如此，當我們做這些重大決定時，向另一頭求助是很有幫助的。

　　通常，甚至不用我們開口，宇宙和我們的光之團隊就會介入來指引我們。那就是為什麼宇宙會發送那麼多關於嬰兒的、及時又強大的訊息給我們。這在我的通靈經驗中發生過很多次。當人們對很多重大的人生決定感到不確定時，生孩子的決定就更具有特殊的急迫性和嚴肅性。這個決定會牽動很多深刻的情緒，也包括一種潛在的、令人不安的終結感。

畢竟，我們可以辭職，但是我們不能辭掉我們的孩子。根據我的經驗，我們在另一頭的團隊很清楚這個決定可能有多可怕，所以他們才會發送徵兆和訊息，在我們做這個決定時支持我們。

接下來的故事會讓我們知道，這些驚人的徵兆是多麼的重要，並且可以改變生命。

克萊頓和娜塔麗·莫里斯的初次見面，發生在數以百萬人的眾目睽睽之下。

克萊頓是一名廣受歡迎的晨間電視節目主持人之一，娜塔麗則是他的一名嘉賓。「她一走進現場，就讓我大為震撼。」克萊頓回憶道，「我立刻就被她驚呆了，我想，在那段節目裡，我的語速不自覺地加快了好幾倍。」

「看來，我幫節目省了不少錄影帶。」娜塔麗說。當時她是新聞網的一名編輯，也是一個深具影響力的科技播客節目的聯合主持人。「我記得我當時看著克萊頓，那種感覺就像『我應該認識你，但我不知道我們是怎麼認識的』。真的很神奇，因為錄影，所以那一瞬間被記錄下來了。」（我把這種感覺稱為「靈魂識別」。）

就在幾年之後，克萊頓和娜塔麗的另一個天大的重要時刻，同樣也在數百萬人面前——包括我在內——再度發生在實況轉播的錄影現場。而這次是和生小孩有關的決定。

當娜塔麗第一次懷孕的時候，克萊頓和娜塔麗尚未論及

婚嫁。「我們倆都很驚訝，」她說，「那時我三十一歲，但是，我還記得我當時覺得要生小孩還太年輕了。我工作很努力，我的事業扮演著我身分中很大的一部分。有小孩就像走進一個完全陌生的世界。」

他們決定生下這個孩子，於是，他們的兒子邁爾斯出生了。然而，娜塔麗在懷孕期間所產生的各種混雜的情感，讓她充滿了罪惡感。「剛開始的時候，邁爾斯需要做一些治療，我不禁懷疑他的問題是不是因為在子宮裡受到創傷引起的；」她說，「因為我們沒有結婚，也因為我一直有疑慮，所以懷孕對我來說很痛苦，那讓我感到更深的愧疚。」

幾年之後，當娜塔麗和我在人生的道路上交會時，我幫她做了一次通靈。在那次通靈中，另一頭給我看了一間醫生辦公室的影像。

「他們為什麼要告訴我關於醫生的事？」我問娜塔麗。

於是，娜塔麗告訴我關於她的矛盾，以及她對此衍生的罪惡感。

「難怪另一頭會把它指出來，」我說，「因為罪惡感是你必須要丟掉的有毒想法。你兒子是來療癒你的，是來讓你有個家庭，是來幫你指出正確的方向。所以，你要擺脫你所背負的罪惡感。讓它們全部都離開吧。」

娜塔麗和克萊頓在邁爾斯出生後三個月，於曼哈頓的市政廳結婚了。「由於我週末才輪班，所以在他出生後的那幾個月裡，我常常在家陪他。」克萊頓說，「我們就這樣落入

了父母的角色，不過，我們開始了解，我們還滿擅長當父母的。我們是很好的父母。」

最後，他們同意再要一個孩子，於是，美麗的艾娃來到了這個世界。

「在那之後，」娜塔麗說，「我的感覺是，『夠了』。」

但是，克萊頓並沒有這麼肯定。

「我們兩人都同意兩個孩子就夠了，我們也同意我們家就是四口之家，但是後來我又開始想要第五個成員。」克萊頓說。娜塔麗也曾經想過這個問題，不過，「我真正的感覺是，我真的不想再有另一個孩子。」她說，「懷孕很辛苦，我想要再開始工作，所以，我很掙扎。我內心交戰得很厲害。過了一陣子之後，我不得不告訴克萊頓，不要再和我提起這件事。」

我大概就是在這個時候被牽扯進來的。

克萊頓年幼時住在賓州春城市，從小，他對宇宙的秘密就有著與生俱來的好奇心。

「我小時候會穿著魔鬼剋星的戲服四處跑，企圖到各個地方去抓鬼。」他說，「後來，我自己錄製了一個關於超自然現象的小節目，並且上傳到 YouTube。年紀稍長之後，生活的壓力和焦慮讓我築起高牆，同時也不再試著去深入了解這些事，不再挖掘我的好奇心。不過，我對這些事還是抱持著開放的心態。」

在加州土生土長的娜塔麗，從小在耶和華見證人的教義下成長，不過卻在二十歲的時候離開了這個信仰。「我一直找不到適合我的信仰。」她說。一直到她接觸了關於來生和意識的書籍，她才開始發展出一個真正的世界觀。「彷彿在那之前，我對生命的所有信仰都大錯特錯。」她說，「那些書籍真的影響了我對我自己人生的看法。」

透過閱讀更多的書籍、研究冥想，以及「試著不要限制我們和世界連結的能力」，她和克萊頓一起探索著靈性。

克萊頓和娜塔麗對更多連結和開放的渴望，讓他們接觸到了我的書，《我們之間的光》。「當我們看完那本書時，我們異口同聲說：『哦，她應該來上我們的節目。』」娜塔麗回憶道。然而，在克萊頓還沒來得及對任何人提起此事以前，隔天，他的製作人就發了一封電郵給該節目所有的主持人說：「誰想要訪問這個叫做蘿拉・琳恩・傑克遜的靈媒？」

「讓我來。」克萊頓很快就回覆了這封電郵。

錄影當天，我來到該節目位於洛克斐勒中心的攝影棚。播出之前，我走到台上，在克萊頓對面的沙發上安頓好自己。娜塔麗想在訪問的時候也待在現場，因此，她決定站在攝影機後面，專心聽著訪問。克萊頓和娜塔麗雙雙都在尋找——在希望——同一件事：關於要不要有第三個孩子的某種徵兆。

錄影一開始的時候，克萊頓先和我聊了一下這本書的話題，但是，另一頭卻別有計畫。某個人強而有力地現身了，

而他所傳達的訊息也十分明確。

「好吧，我現在要開始幫你通靈了，」我告訴克萊頓，「你現在有兩個孩子，對嗎？」

克萊頓回答說，他是有兩個孩子。

「好吧，我看到有第三道光在等著你。」

攝影機後面的娜塔麗突然淚流滿面。

「我一直都很害怕，也很抗拒，但是，在蘿拉·琳恩說完那些話以後，我竟然不再感到害怕了。」她說，「我站在那裡又哭又笑，因為我知道她會那麼說。」

不只如此。那個從另一頭現身的人是克萊頓的祖母艾瑪。為了取信於克萊頓，她讓我告訴克萊頓她的名字；並且給我看了一雙新的靴子。感覺上她似乎在取笑娜塔麗。

「她問克萊頓我是不是最近剛買靴子，當然了，我就穿著我新買的一雙及膝黑長靴站在錄影現場。」娜塔麗說，「因為我知道克萊頓會說，那雙靴子看起來和我其他的黑色靴子差不多，所以，我就刻意把購物袋藏起來不讓他看到。結果，艾瑪就顯靈說出來了。」

更重要的是，艾瑪讓我知道，克萊頓和娜塔麗都感覺到恐懼和遲疑。

「她現在就在這裡，她說你們很害怕，你們認為無法在多生一個孩子的情況下，還能兼顧到你們的家庭和事業；但是，有第三個孩子會是一件很棒的事，所以，就這麼做吧，去生第三個小孩吧。」我告訴他們。「如果你們做了這

個選擇，那將會美妙無比。但是，千萬不要因為害怕而不去
做。」

四週後，娜塔麗又懷孕了。

「這次，我讓自己享受這個懷孕的過程，那是我以前從
來沒有過的，因為我相信正在發生的事，」她說，「我對我
們的決定有信心。我放開了所有的恐懼和懷疑。是我們的第
三個孩子療癒了我，這個執著的小靈魂來到我的生命，讓我
得到了療癒。」

他們的第三個孩子——一個美麗的小女孩——出生了。
不過，娜塔麗和克萊頓都不知道要幫她取什麼名字才好。克
萊頓的聯合主持人打算在直播的節目上宣布孩子出生的消
息，不過，就在播出前幾分鐘，這對夫妻仍然遲遲無法決定
名字。

「我在醫院的大廳，準備上樓去探視娜塔麗。當時，我
手握一杯星巴克，深深吸了一口氣，站在那裡等待著靈光乍
現。」克萊頓說，「結果，真的有個念頭出現了。」

同時，在樓上病房裡的娜塔麗，腦海裡也突然跳出一
個名字。「當時，我正在吃早餐，卻突然想到一個名字，讓
我覺得就是它了。」她說，「然後，克萊頓衝了進來，說：
『我知道她要叫什麼名字了。』」

他對娜塔麗說了一個名字。娜塔麗也告訴他一個名字。
兩人說的是同一個名字。

「所以，就在播出前幾分鐘，我傳簡訊給我的製作人，

然後他們就開始錄影，並且在節目裡宣布了孩子出生的消息。」克萊頓說。

那就是這個世界被介紹給依芙・莫里斯的方式。

自從依芙出世之後，克萊頓和娜塔麗對於來自另一頭的徵兆就更為開放了。最近，克萊頓猶豫著是否要繼續他的電視生涯，或是離開這個圈子，轉而在房地產投資上開展新事業。「我一直都覺得我的靈性動物是隻熊，因為我常常看到熊，而且每次看到的時候，就會有神奇的事發生。」他說，「你知道嗎，在我看到熊之後一個小時內，就會有很多事情發生。」

在他終於決定要離開節目的那一天，他打電話到辦公室去和他的製作群分享這個決定。「在那通電話結束之後不到幾分鐘——真的就是幾分鐘——當時我正在我的車裡，一頭巨大的黑熊就從我的車子前面當街走過，」克萊頓說，「我就那樣看著牠走過去。那是宇宙在對我剛才的決定做出確認，讓我知道我正走向我最崇高的道路。」

現在，克萊頓和娜塔麗確實一起過著美妙又真實的生活——讓他們可以更充分、也更緊密地和最需要他們的人分享他們非凡的天賦。透過克萊頓的新公司和播客節目，《和克萊頓・莫里斯一起投資房地產》（娜塔麗也和他一起經營），這對夫妻幫助人們感覺到自己有能力擁有房子、有能力成為投資者。現在，他們已經駕馭了自己的恐懼和懷疑，

並且幫助他人走過黑暗、找到並且榮顯他們自己美麗的光，成為真正的光的工作者。

信賴另一頭的徵兆會帶來如此美麗的連鎖反應——我們會找到我們所需要的愛和光，然後和世界分享，如此，其他人也可以走向最新點亮的道路。「那些徵兆並非只為了我們存在，它們是為了幫助我們去發現我們在世上最好、最崇高的目的。」娜塔麗說，「克萊頓和我開始去和別人分享我們在團隊合作、了解自己的財務狀況，以及掌控自己生活等方面的認知，而我們也看到人們真的受到了啟發。我想，那比能在電視上多看到兩張臉要好多了。」

他們共組家庭的旅程也教導了他們其他的事。

「我們每個人都從宇宙獲得了各自的下載資訊，但我們並非總是能察覺到這件事，」娜塔麗說，「我們會收到徵兆，徵兆就在那裡，只不過我們並非一直都看得到它們。當你了解到這點時，你只要回放帶子，就可以看見原本已經在那裡的徵兆。」

請務必記得，克萊頓辭去他聲望極高的電視工作，這是他和娜塔麗共同的決定；在他們和我談過之前——他們一直試著要聯繫上我，但我總是很忙——甚至在他看到熊之前，他們就已經做了這個決定。

「我們像一個團隊那樣，一起討論關於徵兆和直覺的事情，然後我們就共同做出這個決定，」娜塔麗說，「在這件事情上，克萊頓收到很多的徵兆。」

　　克萊頓說：「在我做出決定之前，他們已經雇用了一個新人，他在很多方面都可以替代我，而且他既年輕又有野心，我記得我當時在想：『那就是以前的我，我年輕時就是那樣。但是我已經不再是那樣了。』那就是我收到的徵兆之一。」

　　克萊頓和娜塔麗不需要我告訴他們第三個孩子已經來報到了——他們所需要做的，就是信任他們內心已經感覺到的。他們需要去分辨哪一個選擇是恐懼之路，哪一個選擇又是愛的道路。最終，我們在地球上所做的每個選擇，都是在恐懼的道路或愛的道路之間擇其一。我們的任務就是要去分辨其中的不同——進而選擇愛的道路。那永遠都是我們最崇高的道路。

　　「我們放開恐懼，讓原本應該發生的事發生。當我們那麼做的時候，一切都會改變——我們的財務狀況、我們的家庭動力，還有我們的未來，」娜塔麗說，「這一切都關乎著相信徵兆，相信宇宙試圖在告訴你的事。」

　　「當我們了解到我們有能力讓事情發生，我們就真的可以讓事情發生，」她說，「我們每個人都可以在世上創造奇蹟，我們只需要相信自己可以做到。」

24　明滅的燈光和火花

　　我們如何能知道，我們正在做自己此生應該做的事？我們要如何找到自己更崇高的目標？我們要怎麼知道，自己正走在對的道路上？

　　我們之中很多人都在為自己正在做的事情尋找意義，也想知道我們現在過的生活，對自己而言是不是最好的。丹妮兒‧派瑞特很想知道這些事，特別是在發現她自己正處於一個十字路口的時候。「我當時處在一種狀況中，開始會問我自己：『我有在用我的技能和我的熱情幫助人們嗎？』」她回憶道，「我希望自己能為這個世界帶來些什麼不同，我希望我生命中的一切都是正確的安排。」

　　丹妮兒並非陷入什麼痛苦的深淵，或者跌入谷底——其實，從表面上來看，她的生活似乎過得再好不過。她有一份自己喜愛的工作，一個她深愛的男友，而且她的未來看起來也一片光明。她並不覺得自己有什麼值得一提的明顯需求，或者錯過了什麼大好的機會。大部分的時候，她都覺得自己

正走在對的軌道上。

「這不是什麼太嚴重或太難以承受的事，」丹妮兒說，「那就只是一種感覺，一種微弱的呼喚，彷彿有個很小的聲音在我耳邊說：『你可以做得更多。你可以不只這樣。』」

所以，丹妮兒聽從了那個耳語。

當她這麼做之後，一切都改變了。

丹妮兒第一次聽到這個耳語是在2010年的一場設計會議上。當時，她在業界一家備受尊重的產品設計暨發展公司擔任市場總監，也和她交往十年的男友同居，並且論及婚嫁，準備開始成立家庭。在那場會議裡，丹妮兒碰到一個朋友，安吉拉，會後，兩人共乘一輛車回家。途中，安吉拉向丹妮兒提起了她曾經找過的一個靈媒——我。

不久之後，丹妮兒聯繫了我。她從來沒有想過要通靈，不過，她覺得有進行連結的必要——也就是她第一次聽到的耳語。

在我們第一次通靈時，丹妮兒的祖母——大家都叫她莎莉——顯靈了。莎莉在丹妮兒小時候，一直都扮演著重要的角色。丹妮兒五歲的時候，父母就離婚了。「很多時候，我都是孤零零的一個人——寫字、健行、聽音樂。大自然就是我的慰藉。」此外，她還有莎莉，莎莉是她口中「充滿大量喜悅、幸福和光的人。她對我來說更像是個母親，而不是祖母。我們會一起過週末、一起做烘焙、玩遊戲、講故事和唱

歌。她富有創意又很時尚，對生命和她所愛的人，總是有滿滿的能量和熱情」。

莎莉在丹妮兒十六歲時過世——而現在，在將近二十年以後，她試著想要連結丹妮兒。莎莉在通靈時現身，她甚至等不及讓我先幫她做好準備。

「她很保護你，」我告訴丹妮兒，「她一直都在照看著你。她說：『你還記得我們總是在週末的時候混在一起嗎？』她說，現在也還是一樣，她依然每個週末都和你在一起。」

此外，莎莉也很堅持傳達她的訊息。「她真的是個烈性子，」我告訴丹妮兒，「那就好像她一邊說還一邊在跺腳，『夠了，我們得讓你的生活繼續往前走。你得要更強悍，更常把事情說出來，而且不需要那麼有耐心。』」

丹妮兒明白莎莉所指為何。她是在說丹妮兒的男友。他們的關係並不完美。他沒有辦法好好做出承諾。他們每次談到結婚，就會發生一些事拖緩了他們的計畫。「我開始了解，他並沒有和我一樣進步、成長，也沒有和我在同一條道路上，」丹妮兒說，「不過即便如此，我還是愛他。因為結束一段關係、準備好要轉身離去而和一個人分手是一回事；但是，當你還愛著他，卻因為你明瞭到如果你想要成長的話，你就必須往前邁進，這樣的分手又是另一回事。」

丹妮兒對於是否要離開男友感到很掙扎，直到她終於找到勇氣離開他。

因為經濟的衰退，丹妮兒丟了工作。雖然她的老闆們都

很慷慨，給了她一筆不錯的資遣費，但是，這對她來說還是一大震撼。「我幾乎是在同時間結束了一段維持了十年的關係，還被效忠了八年多的公司開除。」她說，「突然之間，我只剩下自己。」

在我們第二次通靈時，她的祖母有個非常直接的訊息要傳達給她。

「這不是一個錯誤，」我傳達道，「這不是隨機發生的。宇宙把你帶離你的舒適圈，宇宙是故意這樣做的，它在引導你走向你更崇高的道路。」

這些話並沒有減輕丹妮兒的痛苦或帶走她的恐懼。至少不是立刻馬上。不過，過了一陣子以後，丹妮兒開始明白其中的道理。

「那是宇宙在讓我做個了斷。」

丹妮兒在旅行了六個月之後回來，開始尋找新的工作。很快地，新的工作機會就來了。「有幾家波士頓的公司找我，也有舊金山的公司，他們提供的條件都很優渥。」她說，「那種工作如果不接受的話，就真的是瘋了。」她接受了其中一個機會，並且讓和她聯繫的招聘人員去幫她協調更高的薪資。

之後，一個朋友問了她一個很簡單的問題。「他說：『如果錢不是問題的話，你這輩子會想做什麼？』從來沒有人問過我這個問題，而這也讓我開始思考。」

　　事實上，丹妮兒有個秘密的愛好。

　　她向來都把自然界當作一個安全的天堂。她從十二歲開始茹素，並且很認真地過著一種有意識的、健康的生活方式。如果說她有什麼夢想的話，那就是幫助人們在他們的生命中找到完美的平衡。她夢想著能有自己的鮮果汁系列產品，也夢想成為一名瑜伽老師。

　　「每當我想到開始經營一家果汁店和教授瑜伽的時候，我就會很興奮，不過，同時我也會告訴自己：『哦，你永遠不會去做的。』」她說，「我從來沒有實際考慮過要去做。我還單身、我負擔不起、我只能靠自己一個人去做——這些都是我築起來的高牆，也是夢想停留的地方——埋在高牆後面。」

　　撇開夢想，她把全副心力都放在新的工作機會上。一天傍晚，她和她的招聘人員通了電話，對方告訴她關於那家公司所提出的新方案。「薪資很高，」丹妮兒說，「所有的事情都安排好了，只等著我接受這份工作。」

　　不過，在通話的過程中，她聽到啪的一聲。「我望向插座，看到有白煙和火花從插座裡冒出來。」她說，「火花和冒煙，就像真的失火一樣。詭異的是，當時沒有任何插頭插在插座上。」

　　她告訴對方她會認真考慮，便匆忙地掛上了電話。而她一掛斷電話，插座就不再冒出火花了。

　　隔天，丹妮兒要求那家公司能提供給她更好的條件，當

晚，招聘人員就回電給她，告訴她一個更誘人的待遇，包括豐富的利潤獎金。就在那個時候，插座又開始冒出白煙和火花。

類似的事情以前也發生過——她公寓裡的燈會明滅閃爍然後變暗，燈泡也會毫無預警地燒壞；就算她到朋友家去，連朋友家的燈也會開始忽明忽暗地閃爍。

「我也會接到一些鬼來電，」她補充說道，「我的電話會響，但是電話那頭卻沒有人，如果我回撥那個號碼的話，電話總是無法接通。這種事經常發生。」

從她和我的對話可以得知，丹妮兒對於來自宇宙的徵兆，越來越能夠敞開心扉——特別是和電流有關的徵兆。另一頭經常透過電磁力——帶電粒子和磁場之間的物理相互作用——來做溝通。因為電磁力具有流動性，因此很容易被操控——就算無法明確傳達某個訊息，至少還能引起注意。根據我的經驗，鬼來電、明滅的燈光、完全停電和插座起火，都代表了另一頭在和我們互動。

丹妮兒後來相信，莎莉在藉由電流傳達訊息給她，因為伴隨這些巧合事件而來的，是一股下載了某種資訊的感覺。「其實，發生在我和招聘人員通電話時的意外——是莎莉在讓我知道，她就在那裡，在推動我往前走，去展開新的冒險。」她說，「莎莉希望我擁有更開心的生活。過去，她一直都在照看著我，現在，她也依然繼續在照看著我。她希望我快樂且充實。」

丹妮兒拒絕了那份工作。

然後，她開始拆除她在生活和夢想之間築起的那一座座高牆。

在那些不尋常的鬼來電發生後兩年，現在，丹妮兒已經成為燈塔綜合果汁這個品牌的系列果汁生產商兼老闆。「燈塔是一個指標，也是我祖母過去和現在對我的意義。」丹妮兒說，「那也是我對自己的事業和人生的期許：一座身心健康和喜悅的燈塔。」燈塔綜合果汁的品牌標識是根據莎莉以前經常佩戴的一條項鍊所設計的。丹妮兒創造了一個純然健康的產品，而那也是她榮顯祖母的美好方式。

從零開始創造自己的事業——同時每週也教授幾堂瑜伽課——並不容易，有時甚至很讓人害怕。「我在行銷的領域很強，而我自己又力行植物性飲食，但是我並沒有商業的專業學位，」她說，「我沒有生意搭檔，除了個人的存款以外，我也沒有其他的財源。我必須跳進一個未知的世界，基本上是從懸崖上跳下來。而且，每一天都有一個新的懸崖要跳。」

丹妮兒說，幫助她走過這一切的「是那些徵兆，來自我祖母的徵兆。在那些不如意的日子裡，我會很想接獲她的訊息，所以，我就要求她給我一個徵兆，而她也總是會來到。燈光會閃爍、電話會響起，她一直都在讓我知道她和我同在、她在照看著我。是她給了我力量」。

　　莎莉一直都在她的崗位上，這點也幫了大忙。

　　「我開始要求她發送大象給我，」丹妮兒說，「而就在我剛展開我的事業時，有人在無意間給了我一隻象徵好運的小象雕刻。」對這些徵兆敞開心扉——「並且學習如何相信它們」——永遠地改變了丹妮兒的生命。

　　「我覺得我可以和世界分享某種光明，」她說，「我們都有能力去重建我們的整體生命。我們的生命可能比我們所能了解的更宏大、更美好，而這都由我們自己決定。我們需要自問：『我究竟想怎麼建造我自己的生命？』」

　　「當我們有了答案之後，」丹妮兒說，「宇宙就會是我們的後援部隊，支持我們走向成功之路。」

25　蝴蝶結和三葉草

　　來自加州的年輕歌手暨音樂家艾咪，在某個週五早上醒來時覺得自己病懨懨的。雖然她試著繼續她當天的行程，但仍然止不住噁心和疲憊的感覺。結果，她吐了。

　　「你知道嗎，我從來不會吐。」艾咪說，「我想我就是那時候知道的，然後我說了一句：『不妙。』」

　　艾咪立刻開車到藥房去買驗孕棒。沒多久，結果出來了──她懷孕了。

　　「我看著那根小棒子，然後說：『一定是搞錯了。』」她還記得當時的情況。「所以我就再去了藥房，又買了一根驗孕棒。」

　　測出來的結果還是陽性。

　　所以，艾咪又買了第三根。

　　第四根。

　　第五根。

　　最後，在六次結果都顯示是陽性之後，艾咪終於不再跑

回藥房了。

「我說：『該死，我懷孕了。』」艾咪回憶道，「接著，我在想：『好吧，我不會要這個孩子的。』」

當天晚上，艾咪做了一個可怕的惡夢，夢中，一群武裝激進分子來把她的孩子偷走了。接下來的兩天，她都蜷縮在她的沙發上哭泣。後續的兩週，她也避免和任何人接觸。「那是一段黑暗、可怕的時間，」她說，「我嚇壞了。我在要還是不要這個孩子之間猶豫不決。我想要把孩子留下來，但是，留下孩子根本是不可能的事情。我完全迷惘了。」

最後，艾咪做出了她認為是自己唯一的選擇。

她打電話給一間診所，預約了墮胎。

艾咪並非不想要有小孩──她其實是想要的，只不過那個時間點實在太糟了。一年以前，艾咪的父親──一名強勢的電視製作人──因為肺炎住院。兩天後，他就過世了。「我幾乎崩潰了，」艾咪說，「他那麼健康，而且他把自己照顧得很好。那實在令人百思不解，而且既不公平又痛苦。」

約莫也是在那個時候，艾咪正在結束一段維持了兩年的關係。「我不喜歡他給我的感覺。」她說，「他對我很不好，我之所以堅持了兩年，是因為我一直覺得我們可能會結婚、有小孩。但是那永遠也不會發生。」

艾咪在悲傷和絕望中掙扎，並且轉而從酒精上尋求慰藉。「當時我的處境很糟糕，」她說，「那真的是一段很不

穩定的時期。某種程度上，我覺得自己就像個無法照顧自己
的小孩。那是我這輩子最糟的時候。」

　　就在那個時候，艾咪的姨媽讓她來找我通靈，當作是送
給她的禮物。當我聯繫到艾咪要幫她通靈時，她正在開車。
因此，她把車子停到路邊，然後我們就開始了。我後來才知
道，她父親在地球上時，是個很有權威的人；到了另一頭，
他也一樣地頤指氣使。他很快就顯靈了，並且給了我一連串
的驗證，要我分享給艾咪，好讓她確信那就是他。

　　「我告訴蘿拉・琳恩關於我所經歷的事，以及那段時間
對我來說有多麼痛苦。」艾咪說，「我告訴她，我想結婚、
想要有個孩子，但是現在我卻覺得那永遠也不會發生。蘿拉
就是在那個時候告訴我說，我父親聽完這些話後哈哈大笑。
他說：『艾咪，你會比你預期的時間更快有孩子。』於是我
說：『好吧，老爸，這不好笑。不要開這種玩笑。』」

　　三個月後，艾咪早上醒來就覺得想吐了。

　　「我真的不知道我能怎麼留住這個孩子。」她說，「人
們會對我說：『你可以的，小孩是那麼的美妙。』但是，我
能想到的只是：『我沒辦法靠自己做到，這太難了，太可怕
了。』」就連她的哥哥都告訴她：「你不能要這個孩子。」
艾咪說：「那一刻真的太痛苦了，不要這個孩子讓我覺得倍
感壓力。」

　　即便她決定要終止孕期，那股恐懼和迷惘依然存在。

「有個感覺在告訴我要把孩子留下來，儘管我知道這是個很糟的念頭——我覺得我要瘋了，彷彿全世界都沒有人能了解我正在經歷些什麼。」

　　就在她和診所的預約到期前幾天，艾咪發了一封緊急的電郵給我，說要再做一次通靈。雖然當時我的行程滿檔，但是，我可以感覺到有一股拉力要我打電話給她。更重要的是，我知道這次的通靈應該是來自她父親的一份禮物，一份免費的禮物。於是，我安排了一次會談。不過，我所不知道的是，那次通靈安排的時間，正好在艾咪和診所約好動手術的前一天。

　　艾咪告訴我她懷孕了，但她不相信她的前男友未來會和她在一起。她問我她應該怎麼辦。她渴望有個答案——任何答案。我給她的回答，就像我會告訴任何人的一樣——那是她的選擇，是她自己的選擇。她必須自己決定要走哪一條人生道路。

　　接著，在我腦海的螢幕上，我看到艾咪和她未出世孩子之間的連結——在她的靈魂和孩子靈魂之間的連結。我看到他們深深地連結在一起，那是一個靈魂層面的連結。另一頭讓我看到艾咪這個決定的結果會是什麼。「擁有這個孩子對你來說，會是一條美妙的道路，但是它並非唯一的道路。」我告訴她，「你需要做這個決定，不過，你需要獨立做出這個決定，而非依賴你的男友。這個孩子和你有連結。如果你的男友能挺身而出，當然很好，但是，如果他不能的話，你

需要了解到這件事無關乎他，而是關乎你和這個孩子，關乎你們的靈魂是如何被連結在一起。」艾咪必須要問自己，是什麼促使她做出了選擇。如果是恐懼的話，恐懼永遠都會帶她走向一條較低下的道路；然而，如果她跟隨的是一條愛的道路，那她就會找到自己最崇高的道路。

　　還有一件事我得告訴艾咪——關於她父親的事。他現身讓我知道他一直在發送徵兆和訊息給艾咪，但是她就是沒有收到。她陷入自己的恐懼和疑惑中。他給我看了一個盒頂上綁了一只藍色蝴蝶結的禮物盒。

　　「妳父親發送訊息給我，」我告訴艾咪，「這個孩子可能是妳的一份禮物。妳要尋找自我的內心，相信妳自己內在的那股牽引。不要讓妳的恐懼阻擋妳聽見妳內在聲音告訴妳的事。」

　　艾咪坦承她無法收到來自她父親的徵兆。即便是她父親已經顯靈的現在，我也不確定她是否真的聽見了她父親試圖在告訴她的事。看來，她似乎需要直接從她父親那裡獲得徵兆。

　　我告訴她要繼續尋找徵兆，她父親會直接發送給她訊息的證明。我也告訴她，不要忘記她父親給我看的那個禮物盒和蝴蝶結。同時，我也提醒她，宇宙是愛她、支持她的——她並不孤單，來自另一頭的光之團隊一直都包圍著她。

　　兩個小時之後，艾咪開車到她朋友蘇的家。蘇站在一張桌子旁邊插花，為一個朋友即將舉行的婚禮做準備。

「我看著那個花瓶，驚訝到瞠目結舌。」艾咪說，「花瓶上綁了一個漂亮的大蝴蝶結，一個超大的藍色蝴蝶結。」

在她的心裡，她聽到一個微弱的聲音慢慢擴大。

要，那個聲音說，要。

艾咪立刻打電話到診所。

「我取消了預約，」她回憶道，「然後我告訴蘇說：『我要把孩子留下來。』」

徵兆在艾咪懷孕期間持續出現。她會看到兩個小孩各自手捧一個綁了蝴蝶結的禮物盒朝她走過來。艾咪開始和她父親建立一種更具體的語言，並且向他要求屬於她自己的徵兆——他們以前經常一起唱的那首〈Sweet Caroline〉。她第一次提出這個要求時，她的iPhone隨機播出來的第一首歌就是這首。

之後，她也要求三葉草作為徵兆。她父親是愛爾蘭人，艾咪記得在她的成長過程中，愛爾蘭的三葉草似乎無處不在。而現在，她想再看到三葉草。她父親也讓三葉草出現在廣告和告示牌上來回應她。艾咪甚至還在地上看到真的三葉草，即便四下根本沒有三葉草叢。

「我父親在和我說話，」艾咪說，「他一直都在和我說話，他告訴我，我把孩子留下來是一個很美妙的選擇。」

艾咪生下一個健康的小男孩，並取名為詹姆士。「他有著可愛的小酒窩，簡直是個完美的小男人，我立刻就愛上他

了，不過那是一種全新的、深刻的愛，」她說，「我戲稱他為我的小佛祖，因為他總是那麼快樂、總是笑容滿面。」

儘管如此，一開始的那幾個月對他們來說也並不輕鬆。根據艾咪的說法，詹姆士有點難搞，而她和詹姆士的父親又已經分手了——所以，她必須以單親家長的身分獨力撫養詹姆士。「有時候，我會大聲對我父親說：『老爸，請你幫幫我，請給我一些徵兆，讓我知道你在照看著我們、在幫忙保護著我們。』」她說，「有些時候，我還是真的很害怕。」

在那樣的時候，艾咪就會思及她和兒子之間的連結，以及她兒子和她父親之間的連結。「我是這麼想的，詹姆士在來到我身邊以前，曾經和我父親一起在天堂裡，」她說，「因此，每當我感到很悲傷的時候，我就會這樣想。知道這個孩子曾經和我父親在一起，讓我覺得很快樂。我覺得我父親在告訴我說：『我還沒準備好要離開你，所以，現在我把這個孩子送給你，他是你生命中的一份愛的禮物。』」

我和艾咪的通靈教導了我另一個不可思議的課題，那就是宇宙運作的方法。

有時候，我們最崇高的道路會把我們從我們的愛人身邊帶走，或者我們自以為是愛人的人，只因為他們還沒準備好要和我們一起更換道路。我們需要明白，即便我們選擇的是一條沒有他們的道路，那並不代表我們從此就不再愛他們，或者我們曾經在一起的那些時光就不是「正確的道路」。我們和彼此相遇是有原因的——是為了教導彼此有用的課題，

以及幫助彼此成長。但是，有些時候，為了要持續成長，我們必須獨自冒險走向一條新的、更崇高的道路。這樣做並沒有問題。你可以愛某個人，但是卻未必注定要和他們共度餘生。

然而，艾咪和她孩子的關係不一樣。他們在靈魂上有深刻的連結，如果他們此生無法看到彼此，也會在來世相見。藉由保住孩子的選擇，艾咪榮顯了這段特別的連結——不被她對未來的恐懼所支配。她的這個決定純然出自於愛。當我們做出的決定是基於愛而非恐懼時，我們就在朝著更崇高的生命道路邁進。

現在，艾咪會說：「我覺得我父親把詹姆士送給我，老實說，他真的是以一種非常真實的方式救了我。我真的覺得這個孩子救了我一命。」

艾咪的孩子同時也重新拉起了她和她父親的連結。艾咪在失去父親時曾經痛苦萬分，然後又在她最需要他的時候苦尋不著，現在，她已經重新連結上他，而他們的關係也在繼續成長。「無論情況有多麼艱難，我都有很強大的天使在守候，而且我的父親也在。」艾咪說，「他在地球上的時候是老大，沒有他做不到的事，他從不放棄，而他現在也在幫助我成為這樣的人。」

當情況變得很具挑戰性的時候呢？

「我就會請我父親給我一個徵兆，」艾咪說，「當他回應我時，我就會覺得自己和上帝有所連結。」

26　彩虹

在另一頭發送給我們的眾多徵兆裡，很少有像彩虹一樣既美麗又具戲劇性——一道橫跨天空、奇異的彩色光譜。對我們大多數人而言，看見彩虹是一種無比的驚喜，是尋常日子裡突然爆發的一個小魔術。每當我看到彩虹的時候，我知道那是另一頭想要告訴我些什麼——如果不是我的話，也會是在某個地方的某一個人，因為另一頭很喜歡用彩虹來引起我們的注意。

彩虹之所以成為很棒的徵兆，是因為它們相對來說比較稀奇。所以，當我們看得到彩虹的時候，我們確實會注意到它的存在。而霓虹就更少見了，看到霓虹就像看到獨角獸一樣不尋常。當陽光透過天空中的雨滴反射和折射時，就形成了彩虹，而另一頭正好很擅長操控光。此外，彩虹是那麼的輕盈明亮，也能讓我們的精神為之振奮。在人類的歷史上，很多文化都將彩虹視為愛和希望既強大又正面的訊息。在挪威神話裡，彩虹甚至被認為是地球人類和另一頭的諸神之間

的超自然橋梁。

在我的經驗裡，彩虹是我們在另一頭的光之團隊發送給我們的驚人徵兆。彩虹曾經多次出現在我的通靈事件裡，也出現在許多我所聽到的關於徵兆的故事裡。我想和你們分享其中一個很特別的故事，那是一個邏輯無法解釋、但卻千真萬確的故事。

我之所以知道，是因為我不只牽涉其中，還親眼看著它以最神奇的方式發展。

幾年前，蘇珊和她的三個兒子一起從加州飛往紐奧良，去探視她的丈夫馬克。馬克是一名美術指導，當時他正在紐奧良拍攝一部影片。這家人計畫要一起度過一個甜蜜的週末。

當馬克帶著孩子們搭船時，蘇珊自行進城，同時路經一家巫毒博物館去參觀。由於一時心血來潮，她讓博物館禮品店裡的一名男子幫她算了塔羅牌。「他剛從海地回來，看起來很和善的樣子，所以我們就坐下來，讓他把我的牌都攤開。」蘇珊說，「每一張牌都和死亡或瀕死有關，感覺上既恐怖又緊張。」

蘇珊可以看出，連那個塔羅牌的讀牌男子都很驚訝。

他問蘇珊：「你丈夫還好嗎？」

蘇珊告訴他馬克很好。

「我感覺到他在頭痛。」讀牌的男子說。

男子看著眼前的幾張牌說道：「我可以告訴你的是，你將要歷經你生命中最大的轉變。不過，你終究會沒事的。」

蘇珊覺得毛骨悚然，但是她並沒有放在心上。翌日，她們全家就飛回洛杉磯了。幾天之後，馬克又回到紐奧良繼續拍攝影片。

馬克當時既健康又充滿活力，他沒有什麼健康上的大問題。然而，他回到紐奧良的當天早上，就在前往電影拍攝現場的途中，他突然發生了腦出血。

六天後，馬克在家人的陪伴下去世。

———

蘇珊遭到了沉重的打擊。嚴重的失落感讓她難以承擔。「我有一群很棒的朋友，也得到很大的支持，但是，那幾個月是一段黑暗恐怖的時光，」她說，「事實上，那不像是幾個月，而像是兩年。」

在這段期間，蘇珊的朋友吉兒——我們在連結者那一章中提到的吉兒——打電話給我，希望為蘇珊安排一次電話通靈。

通靈剛開始的時候，蘇珊的丈夫就顯靈了。他知道自己的離世讓蘇珊陷入一片黑暗和孤寂，也知道蘇珊的生活從此有多麼難熬。但是他有個計畫可以改變一切。

「他說，有另外一段關係在等著你，」我告訴蘇珊，

「他說，你現在還不用準備好，但是，他希望你知道，你並非注定要孤獨一個人。你注定要活得有聲有色，而他也想幫你活得精采。他會在另一頭安排。」

蘇珊嚇了一跳，她會有這樣的反應是可以理解的。她剛失去丈夫，此刻，她腦子裡最不需要考慮的就是另一段關係。然而，她丈夫現在卻告訴她說，他要幫她安排一場約會。

馬克的訊息十分直白。他要幫蘇珊找到她應得的快樂，只是這件事不會馬上發生。事實上，他說，從他過世開始算起的話，這得要花上四年半的時間。蘇珊接受了馬克所說的話，不過，我看得出來她並不相信。光想到要進入另一段新的關係，就讓她覺得像是背叛了他們之間共享的愛。

我可以理解她為什麼會有這樣的感覺，但是，我也知道那不是宇宙運作的方式，也不是我們在另一頭的摯愛們看待事情的方式。他們希望我們過得快樂。

當我們離世時，我們會帶著我們在地球上感受到的愛與我們同行。一旦我們到達了另一頭，那份愛只會更強化。不過，就算它不斷成長，也永遠不會變成一份強烈的佔有欲。我們不會因為把愛給了另一個人，就從此不再愛我們原本所愛的人。另一頭充滿了愛，因此，在另一頭，愛並不是一種零和博弈。因此，看著妻子蘇珊和別人分享愛，對馬克而言並非背叛，更不是在暗示他：蘇珊對他的愛，或者他對蘇珊的愛，正在逐漸消失。

　　相反地——藉由充滿愛和活力的生活，蘇珊才能榮顯自己和馬克共享的愛。讓馬克看到蘇珊走上她生命中最崇高的道路，才是蘇珊給他的最棒的禮物。

　　我曾經幫很多人通靈過，他們都深怕任何一段新的關係會傷害到他們已經逝去的摯愛。而每一次，他們在另一頭的妻子或丈夫，都會猛然現身解釋說，那根本不是真的。事實上，對於一段足以帶來真正快樂和滿足的新關係，他們不只給予認可，還經常在新關係的發展上扮演著很重要的角色。

　　話說回來，我和蘇珊的通靈，是第一次有人從另一頭向我預告，他們要怎麼扮演紅娘的角色。因此，我也很好奇事情會怎麼發展。

　　幾個星期後，我人在洛杉磯，因而有機會和蘇珊與吉兒共進早餐。蘇珊沒有進一步問我任何有關那次通靈的問題，不過，我感覺到有人為她現身了。那不是她的丈夫馬克——而是另有其人。我得到的是一個R字開頭的名字。

　　「有一股很強的力量在顯靈，」我告訴蘇珊。「他叫做……叫做藍迪。」

　　「藍迪？」蘇珊一副百思不得其解的模樣。

　　「對，藍迪。他就站在這裡，沒打算走開，他說他認識你。」

　　蘇珊思索了一下，然後說：「藍迪嗎？」

　　「對！」我說，「他現在就站在這裡，和馬克一起，他們站在一起。」

「那就很奇怪了，」蘇珊說，「藍迪已經去世十七年了，我並沒有經常想起他。他娶了我的好朋友芭芭拉。哇——我有好一陣子沒和芭芭拉聯繫了……」

「反正他就在這裡，馬克說，他要藍迪一起幫你找個對象。」

我可以看出蘇珊不知道要怎麼辦。她說，她和藍迪的老婆芭芭拉每年都會聯繫幾次，不過，最近她倒是沒有找過她。說實在的，馬克沒有理由要在另一頭找藍迪加入紅娘的隊伍。

過了一會兒，蘇珊的手機響了。她一看到來電顯示就呆住了。是芭芭拉——只是單純想要敘敘舊。

這回，蘇珊真的不知道該怎麼想了。

不過，我知道，藍迪是第二塊拼圖。

四年半是一段長時間的等待，為了要讓蘇珊意識到他還存在她的生命裡，馬克開始發送徵兆給她。在我們通靈的過程裡，蘇珊已經提到過自己懷疑馬克在發送徵兆給她——特別是其中的一個徵兆——彩虹。

「馬克最喜歡的一首歌是〈Somewhere Over the Rainbow〉，」她說，「他喜歡在彈鋼琴時演奏這首歌。他過世之後，我們去了夏威夷，把他的骨灰撒在那裡；那是我們結婚的地方。我還記得自己站在海灘美麗的一角，一邊撒著骨灰，一邊仰望天空問馬克：『你為什麼不給我任何的徵

兆？我想要收到一個徵兆。』」

幾分鐘之後，天空就出現了一道美麗的彩虹。

然而，蘇珊並沒有感到太驚訝。

「我說：『馬克，這裡是夏威夷，隨時都會有彩虹出現。你的本事就只有這樣嗎？你是個藝術家！你可以表現得更好才對！』」

語畢不到幾分鐘，蘇珊再度望向彩虹。那時，彩虹已經出現了變化，那不再是一道彩虹。

那是一道霓虹。

「我當時就想：『好吧，那還真讓人驚豔，馬克。』」

現在，他們已經建立了屬於他們的徵兆，馬克確實很有創意。蘇珊想在Sony Studios幫馬克辦一場紀念會，因為馬克曾經在那裡創作出很多很棒的作品。她試著要幫紀念會預約日期，但是停車場的工程卻打斷了所有的活動。因此，她只好預訂一個晚一點的日期。

紀念會的那個早晨，蘇珊和吉兒一起開車前往卡爾佛城。途中，蘇珊看向窗外，竟然發現一幕讓人目眩的景象——她這輩子看過最大、最鮮豔的霓虹。蘇珊和吉兒立刻就知道那是馬克在指引她們方向。「那道霓虹實在太不可思議了，甚至還上了隔天的新聞，」她說，「我在看到的那一瞬間就哭了。」

不過，那只是馬克的開場之作。

當她們抵達Sony Studios、並將車子開進停車場時，她

終於看到造成紀念會推遲的那項停車場裡的工程。原來那並非在蓋新的建築或者額外的停車空間。

那是一道彩虹。一道巨大、高聳的彩虹。

「我太震驚了，」蘇珊說，「他們在停車場裡搭造那座彩虹，來表達對《綠野仙蹤》這部電影的敬意，那部電影在一九三○年代的時候，就是在那裡拍攝的。只要它一完工，我就可以舉辦紀念會。在那座彩虹沒有搭好之前，我們沒有辦法舉辦紀念會！」

那道高十層樓、橫跨一百八十八呎（約五十七公尺）的彩虹，搭建於一座十萬磅重的鋼架上，並且覆蓋了六百四十八片色彩繽紛的鋁板。那可不是一般的彩虹，而是由十輛起重機和一百一十五名工程人員合力搭建出來的一道輝煌的好萊塢彩虹——就像馬克過去在這座停車場所設計過的眾多電影場景一樣。

而那道彩虹就在那裡，在那個意義非凡的停車場裡，等著蘇珊看見。

馬克過世後三年半，蘇珊為自己的一項設計工程雇用了一名建築師。他們變成了朋友，一天，那位建築師告訴蘇珊關於他另一位客戶的事。

「我幫他在西雅圖蓋了一間房子，」他說，「我真的很想讓你見見他，我覺得你們兩個會喜歡彼此。」

蘇珊雖然很禮貌，不過態度堅決。

「我說：『不用了，很抱歉，我還沒準備好，我不想和他見面。』於是，我們便結束了這個話題，轉而討論其他事情。」

但是，一年後，該建築師突然打電話給蘇珊。

「他說：『嘿，我那個西雅圖的朋友到洛杉磯來了，我真的希望你們能見見面。』」蘇珊回憶道，「我再度回答他：『不用了，謝謝你，我沒有興趣。』」

「別這樣，」那個建築師說，「就讓我們一起吃個晚餐，度過一個愉快的夜晚，僅此而已。」

因此，蘇珊和那位建築師以及他的朋友大衛共進了晚餐。

他們相處得不錯，兩人有很多共同點。他們聊了藝術、建築、各自的旅行經驗、他們的家人，以及許多其他的話題。晚餐之後，大衛詢問蘇珊，等他回到西雅圖之後，是否可以打電話給蘇珊。蘇珊告訴他沒有問題。幾天之後，他就來電了。隔天，他又打來了。「他經常打電話給我，」蘇珊說，「我們聊得很開心。後來有一天，他從夏威夷發了一則簡訊給我。簡訊上沒有任何文字，只有一張圖片。」

大衛發給她一張照片，照片上有著一道美麗的霓虹──雖然他完全不知道彩虹在她生命裡的特殊意義。

「直到那時候我才覺得：『哇，好吧，我最好要關注一下這件事了。』」

　　不久之後，大衛再度來到洛杉磯，他和蘇珊展開了第一次約會。然後是第二次、第三次。蘇珊也到西雅圖探訪大衛，大衛則向她展示他收藏的摩托車。當蘇珊需要到舊金山出差時，大衛也前往舊金山和她會合。

　　「我們一起度過了很開心的時光，然後我們分道揚鑣，我回到洛杉磯，大衛則回到西雅圖。」她說，「不過，在去機場的路上，我又看到兩道彩虹，兩道分開的彩虹各自高掛在天空不同的位置。我也拍下了照片。在那段期間，我拍下了每一次看到的彩虹。有時候，我在臥室裡看著窗外，然後就看到一道巨大的彩虹。或者開車的時候，在一個街角轉彎，我就看到了彩虹。它們出現的方式讓我不可能錯過它們。」

　　大約就在這時候，我恰巧去了加州，於是便再度和蘇珊見面。老實說，我之前幫她做的通靈，內容細節我已經忘得差不多了；但是，當我看到她的時候，那些事情又跳回到我的記憶之中。我問她是否還記得，馬克當時說她需要等待多久才會遇見另一個男人。

　　她說她還記得——是四年半。

　　「藍迪呢？」我問她，「有什麼連結和藍迪有關嗎？」

　　「沒有，沒有藍迪的連結。」蘇珊說。

　　隔天早上，藍迪的遺孀芭芭拉剛好又打了電話來問候她。

　　「你知道嗎？她問我的第一個問題是：『你有在和誰約會嗎？』」蘇珊說，「我對她說：『有，不過你不認識這個人。』然後我就把名字告訴了她。」

　　電話那頭靜默了一會兒，最後，芭芭拉開口說：「我認識他。」

　　「你怎麼認識的？」蘇珊問。

　　「他是藍迪的好朋友。他們以前會一起騎摩托車。事實上，他還擁有一輛藍迪的摩托車。」

　　蘇珊驚呆了。她看過那輛摩托車。她去西雅圖的時候，大衛曾經讓她看過那輛車。而現在，她得知了那是藍迪的摩托車。那就是藍迪連結！最後，蘇珊把一切都告訴了芭芭拉──通靈、馬克說的安排、關於藍迪的事，以及最終遇見了大衛。

　　「是啊，」芭芭拉說，「那聽起來像是藍迪會介入的事情。」

　　「這真是太令人驚訝了，」蘇珊此時說道，「那就好像是每一片小拼圖都得要放對位置，才能拼出這幅不可思議的大拼圖。所以，當我聽到大衛和藍迪曾經是朋友時，才發現這就是把所有的事情綁在一起的關鍵。我知道是馬克和藍迪在另一頭一起攜手合作。」

　　蘇珊說得沒錯。馬克拉著藍迪幫他完成這個任務──促使蘇珊邁向一段能夠幫助她成長、再度完全投入生命的新關係。另一頭有能力為地球上的我們精心安排各種連結，而發

生在蘇珊身上的事，美妙地證明了我們的摯愛是多麼樂意引導我們走向我們最崇高的道路。「我的意思是，沒有人可以知道他們為了要促成這件事所需要知道的一切。」蘇珊說，「大衛是個很邏輯的人，他不相信徵兆之類的事。但是，當我打電話給他，告訴他關於藍迪的事情時，就連大衛也說邏輯無法解釋此事。他知道世界上沒有人能夠讓這件事發生。」

　　人類有個傾向，喜歡遵循既有的範例或我們已知且了解的現實模式。一旦某件事挑戰了這些既有範例時，我們就會尋找一些方法，來讓所謂的挑戰符合我們既有的範例，因為這樣才符合常理。我們會尋求邏輯解釋。然而，什麼樣的邏輯方式，才解釋得了蘇珊的故事？就算有人上網Google了蘇珊、馬克、大衛、藍迪，從而得知了他們的一切，又怎麼可能利用這些資訊讓這個計畫如此完美地實現？發生在蘇珊身上的事並非Google得了的！

　　有趣的是，在蘇珊了解到她和大衛注定要約會之後沒多久，她就不再那麼常看見彩虹了。

　　「我偶爾還是會看到彩虹，但是那不一樣。」她說，「它們不再那麼顯眼。我覺得那是馬克變得收斂了。這整件事就好像他牽著我的手一路過關斬將，而現在，他把我所需要的空間給我，讓我可以自己往前走。和大衛在一起很自在輕鬆。這一切都自然到不可思議；而那是因為馬克在對的時間開始逐步放手。」

那就是另一頭運作的方式。我們的光之團隊會拉著我們的手走過黑暗，就像父母在幼兒園入學第一天帶著他們的孩子走進校園一樣。但是，在他們需要放手的時候，他們也會放手；這樣，我們才可以自由地做我們需要做的事，進而走上我們最崇高的道路。

好吧，如果我當時不曾在那裡告訴蘇珊有關藍迪、或者有關馬克的計畫呢？她最終還是會和大衛約會嗎？

我相信她會，原因只有一個——那些徵兆。

早在我們見面之前，蘇珊就建立了她和馬克的徵兆——彩虹。而馬克也用了蘇珊無法爭辯的各種方法確認了那個徵兆。停車場裡的巨無霸彩虹？而且還是在他的紀念會當日，蘇珊勢必得要經過的那個停車場？此外，在蘇珊的建築師介紹她認識了大衛之後，大衛也簡訊了她一張彩虹的照片。那引起了蘇珊的興趣和注意。還有，就算她沒有從我這裡聽到有關藍迪的事情，她最終也可能會發現，大衛和她多年前去世的一個朋友是哥兒們；而且可想而知，這件事對她肯定意義非凡。

換句話說，不管有沒有我，馬克都會找到方法來實現他的計畫。有時候，另一頭會利用像我這樣的人——靈媒——不過，大部分的時候，他們不會。他們會用所有他們可以使用的東西，只要他們找得到的話。他們在我們的道路上安排彩虹出現，甚至連停車場也都不是問題。

27　輕聲的低語

　　當我們接收到另一頭的徵兆時，那並不代表是一個指令。徵兆並非是要我們採取某個特定行動的命令。它們可以是指標，或者是我們的光之團隊對愛和支持的傳達。我們每個人都擁有自由的意志去選擇我們的道路、課題和經驗。最終，我們的自由意志會賦予我們權力。我們才是決定自己要做什麼的人，而不是任何外在的力量。選擇權永遠都在我們自己手上。

　　另一頭確實企圖要讓我們了解，在我們的內心深處，我們通常都已經知道要怎麼做，才能尋找到我們最崇高的道路——我們只需要去相信它。我們不應該讓我們的恐懼勝過我們自由意志的選擇。我們的光之團隊經常試圖要讓我們對早已存在我們內心的答案敞開心扉。

　　那就是徵兆所做的事情——它們證實我們在這個地球上並不孤單，我們永遠都被我們個人的啦啦隊所包圍，我們的光之團隊也不厭其煩地在支持著我們——並且耐心等待著我

們──去做我們需要做的事，如此，我們才能盡可能地活出最好、最真實、最目標取向的人生。

　　所有的徵兆都是愛的訊息。每個足以引領我們朝向我們最崇高道路的決定，都是基於愛、而非恐懼。所以，當我們認可並榮顯另一頭發送給我們的強大徵兆時，我們就已經在讓它們引導我們走上愛的道路，而不會做出受到恐懼所影響的決定。

　　這個道理我們心裡早已明白。如果我們多花一點時間思考，我們就會知道我們的哪些決定是基於愛，哪些又是基於恐懼。當我們在這兩者之間感到心煩意亂的時候──當我們無法辨識以愛為基礎的道路和以恐懼為基礎的道路時──另一頭就會試圖發送徵兆給我們。徵兆是指引方向的弓箭，永遠會為我們指出最崇高的道路。

　　然而，這些徵兆有時候並不是外在的。有時候，徵兆甚至不是有形的東西，不是一句話、一首音樂或一陣風。

　　有時候，徵兆只是我們心裡的一聲耳語。

　　莎拉和大衛・拉斯克是在酒吧認識的。大衛是一名酒保，莎拉當時向他點了一杯酒。「有趣的是，我第一次見到他時，就覺得他很眼熟。」莎拉回憶著說，「我不知道為什麼，反正他看起來就是眼熟。」

　　他們彼此調情、開始約會，六個月後，大衛就求婚了。「當時外面天寒地凍，但因為我想在水邊求婚，所以我就告

訴莎拉說，我想讓她看一艘停在港口的船。」大衛說，「當我們到碼頭的時候，莎拉突然轉向我問：『你有多愛我？』我簡直不敢相信。我都已經準備好要拿出口袋裡的求婚戒指下跪求婚了，這個問題來的時機真是太完美了。」

他們結了婚，並且在接下來的幾年裡有了兩個孩子，都是男孩。擁有路克和丹尼爾的生活是一份神奇的恩賜，不過也是昂貴而混亂的。「我們住在北加州，那裡的生活很貴，」身為首席營收長的大衛說（莎拉則是一名古典音樂家）。「我們不是在信託基金家庭長大的小孩，我們開的只是小型房車。我們開始討論是不是要有第三個孩子，因為莎拉真的、真的很想要有個女兒。不過，那可不是一個容易的決定。說實話，我對於再生一個孩子並沒有感到太興奮。」

「如果他真的不想要的話，我也不打算給他壓力。」莎拉補充說，「那不是你可以強迫別人做的事。」

他們彼此都很掙扎。他們既不想說要，也不想說不要。另外，時間也是一個必須考慮的因素：莎拉已經三十九歲了。

最後，他們決定生第三個孩子。不過即便如此，他們也不確定這個決定是否正確。所以，儘管他們已經做了決定，但他們並未急著懷孕。恐懼讓他們舉足不前。

就在那個時候，我在一場婚禮上遇見了莎拉和大衛。當時，我全然處於歡樂的婚禮氛圍中，還喝了幾杯酒；在幾杯黃湯下肚之後，一件詭異的事情發生了；或者可以這麼說，

我似乎沒有辦法把通往另一頭的門「關緊」。因此，我變得格外容易接收到另一頭的訊息。於是，當我發現自己加入了莎拉和大衛的聊天陣容之後，我就阻止不了大衛的父親來敲我的門了。

「你父親是猝死的，是嗎？」我問大衛。

他驚訝地看著我，然後說：「是的。」

「他的名字字母是 R 開頭的？」

「對。」

「好吧，你父親現在就在這兒，他要我分享一些事。」

奇怪的是，大衛的父親理查給我看了鞋子、睡衣，還有牙齒。他要我告訴他的兒子說，即便大衛當天穿了一雙很炫的皮鞋，他還是應該投資去買雙像樣的球鞋。

大衛笑了笑。他當時穿的是一雙古馳的懶人鞋，而他確實也需要一雙新的球鞋。

他父親接著又說，他應該扔了他的破爛睡衣，買一件新的運動褲。

「他的睡衣側邊有一個超大的裂縫，他已經穿了十年了，但是他就是不讓我扔掉。」莎拉解釋道。

然後，理查還告訴兒子要趕快去看牙醫。「他說，你口腔右後方有一顆牙齒有問題，如果你不趕快去治療的話，它會變成你健康上的大問題。」我告訴他。

但是，大衛並沒有牙齒的問題。

不過，為了安全起見，他還是預約了下週去看牙醫。而

當醫生在幫大衛做檢查時，他很快地問了大衛一個問題。

「你今天下午有空嗎？」

「怎麼了？」

「你後面有顆牙齒已經嚴重裂損了，我現在就要把你轉到口腔外科做根管治療。如果你不盡快處理的話，那顆牙齒可能會遭到感染，然後可能影響到你的心臟。」

我幫大衛做的那次簡短的通靈，結果居然對他產生了重大的影響。不只是因為他及時治療了他的牙齒，也因為那影響了他們父子的關係。大衛的父親在他二十一歲時死於心臟病。

「我父親死後，我花了二十三年的時間，做了一個隱形的盒子把他封存起來，」大衛說，「我不太常想到他，也鮮少提起他，我估計他就永遠封存在那裡了吧。不然的話，那實在太痛苦了，所以，我就做了那個盒子。」

但是，在他父親帶著徵兆和確認顯靈的時候，「那個盒子垮了，」大衛說，「就那樣不見了。一直到那時候，我才知道我父親仍然與我同在。」

在婚禮上那次簡短的通靈中，大衛讓我問他父親一個問題。

「讓我猜猜，」大衛當時說，「我父親認為，我們應該要生第三個孩子。」

「他看到你們生命中有第三個生命存在，」我告訴大衛和莎拉，「而且有很多正能量環繞著那個生命。他要我告訴

你們，那會是個女孩——他同時也在告訴我，你們想要個女孩。他還說，如果你們要等到負擔得起另一個小孩時再懷孕，那就為時已晚了。但是，一旦你們有了這個孩子，你們就永遠無法想像生命中沒有她會變成什麼模樣。」

接著，大衛的父親吐露給兒子最後一個訊息。「叫他要用跑步機，他需要減肥。」

對大衛來說，那聽起來完全像是他父親會說的話。

我記得在大衛收到這些奇妙的訊息之後，他希望我——不是他的父親——回答他一個問題。

「當我父親從另一頭發送忠告給我時，」他問我，「他像是還在這個星球上嗎？還是說他是無所不能的？因為當他還在的時候，他做錯了很多事情。」「你父親在另一頭可以看到事情的全面。」我向他解釋，「因此，當他看到所有的事情時，他就想把那些為了你好、而且重要的事傳達給你知道。不過，那並不是絕對的。在自由意志的概念下，你還是需要做出你自己的選擇。」

換句話說，大衛的父親傳達給他的任何訊息都不是強制性的。它們都不是命令。大衛的父親並沒有帶他去看牙醫——大衛得自己開車去，他得自己決定要不要去。來自另一頭的徵兆、訊息和確認，都只是在促使他朝著那個方向行動。

「對我來說，」莎拉說，「聽到他父親顯靈傳達這些訊息，是讓我們做出決定的動力。關於是不是再有另一個孩子

的事，大衛的父親是那麼地肯定。我們兩人都認同這個想法，然後在一個月之內，我就懷孕了。」

當大衛和莎拉的第三個孩子——珍貴的小艾蜜莉——來到這世界的時候，一切都改變了。「她是那麼快樂、聰明、漂亮又好玩，大衛完全被她迷倒了。」莎拉說，「她給這個家庭帶來了一份新的、全然不同的能量。她似乎讓兩個男孩都變溫和了，他們現在都非常喜歡她。真的——我們現在無法想像沒有艾蜜莉的生活會是什麼樣子。」

在他們把女兒取名為艾蜜莉之後幾個月，大衛和莎拉從另一個親戚那裡得知一些有關他曾祖父母的事情。「我一直都不知道他們的事，不過，後來我們聽說我的曾曾祖母就叫做艾蜜拉，而我的曾曾祖父則叫做艾米爾，」大衛說，「彷彿我們命中注定要有艾蜜莉，這都是注定好要發生的。」

那就是宇宙運行的方式——靈魂和靈魂之間具有深刻的連結和獨特的契約，這些連結和契約在時間的洪流中來來回回，橫跨了好幾個世紀，並且以我們無法了解的方式將我們凝聚在一起。燦爛的愛的繩索一代又一代地流傳過大衛家族和莎拉家族，將他們兩人帶到了一起（還記得莎拉覺得兩人明明從來未曾見過面，她卻覺得好像早已認識了大衛？），最終還為他們帶來了艾蜜莉。這些連結既古老又永恆，它們早已存在我們心裡，即便我們未必總是能察覺到。

畢竟，大衛和莎拉在遇見我之前，也在大衛的父親理查顯靈之前，就已經決定要有第三個孩子。理查所做的，不過

就是確認他們心裡早就已經知道的答案。

有時候，徵兆是我們心裡的低語，是深刻又難以否認的一股牽引，是我們內在的自知──知道答案已經在那裡了。

「所有這些在我們生命裡進進出出、存在於我們和其他人、以及我們和另一頭之間的連結，它們不僅真實，而且能在我們的生命中帶來真實的情感和真實的改變。」莎拉說，「如果我們對此心存開放，我們的生命將會更加豐盛。因為，生命遠比我們在這個維度中所能看到的還要寬廣。」

瑪麗娜‧羅梅洛成長於一個有著五個小孩和許多堂兄弟姊妹的大家庭，某一部分的她可能也覺得自己有一天也會擁有一個大家庭。「我出生在西班牙，而西班牙人的家庭通常都很大。」她說。她長大之後，為自己創造了身兼老師和治療師的成功職涯，而這樣的工作也佔據了她大部分的時間。「我選擇的生活方式不適合小孩，」她說，「我每週工作六天，一整年裡，週週都在工作，不過，我對我的工作具有相當的熱情。所以，我決定不要有小孩。」

當然，就像生命中常常發生的一樣，計畫總趕不及變化。瑪麗娜戀愛了，然後步入了婚姻，她有生以來第一次這麼說：「我遇到的這個人讓我覺得：『好吧，沒問題，我可以和這個人生小孩。』那是我內心裡一份深刻的感情。」

那時，瑪麗娜五十歲了。

儘管已經這個年紀了，瑪麗娜和丈夫山繆還是決定試著

建立一個家庭。他們找到一家生育診所，醫生們告訴她，她的健康狀況很好，懷孕絕對不是問題。五十二歲那年，瑪麗娜懷孕了，她被告知將會產下一對雙胞胎男孩。

　　然而，四十週之後，「我的孩子就在他們出生前夭折了。」娜莉娜悲傷地說，「那是死胎。醫生說那和我的年紀無關，但是他們也不知道原因何在。所以，在那之後，我們哀傷了很長一段時間。我開始認為，宇宙藉由這個方式在告訴我，我注定不會成為一個母親，於是，我也只能放手。我們也試著接受不會有小孩的事實。」

　　幾個月後，瑪麗娜和山繆參加了一場叫做「願景追尋」的活動。他們在樹林裡待了幾天，兩人各自分開，沒有食物，只有足夠的水讓他們度過那幾天。「我想，在我獨自走進森林裡的時候，我終於能夠感覺到失去雙胞胎的悲慟。」瑪麗娜說，「而當我感受到悲慟時，又有另一股強烈的感覺油然而生。那是一種我想再嘗試一次的感覺。」

　　山繆支持了妻子的決定。於是，五十三歲那年，瑪麗娜再度懷孕了。這次，醫生在十二週之後發現懷孕並未成功。「那實在太難受了，」瑪麗娜說，「我們在成功與否、以及能保住這個孩子與不能保住這個孩子的不確定性之間來來回回，真的十分痛苦。」

　　但是，即便如此，瑪麗娜和山繆還是決定要再次嘗試。

　　最初的時候，他們在生育診所培育了幾個冷凍胚胎。現在，他們只剩下四個胚胎。「我後來又試了兩個胚胎，但就

是無法懷孕，」瑪麗娜回憶說，「我不知道為什麼，反正就是沒有發生。那時候，我告訴自己，現在，一切真的結束了。」

　　五十四歲的瑪麗娜對自己的生命感到失落。她試著讓自己投入工作，然而，有些時候，她甚至完全無法工作。「我很想念我死去的雙胞胎，」她說，「我什麼都看不清，我覺得好失落。我不知道我的人生還能做些什麼。」

　　碰巧的是，瑪麗娜和我有個共同的朋友肯恩·里恩。肯恩是一位知名的心理學家，同時也是瀕死研究領域的先驅研究者。肯恩介紹瑪麗娜來找我。在我幫她通靈時，瑪麗娜的父親拉斐爾很快地現身了，並且讓我看到兩個不同的靈魂。

　　「你父親讓我看到兩個孩子。」我告訴瑪麗娜。她似乎對孩子的話題那麼快就出現感到很詫異。

　　「對，我曾經有過兩個孩子。」她告訴我，「他們在分娩的時候死了。」

　　「你父親希望你知道，那絕對不是你的錯，」我說，「他們靈魂的任務是要在你懷孕的那九個月裡，去感受你無條件的愛。那是他們全部的使命和課題，只是單純要感受無私的愛。他們在另一頭很安全、也很快樂，他們和你父親在一起。而且現在……」

　　我停了下來，因為瑪麗娜的父親又給我看了另外一組靈魂，同樣也是兩個不同的靈魂。

　　「……你父親要你考慮再試試看。」

「我很震驚，」瑪麗娜說，「我對嘗試再懷孕的過程已經完全關閉心門了，但是我的父親卻很堅持。他說有兩個小靈魂正等著走向我，等著進入此生，如果我想要擁有他們的話。他說，不管我的決定是什麼，他們都會接受。不過，他們不知道我是否想要這麼做，因為他們想來到這裡。」

我可以看得出來瑪麗娜很迷惘。她說，經過了那麼多的痛苦掙扎，她以為那是宇宙給她的一個徵兆，是宇宙在告訴她，她注定不能成為一個母親——她需要放棄她的夢想。但她父親仍然重複著同樣的訊息，讓她知道雙胞胎很快樂，而且還有另外兩個靈魂想來到這裡。

「他說這件事會發生的，」我告訴瑪麗娜，「他讓我看到——如果你敞開心扉，它就會發生。」

瑪麗娜回家之後，告訴丈夫有關通靈的事，以及她父親傳遞給她的明確訊息。

「結果換他覺得很震驚了。」瑪麗娜說。

事實上，瑪麗娜嚇壞了。她害怕再次嘗試，害怕會再失去另一個、甚至是兩個孩子。她確信通往母親這個角色的門已經對她關閉了。其實不然。儘管她已經不再年輕，儘管她經歷過種種痛苦，另一頭很清楚地顯示了那扇門依然開著。

瑪麗娜和山繆展開一場長談，然後同意去找醫生。醫生告訴他們，瑪麗娜還很健康，也還可以生小孩。於是他們打道回府，希望再多作考慮。很顯然地，醫生允許他們這麼做。之後，宇宙發送給他們一個大徵兆：生育診所讓瑪麗娜

知道，再過三個月，他們就無法繼續貯存她僅剩的兩個胚胎了。「所有的事好像都指著這個方向，」瑪麗娜說，「讓我感到既興奮又害怕。」

然而，她的恐懼並不足以讓那扇門砰然關上。

在她五十五歲生日那天，瑪麗娜再次嘗試受孕。「那天晚上，來自另一頭的這些美妙徵兆證實了我父親的話，」她還記得當時的情況。「我們相擁起舞慶祝我的生日，也慶祝新的靈魂即將來到。」

這一次，瑪麗娜懷孕了，而且是一對雙胞胎。

醫生告訴她，一切看起來都很正常，不過，當她接近懷孕第四十週時，瑪麗娜無法自已地又想起她失去的雙胞胎兒子。當她想到他們時，害怕和沮喪向她襲來。「我不知道我肚子裡的孩子們能不能撐過這次。」她說。之後，她的羊水在某個清晨破了。距離雙胞胎的預產期還有一個月，但是，瑪麗娜已經開始陣痛了。她在山繆的幫助下坐進車裡，就在他們出發前往醫院前，瑪麗娜抬頭仰望天空。她留意到月亮和木星正閃耀著明亮的光芒，讓當下的夜空大為增色。「我覺得那是另一頭帶著愛在對我眨眼。」

瑪麗娜一進產房，雙胞胎就落地了。兩個漂亮、珍貴的男孩。他們雖然很嬌小——一個四磅（約一千八百公克）、一個五磅（約二千三百公克）——但是都很健康。一名護士幫他們清理乾淨之後，便把他們包裹起來交給瑪麗娜。

當她終於把雙胞胎抱在懷裡時，「我覺得自己好像進入

了另一個地方，另一個維度。」她說，「彷彿我並不在地球上。那是我所經歷過最純粹、最強烈的喜悅。之後，我們的親戚陸續來到，每個人的目光都被孩子所吸引，而我仍然無法相信這是真的。我無法相信這兩個孩子真的就在這裡。」

彷如奇蹟一般，這對雙胞胎出生的日子，正是三年前另一對雙胞胎離開的那一天。

兩個孩子分別取名為歐西諾斯和亞瑟。兩年多以來，他們持續地在健康成長。「他們很健康，也很漂亮，既乖巧又頑皮。」瑪麗娜說，「我無時無刻不覺得筋疲力盡，不過我很快樂。我從來沒有想到這真的會發生，但是它就是發生了。我現在也為人母了。」

瑪麗娜從父親那裡得到的那些確證和訊息，或多或少都幫助她做出了決定。然而，事實上，在我們通靈以前，瑪麗娜和她父親的連結並沒有特別清楚、也並不強烈。

「即便是現在，每當我試著要和我父親溝通時，我也並非總是可以直接感覺到他。」瑪麗娜說，「不過不同以往的是，現在我知道他就在那裡。當孩子們調皮搗蛋、而我又覺得很疲憊時，我就會戲謔地對我父親說：『老爸，你現在有麻煩了。』我之所以這麼做，是因為我相信，如果我們能和我們另一頭的摯愛溝通，我們的生命將會更美好。」

如果瑪麗娜從來沒有找我做過通靈，如果她父親沒有強勢顯靈的話，她會自己決定再嘗試一次嗎？瑪麗娜自己也無法回答。也許生育診所給她的回答，可以促使她做出這個決

定。也或許，她父親會找到其他的方法，來傳達他充滿希望、信任和愛的訊息。

「胎死腹中帶給我的痛苦，以及其他每一次嘗試受孕的艱難，都讓我常常無法聽見我心裡深沉又溫柔的那個聲音。」瑪麗娜說，「我的心被堵塞住了，我感覺很迷惘，我不再知道自己的人生應該怎麼辦。但是，那兩個孩子來了，我不只恢復了自己和內心那個聲音的連結，同時也明白，這個聲音可以成為我們在另一頭的摯愛與我們連結的管道。這就是他們如何將愛的指引透過耳語傳達給我們的方式。」

瑞秋·帕克斯和丈夫奎格有一個共同的朋友。這個朋友當初以一個不尋常的撮合方法，設計讓她和奎格交往。「她非常善於此道，」瑞秋說，「她會說謊，然後設計讓我們在一起；當我們各自有交往的對象時，她就先等我們結束和別人的關係。最後，她告訴我說，奎格對我很感興趣；然後也同時告訴奎格說，我對他很有興趣。你知道嗎，她說對了。奎格果真是我的真命天子。」

他們步入了結婚禮堂，並且在三十歲出頭時有了兒子約拿。「他是個漂亮的孩子，也沒有什麼健康上的問題。」瑞秋說，「但是，在他大約十四個月大的時候，我開始注意到奇怪的現象。他不說話，不說話也沒有關係，但是他和其他小孩互動的方式好像有點不太一樣。」

最終，約拿被診斷出患有自閉症。「他是高功能自閉

症，他喜歡與人來往，也會開玩笑，」瑞秋說，「但是他在保持冷靜、自我控制，以及其他處理輕微挫折的能力上卻非常有限。他可以變得非常激動，而且常常爆發情緒；沒有辦法找到鞋子、用力砸東西、尖叫嘶吼等等。他在情緒上很依賴，也很脆弱。」

瑞秋和奎格一直相信，他們會有第二個孩子。他們都同意不想讓約拿成為獨子。然而，約拿複雜的狀況——他們也知道，情況不會隨著孩子長大變得容易——讓他們只能重新考慮。「我真的希望約拿能有個兄弟姊妹，就像一般家庭那樣。」瑪麗娜說，「但是，我同時也覺得，我現在的處境已經超出我所能掌握的了。再生一個孩子的想法讓我透不過氣來，特別是當你有一個自閉症的孩子時，第二個孩子也是自閉症的機率就很大。老實說，這真的很嚇人。所以，在我的腦子裡，我百分之九十九認為我們不會再生另一個孩子。」

不過，瑞秋並不想完全否決這個決定。在她四十二歲的時候，她的丈夫認為他們需要釐清究竟要怎麼做，並且永遠做個了斷。「他可以接受由我來做決定，」瑞秋說，「但是他的態度是：『好吧，要還是不要？無論如何我們都需要知道。我們不能一輩子帶著這個問號。』」但是，瑞秋依然無法決定。

在她和奎格談過之後的那個週末，瑞秋參加了一場健康研討會。其中一項賦予權力的練習要求她寫一封信給上帝，然後再寫一封上帝給她的回信。「我向來都覺得我沒有

辦法收到來自另一頭的訊息，因為我的腦子太活躍也太碎唸了，而且我也分辨不出徵兆、直覺和我腦子裡原本就有的東西。」瑞秋說，「總之，我寫了兩封信。而在我坐下來閱讀第二封信的時候，也就是來自上帝的那封回信，我完全驚呆了。」

來自上帝的那封信告訴瑞秋，她會有另一個孩子，而且會是個女孩，這個女孩將會取名為內哈瑪。

「即便信是出自我的手，但是，我在閱讀的時候，還是嚇了一跳。」她說，「我真的很震撼，那封信是那麼強而有力。我立刻就打電話給奎格，『我們要生這個孩子。』」

不久之後，瑞秋懷孕了。她很快樂，然而，「那並非純然的快樂，」她說，「我還是很害怕，彷彿我還沒準備好。」

就在一個月之後，她流產了。

這次的流產讓她更有理由懷疑自己內心深處的感覺──再生一個孩子是她真心想要的選擇。「奎格和我去找了諮商師，我們把所有的事都徹底談過，然後試圖讓自己能準備好。」瑞秋說，「我的內心確實感覺到了些什麼，但是，我不斷地在想，萬一我的恐懼是對的呢？萬一這毀了我的生活呢？」

瑞秋想要釐清思緒，而她所用的方法之一就是找上我，安排一場通靈。她找我談的目的很簡單明瞭：「我只希望有人能告訴我，我應該或不應該要這個孩子。」

不過，在我們的通靈裡，這樣的事並沒有發生。瑞秋並

未獲得她渴望獲得的直接答案。另一頭提供了確認和訊息，但是沒有人顯靈來信誓旦旦地宣布說，她應不應該再生一個孩子。

不過，另一頭讓我看到瑞秋和她的兒子約拿有份靈魂合約。

他們注定要在一起，但那是一份紫色的合約，而紫色象徵著非常複雜又艱難的事情。這一切對瑞秋而言都是可以理解的，她是那麼地愛她兒子，全心全意投入在照顧他的健康和福祉上。至於是否要再生另一個孩子這個問題，另一頭讓我看到的是，這個選擇權在瑞秋自己身上。

「我被告知說，這是一個自由意志的選擇，」瑞秋說，「我的生命旅程就像一場健行，有了這個新的靈魂陪伴，這場健行將會更加美麗；然而，就算沒有這個新的陪伴，一切也不會有問題。我需要自己做出選擇，因為那是我生命旅程的一部分。」

這個訊息既深刻又強烈，並且被愛照耀得閃閃發亮。那個流產小孩的靈魂和瑞秋的靈魂一起旅行了好幾輩子，他們注定要在一起。如果不是在今生，也會在來世或其他的時候。

「你現在真的很猶豫，」我告訴瑞秋，「要或不要的比重大概是60比40。如果你決定要這麼做的話，第一年會很辛苦，你的整個人生也會被擾亂一整年。但是，如果你決定不要這麼做的話，也沒有什麼問題。因為你們兩個以後還是

會在一起。而當你們在一起時，將會非常非常地快樂。不過，如果你選擇要有這個孩子的話，他們告訴我那會是個女孩。」

這不是瑞秋希望得到的答案。她想要一個很明確的要或不要。但是，那不是另一頭可以給她的回答。她必須要自己做出決定。

然後，瑞秋問我：「她會和約拿有一樣的問題嗎？」

「不會，」我說，「你和這個孩子的靈魂合約是不一樣的。她不會有自閉症，而且，你會很快地做出決定，大概在接下來的十天或兩週內。」

那個週末，瑞秋計畫要搭機和兩個朋友一起去參加一場女性研討會。「我告訴自己：『好吧，在研討會結束之前，我會知道該怎麼做。』」她說，「不管怎麼樣，我都會知道。」

第一天的研討會結束時，瑞秋的問題並沒有變得比較明朗。接著，第二天也過去了，會議結束時，瑞秋依然沒有得到她要的答案。她搭機回到自己的城市，抵達機場時，她發現自己還是很迷惘，依然無法決定。「我走進機場的洗手間，進到其中一間廁所，然後喃喃自語地說：『來吧，現在一定會有什麼事情發生，讓我在走出這間廁所之前，知道我應該要怎麼做。』」

然後……什麼也沒有發生。沒有徵兆，沒有訊息。「好吧，那麼，」瑞秋告訴自己，「我想我只能做出選擇了。」

　　她走出洗手間，然後告訴她的朋友：「我打算要再生一個孩子。」

　　就這樣，兩週後，她就懷孕了。九個月後，她漂亮的女兒內哈瑪出生了。

　　內哈瑪在希伯來文裡是靈魂的意思。

　　「她真是太不可思議了，」瑞秋談及她女兒時這麼說。她的女兒已經三歲了，而且沒有出現自閉症的症狀。「她絕對是我們生命裡的光。而她和奎格的連結也讓人難以相信。打從我告訴他，我決定要再生一個孩子，到後來確實懷孕的時候，他就開始對著我的肚子讀童書、親吻我的肚子，並且對於即將見到孩子大為興奮。孩子出世時，他們四目相對了好久，現在，只要他一走進房間，她就會開心地搖擺。他們具有很深的靈魂連結。」

　　瑞秋的兒子約拿也和妹妹發展出很強的羈絆。「她出生的第一年確實過得比較辛苦，因為她患有腸絞痛，不過，我們總算也熬過來了。現在，內哈瑪已經很強壯、也很有活力了，她也知道如何和約拿相處，」瑞秋說，「她就像約拿的小老闆。他們之間也擁有甜美又充滿愛的連結。」

　　對瑞秋而言——當她在機場的廁所時，才發現她苦苦尋找的答案，其實一直都隱藏在自己的內心裡——內哈瑪的來到宛如預言成真。「她似乎一直都在另一頭等待，看我是否會讓彼此能夠擁有在此生相聚的經驗。」瑞秋說，「我覺得我好像早已認識她，彷彿她早就已經在我的生命裡了。」

　　瑞秋一直在等待另一頭給她一個明顯的徵兆，好讓她知道應該朝那個方向走。但是，另一頭，根據她的說法，「對於要不要生小孩這件事，卻像無聲的收音機。」然而，在做決定的過程中——即便當瑞秋相信自己的答案一定會是否定的那時候——她從來沒有對再生一個孩子這件事關閉過心房。為什麼呢？她為什麼不乾脆就說不要呢？

　　「當我現在回頭看的時候，我想，多年來我一直有個直覺，覺得我真的想要這個孩子，」瑞秋說，「在我內心最深處，我知道有個女兒在等著我。然而，我一邊的肩膀上坐著那個希望，但是，另一邊的肩膀上卻坐著恐懼。而那份恐懼讓我無法信任我的直覺和我內在已經知道的答案。」

　　最終，她並不需要來自另一頭的明顯徵兆或訊息。答案已經在那裡，在她「內心的最深處」。她所需要做的，只是相信她的直覺，相信那股無法否認的牽引、那個內在的聲音。

　　「我必須相信，上帝把這份強烈的渴望放在我的心裡，就算我說要，我也不會受到懲罰。」她說，「我必須相信我的內心，勝過相信我的恐懼，當然，這並不容易做到。不過，當我了解到，能給我答案的人就是我自己時，我就面臨了兩個可能的發展——一個會讓我的內心歡唱，另一個則會讓我陷入失落和絕望。於是，我相信我的內心會歡唱，我相信宇宙不會把我帶往錯誤的方向。」

有時候，徵兆可能只是我們內心裡的低語。是一股內在的牽引、一個輕柔的聲音，或者一份直覺。我們所需要做的，只是在我們感覺到它或者聽到它的時候，學著如何去信任它、對它保持開放、去傾聽它，並且榮顯它。這麼做並不容易，特別是當我們發現自己正處於一段黑暗的時刻。黑暗會帶來迷惘，迷惘則導致恐懼。而恐懼就是信任、希望和愛的敵人。

在這些黑暗的時刻裡，我們在另一頭的光之團隊永遠都會盡其所能地讓我們知道，我們並不孤單。他們會竭盡全力發送愛和希望的徵兆、確認，以及訊息給我們。然而，如果恐懼和黑暗太過強大，我們可能就無法看見這些徵兆，我們可能就無法感覺到那股牽引，或聽到那個聲音。我們可能會因為悲傷、絕望和恐懼，而關閉我們的心門，因而無法接收到另一頭所傳達的一切。

但是，另一頭絕對不會停止嘗試。我們的光之團隊永遠都會試著促使我們走向基於愛的決定，牽引我們朝向早已存在我們內心深處的答案。

我們每個人的內心，都連結著愛與認知那深刻又美麗的泉源。有時候，找到一個靜默的方法，讓我們足以傾聽到內心的低語，那才是最重要的。

誰是你生命中最偉大的僕人……

誰幫助了你去愛你內心的良善？

讓我們花十秒鐘，想想那些在我們生命中，

一直愛著我們、希望我們一切都最好的人——

一直以來都鼓勵著我們，

讓我們得以成為今日之我的那些人……

無論他們在哪裡——這裡或者天堂——

你可以想像，如果他們知道你此刻正在想著他們，

他們將會多麼高興。

——佛瑞德・羅傑斯

28　愛和寬恕的禮物

在我上電視宣傳我的第一本書之後不久，該節目的一名工作人員聯絡了我，並且提出了一個私人的要求。

「我丈夫的姊姊萊絲莉因為失去親人而痛苦，她陷入這份悲慟之中已經很長一段時間了。」這名工作人員在信裡寫道，「她沒有辦法好好過日子，我們在想，或許你可以幫她通靈，可能可以幫助到她。」

儘管我只是在讀郵件，但是，我卻感覺到一股強大的牽引，要我和這名女子說話。我不知道萊絲莉是誰，或者她發生了什麼事，不過，我知道她和我應該要在彼此的人生道路上相遇。於是，我回信說，我很高興幫她通靈。

當我打開了那道溝通的門，我立刻就感覺到一名年輕男子現身了。我從他身上感覺到一份「兒子」的能量。他很清楚地讓我知道，這次通靈是他送給他母親的禮物。我馬上就知道那意味著我不應該向他母親收取通靈的費用。偶爾，來自另一頭的人會顯靈，然後堅持要把通靈當作一份禮物。當

另一頭開口的時候，我通常都會聽從。

　　這場通靈在幾天後透過電話進行。通靈一開始，那名男子的能量就立刻出現了。這次，他給了我一個「J」開頭的名字——強。他也表示對自己的死負責。同時，他很快地提及他母親的生日。他說，他母親的生日就快到了。我問萊絲莉，她是否有個兒子過世了，他的名字是不是「J」開頭，例如強。她說是的。然後，我讓她知道，她兒子正在為他的死道歉，並且對自己的死表示負責。

　　「嗯，」我告訴她，「這是你兒子給你的生日禮物。」

　　我才說完，萊絲莉就開始哭泣。她的痛苦和悲傷顯而易見。我想，她的生日對她自己和她兒子，應該都有另一層含義；只不過，我還不知道那是什麼。接著，萊絲莉解釋說，她兒子的舉動為什麼會讓她如此動容。

　　「五年前，」萊絲莉輕聲說，「我兒子在我生日那天自殺了，發現他的人就是我。」

　　萊絲莉十歲的時候，從宇宙得到了一份信息，讓她知道她將來會有兩個孩子。那份信息同時也讓她知道，孩子的父親將會發生某件事情，而那會導致萊絲莉像修女一樣度過她的餘生。對一個十歲的小孩來說，這種預言也實在太古怪了；不過，在接下來的日子裡，萊絲莉便將之拋諸腦後。

　　後來，她確實有了兩個孩子，並且在不久之後，孩子的父親就離開了這個家庭。萊絲莉從此沒有再婚，只是全心全

意地把生命投入在照顧孩子上面。「那時候我才明白，為什麼我會在十歲的時候，看到一個修女的影像。」萊絲莉說，「十歲的我只能藉由那樣的方式，來詮釋我的人生將會發生什麼事。」

當萊絲莉懷了第二個孩子——她的兒子強納森——時，她又收到了宇宙給她的一個信息。

「我有一個很強烈的感覺，那就是這個孩子會不久人世，」她解釋道，「我全身所有的細胞都在告訴我，他沒有辦法盡情享受他的人生。我甚至知道他什麼時候會去世——在他二十二到二十八歲之間。我必須接受這件事，繼續往前走，並且試著不要去想它。」

事實證明，強納森是個很特別的男孩。他聰明絕頂——智商超過一百六十——而且天賦異稟。他很喜歡畫畫，他兒時的一幅塗鴉——一張令人印象深刻、描繪破碎玻璃的圖畫——至今依然掛在萊絲莉家裡。「他很喜歡拼圖、看書，還會拍一些有他同學參與演出的小電影。」萊絲莉說，「他是全世界最貼心的小男孩，我們的關係非常親密。」

強納森的父親在他四歲的時候就離家出走了，那也成為他童年生活裡的一場意外事件。根據萊絲莉的說法，那是一個永遠沒有癒合的傷口。「失去父親的痛苦一直都伴隨著他，」她說，「讓他飽受折磨。」強納森十四歲的時候，一個同學給了他這輩子第一次碰到的大麻。「那就像是惡魔親自找上門了。」萊絲莉說，「強納森開始抽大麻，到了十七

歲的時候，他開始接觸海洛因。在那之後，他不斷出入戒毒所，不停地在為重新找回生活而奮戰。」

對強納森而言，對抗毒癮是一條既漫長又痛苦的道路。有些日子裡，他覺得自己的生命好像逐漸在枯竭。在一個特別不順利的日子裡，強納森毫無生氣地躺在自家的臥室裡。「他看起來那麼脆弱，」萊絲莉回憶道，「就像個小嬰兒一樣。我端了一碗湯上樓，親自用湯匙餵他。我告訴他說，我會幫他在戒毒所登記，幫他排隊等一個床位。然後他說：『媽媽，我受夠了。我不想再這樣下去了。我不想了。』」

萊絲莉並沒有給他壓力，只是告訴他可以再試試看，然後要他多休息。當她輕輕把房門關上時，她想到強納森幾天前曾經對他祖母講過的話。

他說：「如果我不是個癮君子就好了。」

萊絲莉過去也曾經多次看到兒子強忍著這種絕望。她希望睡上一覺能讓他感覺好一點，因此，她把房間的燈關掉，然後下樓。萊絲莉是一名琴藝精湛的鋼琴老師。那天，剛好有個女學生會到家裡來上課。

上課快結束的時候，萊絲莉聽到樓上傳來一聲驚人的巨響。

「聽起來像是有人把烘焙餅乾的烤盤砸在地板上一樣。」

她立刻暫停上課，帶著一絲不安上樓。她試著打開兒子的房門，但是房門鎖住了。她開始敲門，然而房間裡並沒有反應。她只好回到樓下，所幸，女學生的父親剛好來接她下

課。一等他們離開，萊絲莉立刻又回到強納森的房間。

「我不停地敲門，喊著他的名字。」她說，「最後，我使盡全身的力氣，用力把門撞開。」

映入眼簾的一幕是躺在房間後面地板上的強納森，只見他的臉上覆滿鮮血。萊絲莉當下驚聲尖叫：「我兒子死了。」

「我踏進房間的那一瞬間，就知道他已經死了，」她淚流滿面地說，「我打電話到911，雖然出動了十輛警車和三輛救護車，但是我知道他已經走了。我兒子走了。我能對警察說的只是：『我無法相信我的好兒子竟然發生這種事。』」

強納森對準自己的頭部舉槍自殺。他才二十八歲。而他選擇了在萊絲莉生日那天結束了自己的生命。

「我覺得自己全身的每一個部分都受到了攻擊，」萊絲莉說，「我很痛，是身體上的痛，我的身體每分鐘都在痛。那是一股持續不斷的、恐怖的疼痛；就好像有人從我身體裡面在攻擊我。基本上，我已經被擊垮了。」

某個程度上，萊絲莉把自己封閉起來了。她還在照顧著女兒，也還在教授鋼琴——事實上，只有在教鋼琴或彈鋼琴的時候，她才不會感到疼痛——不過，實際上，她已經緊閉了自己的生命。

「強納森活著的方式、他結束生命的方式，以及他選擇結束生命的時間點，在在都讓我相信，他這麼做是為了要盡可能地傷害我。所以，我充滿了罪惡感和悲傷，我所能想到的只有他出生的那天，還有他曾經是那麼幼小又那麼珍貴，

而他現在走了，我再也感覺不到他了。這一切是那麼地痛苦，我整個人都被撕碎了。」

萊絲莉還有另一個揮之不去的夢魘——在強納森去世前兩年，他要萊絲莉幫他做一個酷炫的多層法式生日蛋糕。「我記得我說：『哦，不行，那太難了。』所以我並沒有幫他做那個法式蛋糕，而只是烤了一個簡單的蛋糕。」她說，「沒有幫他做那個蛋糕，讓我覺得好愧疚。」

強納森去世後的六年裡，萊絲莉的痛苦絲毫沒有減輕。大家都對她說，她需要忘掉這件事，繼續過她的生活，但是她覺得那樣做完全沒有道理可言。

「我在想：『那不是我需要的，因為沒有人可以忘掉。』」萊絲莉說，「它會一直存在，我必須找到一個方法，在我活下去的同時與之共存，而非把它忘掉。例如，我哥哥不斷地試著要糾正我、療癒我，但是那根本不可能，結果，我們的關係也因此變得緊繃。我覺得好孤單，我和任何人都沒有連結。」

最糟的是，她完全感覺不到和兒子強納森的連結。

「有些人會談到從逝去的摯愛得到徵兆的事，但是，我從來不覺得我會得到什麼徵兆，」萊絲莉說，「我既看不到、也感覺不到任何東西，我有的只是一片空虛。」

強納森過世後一年，萊絲莉的父親湯尼病得很嚴重。萊絲莉也和父親很親，在湯尼生命即將走到盡頭之際，她要求他幫一個忙。

「我告訴他，我很擔心強納森，擔心他在另一頭的情況不好、擔心他在對我生氣，」萊絲莉說，「我知道我父親即將離開人世，所以我就說：『爸爸，當你到天堂的時候，請你找到強納森，並且找個方法讓我知道他很好。』」

沒多久，她父親就過世了。三天後，萊絲莉的手機收到一則簡訊。那是她父親的一張照片，還有一行字「一切都很好」。萊絲莉查了電話號碼，想知道是誰發給她這則簡訊。

那是從她父親的手機發出來的。

「太嚇人了！」她說，「我的意思是，我的手機裡甚至沒有我父親的這張照片，所以，那不可能是從我的照片檔案裡跳出來的。但是，它是怎麼從我父親的手機發送出來的呢？我父親怎麼可能在他死後三天發簡訊給我？」

萊絲莉把簡訊給了其他的家人看，每個人都和她一樣困惑。她也問其他人，是否有人拿了湯尼的手機，但是並沒有人拿了他的手機。沒有人知道那支手機在哪裡。因此，萊絲莉親自跑到她父親的家裡，來到他的房間，地毯式地找遍他所有的東西。「我找不到他的手機，」她說，「最後，我檢查他的床底下，結果手機就在那裡。我開啟手機，當時手機的電量已經所剩不多了。不知道是什麼原因，那支手機發了一張我父親的照片和一則簡訊給我。」

萊絲莉想不到任何解釋。她認識的人也沒有人想得出來。

萊絲莉接受了一種可能性，也就是那則她父親發來的、無法解釋的簡訊是某種徵兆——那代表著強納森現在很好。

不過，那仍然無法減輕她的悲傷。

　　五年之後，萊絲莉和我進行了這次的通靈，而她的兒子也強勢顯靈。有些人很不擅長從另一頭發送徵兆，但是我發現，強納森顯然不是這一類人，而且，他似乎非常擅長溝通，也似乎非常地強大。

　　問題在於，萊絲莉一直被自己的悲慟所吞噬，以至於她看不到眼前可能出現的東西。

　　強納森要我傳達給他母親的第一件事，就是在他離世當天忘了做的一件事。

　　「你兒子一直沒和你說生日快樂，是嗎？」我問萊絲莉。

　　「對，沒有。」她回答我。

　　「他現在就在說生日快樂。」我告訴她。

　　萊絲莉頓時哭了起來。

　　「強納森讓我知道他曾經和毒癮對抗，並且結束了自己的生命。」我說，「他也說，當時他所不了解的事，現在他都了解了。現在的他比過去強壯了。他說，他已經得到療癒，而且療癒得很好很徹底。同時，他需要你知道，所有的事都不是你的錯，你是他生命中最重要的人，他愛你，非常非常地愛你。」

　　我可以聽得出強納森的話對他母親帶來的效果。那一字一句正是她最需要聽到的話。就在那個時刻，我感到萊絲莉開始放下她長期以來所背負的一些重擔。

　　「他也說他很抱歉，」我告訴萊絲莉，「他很抱歉在你

生日那天做了那樣的事。他希望你知道，他那麼做並不是為了要傷害你。他那樣做，是因為他不希望你忘記他，他希望你和他有個連結，這樣你就永遠永遠都會記得他。而你的生日就是那個連結。那更像是一個紀念，更像是在榮顯你們之間的連結，而不是為了傷害或者懲罰你。他需要你明白這點。」

萊絲莉吐了一口氣，任由淚水氾濫。她一直以為自己已經失去了和兒子的連結，但是她現在明瞭了，她完全沒有失去那份連結。

強納森希望能確認他和母親之間那份不朽的羈絆。因此，他向我展現了他們分享的徵兆。他讓我看到一株有著一顆心的樹。當我傳達給萊絲莉時，她似乎不知道那是什麼。

「不對，」她說，「那不是我們的徵兆。我不記得有這個東西。」

但是強納森很堅持。他又給我看了一次那個徵兆──一棵樹和一顆心──不過這次，他讓我知道我可以在哪裡找到它。

就在他母親家的前院裡。

「他說，那個徵兆今天就和你在一起，」我告訴萊絲莉，「他給我看的是你家前院。」

雖然我們還在電話上，萊絲莉立刻起身走到她的前院。透過電話，我可以聽到她的腳步聲，不過，她突然停了下來。

「哦，我的天。」她說。

她解釋說，她的前院裡有一棵樹，樹旁邊的地上插了一個陶瓷雕塑。

那是一顆心的雕塑。

「突然之間，一切都豁然開朗，」她說，「強納森去世後，為了紀念他，我在前院種了一棵樹，然後在旁邊放了一顆小的心，因為樹和心總是會讓我想起強納森。我不知道為什麼，它們就是會讓我想起他。我猜，我後來大概就忘了這件事，直到強納森在這麼多年之後又重新提起。」

強納森透過我，引領他母親直接來到這個她為他所創造的神聖角落，如此一來，他就可以知道並且確證他們之間的徵兆——一棵樹和一顆心。它一直都在那裡，萊絲莉也許曾經不下千次地從它旁邊走過，然而，她卻忘記了——不過，強納森卻未曾忘記。

現在，他在提醒她、感謝她，並且讓她知道他還在她身邊，還在她的心裡，就像那棵樹的存在一樣。

「那真是非常震撼的一刻，」萊絲莉說，「我原本感覺不到他的連結，現在我知道了他仍然與我同在；而那會是我讓生命向前邁進的開始。」

自從我們通靈之後，萊絲莉就開始對兒子發送給她的徵兆敞開心扉，這讓她感到自己和強納森之間存在著一份深刻而長遠的連結，也幫助她療癒了自己的內心。有些時候，她

確實感覺到強納森的存在，彷彿他就在她身邊。

　　舉例而言，過去，每當強納森在度過辛苦的一天之後，總喜歡到他母親的臥室，坐在床腳邊，和她聊個十五分鐘──而現在，「我仍然可以感覺到他在那裡，就在我的床腳邊，彷彿真的有人坐在那裡一樣，」萊絲莉說，「我可以感覺他的來到，而那也讓我知道他現在很好、正在照看著我。」

　　另一個讓萊絲莉感覺到兒子存在的地方是前門邊。在去世之前，強納森有一次曾經消失了三天，當時萊絲莉深怕自己再也見不到他。一天傍晚，她抬起頭，赫然就見到強納森站在前門裡面。「那就好像在告訴我說：『我回來了。』」萊絲莉回憶道，「那是很震撼的一刻，然後我們擁抱著彼此，久久都沒有放開。現在，我偶爾會感覺到強納森就站在那個位置。有時候，我覺得自己確實可以看到他在那裡。那就好像他隨時都會來到，隨時都會回家來看我。」

　　當萊絲莉告訴我，她有時候會「看到」強納森時，我問她那是什麼意思。當我「看到」已經去世的人時，他們是以一些光和能量的小點，出現在我腦子裡的小螢幕上。我認識的有些靈媒則會看到已逝的人以人類的形式出現，彷彿他們就站在我們之中。對於萊絲莉而言，她所看到的又不一樣──那是她很難解釋的現象。

　　「你知道嗎，」她說，「那就好像我用我的第三隻眼看到了他。」

　　我明白她的意思。很多文化和宗教都有第三隻眼的概念。第三隻眼讓我們可以接收到超越尋常視力所能看到的事物。基本上，那是一種能力的具象表徵，這種能力讓我們可以看到和接收到更高、更深層次的事物——是讓我們打開新視野的一種意識上的轉換。我們身邊圍繞著無法看見的事物，而那就是看見這些事物的能力。

　　這和我在本書裡不斷提到的概念一樣——當我們對另一頭的徵兆和訊息打開我們的心扉時，我們的意識就會發生轉換。當萊絲莉在家裡「感覺到」兒子的存在時，她所展現的就是一種超感應力——透過超越五感的方式，去感受到事物的能力。當萊絲莉「感覺」強納森坐在她的床腳時，就表示她正感受到強納森的生命能量和意識的微妙存在。同樣地，當萊絲莉說她「看到」強納森站在前門旁邊時，她所展現的也是天眼通的一種形式，也就是一種透過非視覺方式接收到事物的能力。

　　我自己也曾經有過這樣的時刻，而我也和數以千計有過這種經驗的人聊過，我也可以證明它們深具意義。這些連結確實會發生。它們並非憑空想像。我們感覺得到這些連結。我們看到我們的摯愛，我們感受到他們的存在，也聽得到他們的聲音。我們知道，他們仍然和我們在一起——我們並未失去他們。

　　當我們擁有這些時刻之後，我們需要榮顯它們、談論它們，而非不予理會。

在萊絲莉對這些美妙的連結時刻打開心扉之前，她真的相信她已經失去了兒子——他永遠地離開了。然而，他並沒有離開，也永遠不會離開。因為不管我們是如何死亡的，我們的靈魂都會恆久存在。我們的生命能量也會繼續存在。在我們之間自由流動的能量、愛，和強大的光之繩索，會將我們持續凝聚在一起。

在我們通靈的時候，我告訴萊絲莉，強納森在另一頭是一股很強大的力量。他透過萊絲莉父親的手機，幫她父親發送了一個不可思議的訊息和確認給她，而且他多少也操縱了萊絲莉和我的相遇。他同時也表示，他很感激他母親願意引領他行經這個世界，即便她知道他不會在這個世界停留太久。

「他說，他的靈魂來到這個地球上，是為了向妳學習，」我告訴萊絲莉，「無條件的愛就是你教導給他的課題。」

「他給我的訊息是一個愛、寬恕和療癒的訊息，」萊絲莉說，「我對於已經發生的事感到很生氣，那很自然，但是，我現在覺得我已經療癒了，而且我仍然全心全意地愛著強納森。我們的連結永遠都不會消失，現在，我知道我可以過著以愛為基礎、而不是以恐懼為基礎的生活。因為每當我們連結的時候，我對強納森只感覺到滿滿的愛。」

現在，萊絲莉把她的生日標記在五月一日那一天，比她實際的生日四月十四日晚了兩週。「那天現在變成強納森日了，」她說，「我們可以在那天慶祝他的存在以及他所帶給

我們的一切。」

　　「對於那些和過去的我一樣、此刻正深陷於悲傷和哀慟的人，我要給他們一個訊息：『不要害怕』，」萊絲莉說，「因為，當你害怕的時候，你就把自己封閉了起來。而當你打開心扉時，宇宙就會回應給你單純的愛和喜悅。然後，你會開始了解，你的摯愛仍然和你在一起，再也沒有責備、沒有過錯、沒有憤怒、沒有愧疚，有的只是無私的愛；而那將給予你向前邁進的自由。」

29 降服

本書是一段旅程，一段朝著以新方式審視我們生命的旅程。它始於對徵兆——另一頭發送給我們的徵兆——的可能性敞開心扉；接著談及如何共創一種語言，讓我們的光之團隊可以更容易地發送那些徵兆給我們；然後，它帶領我們認知到這些徵兆可以有多麼強大，又可以怎樣地改變生命；最後，我們來到一個重點，一個可能是這段旅程中最具挑戰性的部分——我們信任宇宙的意願，也就是降服的意願。

為了解釋我上述的意思，我想分享一個私人的故事，那是我和我的家人所經歷過的一段艱困又駭人的時光。老實說，一開始我不太願意公開敘述這個故事，但是我決定要把它含括在這裡，因為它顯示出我是如何走過這本書所描述的旅程——以及我如何達到相信宇宙的這一步——還有，那是如何改變了我的道路。

這是一個關於降服的故事。

————

　　故事開始於長島一處海灘，時值一個美麗的夏日。當時我正和我的三個孩子在一起，包括十四歲的老大艾希莉。一切都很正常，健康快樂的孩子們正在享受典型的無憂夏日。艾希莉馬上要上高中了，對此，她既興奮又有點緊張。

　　艾希莉純然就是個甜心。她是一個美麗、溫柔又深具同情心的靈魂。在整個中學時期裡，她都是高級班的學生；她學芭蕾和抒情舞蹈，在藝術上也出類拔萃，並且還登上了榮譽榜。有她在身邊總是很愉快——逗趣、善良、思慮周密又富有愛心。她從來不曾對我撒謊、頂嘴或者說過粗話。我知道我有點偏心，不過，無論從哪方面來看，艾希莉都是一個理想的孩子。

　　那天下午在海灘上，我注意到艾希莉背上有一片奇怪的皮疹。那看起來就像六條整齊劃過她背部正中央的粗大橫線——宛如是用刀子刻上去的一樣。我問她是否會痛或癢，她說不會。儘管如此，我還是帶她去看了醫生。

　　「真怪異，」醫生一邊幫她檢查一邊說道，「有可能是被水母螫到了。」

　　我告訴醫生，艾希莉那天並沒有下水。

　　「那應該就是皮膚擴張紋了，」醫生下了結論，「別擔心，它們會隨著時間變淡的。」

　　「你確定嗎？」我問。艾希莉很苗條，所以我才懷疑她

怎麼會有擴張紋。但是醫生堅持她的診斷，因此我也就不再多想。那就是我們所做的——聽從專業。她叫我不要擔心，所以我就試著不去擔心。

就在那陣子，我開始留意到艾希莉行為上出現不明顯的轉變。那個夏天，我們去了迪士尼；結果，我們的船在叢林巡航途中被卡住了約莫十五分鐘，剛好就停在一個部落場景旁邊，場景裡有個男人一手提著一只裝滿滾水的鍋子，另一手則握了一支棒子，棒子上還插了一顆乾皺的人頭。當時，我們只覺得有趣，但是，大概過了一週左右，艾希莉開始沒來由地焦慮起來。她不停地想起那個場景，然後在床上躺了兩天。她被世界上存在著食人族的想法嚇壞了。我分析給她聽，並且再三向她保證，最後，她似乎就放下了恐懼。我也把這件事歸因於她即將升上高中的緊張。

然而，開學後不久，艾希莉已經變成了一個不同的人了。我的意思是，一個完全不一樣的人。她變得粗魯、壞脾氣又無禮，此外，她的成績也首度出現退步。她向來都是全A的學生，但是，她現在卻拿到了B和C的成績。最重要的是，她似乎不在乎。她告訴我，她控制不了自己，還要我不要管她。我要求和她的老師們開會，希望可以一起找出解決之道。

然而，那場會議並沒能改變任何事情，不久之後，她甚至開始出現急性失眠和焦慮症，導致她只能裹著毯子蜷縮在地板上。每天早上，不管我多麼努力，都無法讓她起床去上

學。葛瑞特和我決定讓艾希莉輟學，然後請家教到家裡來教她。我們別無選擇。

艾希莉完成了九年級的課程，但她的負面行為卻仍然沒有改變。她對我們那種不屑一顧而且傷人的態度，真的讓我們非常震驚。葛瑞特和我不禁懷疑，這種人格劇變是否還屬於正常青少年行為的範疇。我們也帶艾希莉去看精神科醫師，但是，醫生對我們保證她完全沒有問題。

艾希莉對我依然像有不共戴天之仇一樣。她無時無刻不在生氣和焦慮。那怎麼算是正常呢？

高中二年級的時候，艾希莉回到了學校，但是她的行為卻每況愈下。她不僅成績低落，還對老師回嘴。她對任何事情都無法專注，但是她似乎一點都不在乎。在家的時候，她會把自己裹在毯子裡，閉上眼睛或者雙眼空洞地躺在地上好幾個小時。她的焦慮來得又急又快，讓她什麼事都做不了，結果只能待在家裡，連續幾天甚至幾週都沒辦法上學。我如果不是為她擔心得要死，就是被她氣得半死。我們經常吵架，而那對整個家庭都造成嚴重的影響。當我們再度帶艾希莉去看精神科醫生時，醫生還是沒有診斷出任何毛病。很明顯地，我女兒一定出了什麼問題，但是，沒有人能告訴我那是什麼。

有一天，我突然想起我在很多年前看過的一本書，那是譚恩美寫的《事與願違》。書的最後一個章節是描述她和萊姆病奮戰的故事。比起身體上的症狀，她的症狀更像是精神

上的，就像我女兒一樣。譚恩美的書突然閃進我的腦海，感覺彷彿是宇宙拉了我一下，我立即懷疑萊姆病也許就是造成艾希莉變成這樣的罪魁禍首。某部分的我甚至相信我已經解開謎團了，於是，我感到了一線希望，這是長久以來我第一次有這樣的感覺。

我帶艾希莉去找醫生做血液檢驗，他們也幫她做了疾病管制中心的萊姆病篩檢測試，但是，當我們回去看檢驗報告時，卻被告知篩檢結果呈陰性。

「她沒有罹患萊姆病。」醫生宣布。

我覺得十分驚訝。我很確定就是萊姆病。但是醫生堅持篩檢結果再清楚不過。所以，她讓我們回家，同樣沒有診斷出任何病因。我們又回到了原點。我女兒受到某種惡毒和致命的威脅，但是卻沒有人可以給我們答案。我覺得既無助又迷惘，完全失去了希望。

一天晚上，葛瑞特和我外出晚餐，讓孩子們和保姆待在家裡。當我們回到家時，我們聽到有人或者什麼東西在屋子前面的灌木叢裡發出隆隆的聲響。是艾希莉。她告訴保姆說她要睡覺了，但是卻爬出窗戶和一個男孩會合。他們竟然在一起喝酒。我們一出現，男孩立刻就逃之夭夭，而艾希莉則衝進屋裡，對我們大吼大叫，然後把自己鎖在浴室裡。我們完全不知道艾希莉到底喝了多少，加上我們很擔心她會傷害自己。於是，我們報了警。

　　警察花了一點時間才把艾希莉弄出浴室，我們也立即帶她到急診處做精神科的評估。我們期待能得到答案，但是最終，沒有人知道她究竟怎麼了。

　　在那之後，我們似乎就陷入了一個無止境的循環——只要艾希莉採取什麼行動，我們就試圖做出反應。我又帶她回去看醫生，重新做了萊姆病的檢測。但是，篩檢結果還是陰性。那時，我已經做了很多的研究，也知道萊姆病的初次測試結果並非永遠都準確。為了排除萊姆病的可能性，我們需要做更多進一步的篩檢，例如ELISA酵素免疫吸附法測試或西方墨點法測試。但是，當我要求——或乞求——艾希莉的醫生做這些測試時，她只告訴我，我們不需要做那些測試，她也不會開單讓我們做。當我抗議時，四名執業醫生都堅決表示，艾希莉並未罹患萊姆病，其中一位甚至還取笑我。

　　就在艾希莉即將開始十一年級之前，學校的行政人員把我們請到學校。他們因為艾希莉創設了一個具爭議性的網站，讓學生可以上網張貼鄙視某位行政人員的帖子，因而決定對她採取停學的處分。對我來說，艾希莉的種種惡行都和某種影響她的身體或心理的疾病有關——一名醫生也診斷出她可能罹患了躁鬱症——不過，這個解釋並不足以讓學校取消停學的處分。

　　那時候，艾希莉已經出現了嚴重的失眠。她每天都到凌晨三、四點才能睡覺，結果總是導致隔天筋疲力盡。我們只好用醫療藉口讓她不用到學校，並得以再度登記參加在家學

習的計畫。她似乎很沮喪，但同時卻也不在乎——她好像並不在乎自己或自己的生命。我們很怕她最後會丟了性命，因為她不斷做出高風險的行為——濫用非處方箋的藥物（苯海拉明）、喝酒，有時還在黑漆漆的夜晚毫無理由地逃家。我們又兩度帶她到急診室做精神科評估，但是，醫生總是說她沒有問題，然後就叫我們回家。他們解釋說，由於艾希莉既未殺人也沒有自殺或產生幻覺，所以，他們也無能為力。

有好幾次，艾希莉會突然發起脾氣，然後離家出走。有一天晚上，我結束一個旅程回到家，她沒來由地就對我發火。從過去的經驗裡，我已經學會不要在她脾氣發作的時候和她互動——即便如此，有時候她一吵起來就是幾個小時——但是那並沒有讓她停下來，甚至沒有慢下來。到了午夜的時候，情況更糟了。

「我恨這個家！」艾希莉尖叫著衝出前門。

我立刻追了出去，並且求她回家。她在不同人家的院子裡跑進跑出，還躲到車子後面，企圖要躲過我。為了追她，我幾乎跑遍了整個社區。

「艾希莉，拜託你，你這樣會把自己弄死的！」我乞求她。

「我不在乎！」說完之後，她突然準備轉彎，衝進交通繁忙、車輛疾駛的主街。

就在她即將衝到大馬路上之際，我抓住了她。當時我有一種可怕的感覺，如果她掙脫我的話，只怕我再也見不到她

了。我抓住她的手腕，用盡全身的力氣不讓她甩開。然後用另一隻空出來的手打電話給葛瑞特，告訴他我們所在的位置，並請他報警。謝天謝地，在警方的護送下，我們回到了家。

幾個星期後，艾希莉又逃家了。我開車追她，但是她不斷地跑，又不斷地蹲下去躲藏，最後，我跟丟了。由於她是朝著一條商業街而去，所以，我一路開到那裡，希望可以看到她。當時還是一大早，因此街上空無人影。我讓本能帶著我走，最後，終於瞄到艾希莉躲在一家還沒營業的日本餐廳後面。那家餐廳有兩條路可以通到停車場，分別就在餐廳兩邊。我原本往第一條路開過去，但是突然決定越過第一條路、改走第二條路，估計這麼走也許可以攔住她，並且讓她上車。

然而，就在我即將駛離主幹道時，奇怪的事發生了。對面一輛白色廂型車突然衝過中央分隔線，開進了我的車道，然後加速，猛然轉向艾希莉剛剛跑過的那條路。廂型車隨即消失在餐廳後面，也就是我稍早看到艾希莉移動的方向。

我的心跳加劇。那輛廂型車似乎在跟蹤艾希莉。我很快地開到第二條路上，但是卻完全不見她的蹤影。這不合理。她怎麼可能憑空消失。我又繞到餐廳後面，終於，我看到她蜷曲在餐廳的牆角。那輛白色廂型車就停在她幾呎之外。駕駛座的窗戶玻璃是降下來的，裡面的司機正在對艾希莉做手勢，示意要她靠近。

「喂！」我大聲叫道，「那是我女兒，你想幹什麼？」

車裡的那個人看到我似乎很詫異。

「我只是在問路而已。」他結結巴巴地說完，然後立刻踩油門加速離開了。

在那一瞬間，我很確定一旦艾希莉上了廂型車，她就一定會被殺害。我就是知道。如果我剛才沒有瞄到她，我就一定會失去她了。我也知道那個司機為什麼甘冒衝進對面車道、幾乎就要撞上我的風險去追她。因為，他也看到她了。他知道商店都還沒開門，而餐廳後面的那片區域根本沒有人。他看到了做壞事的機會。

艾希莉上了我的車，我們一起開車回家。一路上，我們都驚魂未定。我嚇壞了，因此甚至沒想到要記下那輛車的車牌。如果我剛才沒有清楚地意識到什麼是危急存亡的關頭，那麼，我現在肯定很清楚了。我們並非只想要找出艾希莉到底哪裡出了問題，我們是想要挽救她的生命。

在這次的考驗裡，我自始至終都對另一頭保持著開放。我覺得這點至關重要，因為我是如此迷惘、毫無頭緒，我需要幫助，而且越多越好。我相信我的光之團隊終將來到。沒有任何醫生能給我答案，不過，也許另一頭可以。

那時候，艾希莉已經出現嚴重的胃部問題，我們也在她的醫生陣容裡增加了一位消化科醫生。根據這位醫生的診斷，艾希莉患了便秘型大腸激躁症。情況越來越嚴重。

白色廂型車事件發生後不久，我偶然在瀏覽我的臉書即時動態時，留意到一名高中同學的貼文。那則貼文裡出現了「性格突然改變」的字眼，還有一個網址提到一個叫做PANS的名詞──兒童急性發作神經精神症候群。PANS是一種傳染性疾病，會導致兒童的腦部發炎，進而引發嚴重的焦慮和性格改變。另一種叫做PANDA（兒童自體免疫神經精神異常，又稱熊貓症）的疾病，也具有相同的症狀，只不過它是由鏈球菌咽喉炎所引起。我立刻警覺地坐直了身體：艾希莉今年初曾經被診斷感染了鏈球菌咽喉炎。根據那篇研究，PANS和PANDA都能讓原本很可愛的小孩行為出現改變，彷彿被附身了一樣。

兩者甚至以「附體疾病」而為人所知。

那個網址讓我輾轉找到東岸極少數研究PANS和PANDA的專家之一蘇珊・舒爾曼，我當下立刻就預約了。她開給艾希莉一種抗生素阿莫西林，而在二十四小時之內，艾希莉某些最嚴重的症狀就消失了。另一種叫做阿奇黴素的抗生素效果甚至還更大。

不過當時，我們還是不知道艾希莉到底哪裡出了問題。她的症狀並非完全符合PANS和PANDA的症狀，我們也不知道究竟是什麼毀滅性的病毒入侵了她的身體。我們不敢確定單靠抗生素就可以治癒她，或者可以長期減輕她的症狀。我們仍然在尋找答案。醫生給了我一套文件，其中包含一份長達十七頁、關於這種疾病的論文。我打算找個安靜的空檔

再仔細閱讀。

事情變得越來越絕望。即便我知道另一頭也在這個戰場上和我一起奮戰，但是，我需要更多的幫助。他們已經引領我找到PANS的醫生，不過，我現在需要更多的指引。眼看著艾希莉逐漸失去她的生命能量──我眼睜睜地看著我所認識的那個艾希莉在我眼前消失了。我得找到方法讓她回復過去的樣子。我必須把她從懸崖邊緣拉回來，因為，如果我做不到的話，我不知道還有誰會這麼做。

一天早上，當我在家查看成堆的帳單、研究和測試結果時──過去三年來，這些東西已經堆滿了我家，我感到一股特別強烈的絕望。一想到艾希莉所經歷的一切，我就覺得痛苦到難以承受。我走進我的臥室，輕輕地把房門在身後關上。然後，我做了一件從小就沒有做過的事──我跪了下來祈禱。

「聽著，上帝、光之團隊，」我大聲地說出口，「我真的需要幫助。」

我立刻感覺到我父親在我的螢幕上現身了。

我父親幾週前才剛過世，從那時候開始，他就一直有所回應，不停地發送給我各種徵兆。而現在，在這個最黑暗的時刻，他又在我身旁了。我朝著天花板舉起雙手──朝著上帝。

「我放棄了，」我說，「我降服了，我需要你讓我知道艾希莉怎麼了。我知道她不只是醫生們說的那樣。我知道她

不是躁鬱症，我需要你告訴我，我的孩子哪裡出了問題。我降服了。求求你，求求你，讓我知道到底哪裡出了問題。」

那天晚上，我在筋疲力竭下就寢。就在我熄燈時，突然之間，我收到了宇宙的一個資訊，既清晰又特定。

那份文件。

讀一下那份文件。

把燈打開，現在就去讀那份文件。

那個PANS和PANDA的醫生給我的文件就在廚房桌上——我早就把它給忘了。我立刻打開燈，來到廚房桌子旁坐下，然後抽出那份很長的論文，論文的題目是「隱藏的入侵者」。

當我看到第二頁時，我愣住了。

想像一輛車子從刺耳的煞車聲中停下，然後是一片死寂的靜默。那就是我當下的感覺。一個單字抓住了我的目光，彷彿有道霓虹燈照亮了它。

巴東體屬

「我們都知道由巴東體屬引起的貓抓熱，能導致病人發怒和情緒波動。」我讀著論文。這些敘述雖然是就事論事，但對我而言卻像解盲一樣。

巴東體屬！一定就是它了！我打開筆記型電腦，直接在Google上鍵入這個字。螢幕上開始出現搜尋結果，我看到的

第一個資訊是一張照片。當我看到時，先是倒吸了一口氣，隨即開始哭泣。

那是一張皮疹的照片，和我三年前在艾希莉背上看到的一樣。

巴東體屬，我從論文裡得知，是一種傳染性的細菌。這種細菌一旦進入血液，會引發密集的精神性憤怒和情緒波動。它可以導致戰壕熱，或者廣為人知的貓抓熱，而貓抓熱又會導致腦病變——一種會造成永久性腦部受損、甚至死亡的腦部疾病。

我得到我要的答案了。我全身每一個細胞都知道這就是答案，我百分之百確定我得到答案了。我的光之團隊把我帶到了真相面前。艾希莉感染的是巴東體屬。

然後，我又得到另一個宇宙資訊，告訴我這種疾病是如何以及為何會突然如此強烈地侵襲她。艾希莉在幾年前曾經接種過HPV人類乳突病毒疫苗。另一頭也讓我知道，那個疫苗裡的某種成分讓她的細胞受損——字面上來說是滲透過她的「細胞大門」，然後讓它們無法再關上、鎖緊並對抗疾病，也就是說，不管是什麼攻擊了艾希莉，都得以在她體內繁衍。

我徹夜上網找資料直到清晨四點鐘。等我丈夫醒來時，我告訴他另一頭讓我知道了艾希莉的問題在哪裡。那天早晨，我帶她去看了兒科醫生，同時不忘把那份文件資料帶在身上。我甚至還印了好幾張艾希莉的皮疹照片，以及登載在

醫學期刊上、證實巴東體屬會引起焦慮、憤怒和情緒波動的
論文報告。我把這些全都交給醫生，並且向她解釋注射HPV
疫苗是如何對艾希莉的細胞造成了破壞。醫生聽完笑著搖了
搖頭。

　　「如我直言，艾希莉並沒有感染巴東體屬。」她說，
「HPV疫苗是絕對安全的。」

　　然後，她拿出一本醫學書籍，讓我看了一段文字，描述
巴東體屬感染的皮疹會呈現三顆圓點狀，而非艾希莉那種六
條直線式的樣貌。我試著讓她看我找到的論文，但是她卻把
那些文章放到一邊，甚至還露出輕蔑的笑容，並且向我保證
我對艾希莉的論點完全錯誤。

　　如果這段對話是發生在不久以前，我一定會聽從她的專
業而放棄我自己的意見。但是我現在不會了。這回，我有我
的光之團隊站在我這一邊。他們已經讓我看到是哪裡出了問
題，而我也知道他們是對的。因此，我堅持要醫生幫艾希莉
做巴東體屬的血液篩檢。

　　也許是為了滿足我，醫生同意幫她抽血檢查。兩天後，
篩檢結果出來了。

　　艾希莉的巴東體屬檢驗結果呈現陰性。

　　我知道這一定搞錯了。關於艾希莉的病因，另一頭已經
引導我直指巴東體屬了。為什麼測試結果會是陰性呢？

　　「我不管測試結果是什麼，」我告訴醫生，「我知道她
就是感染了巴東體屬。」

幾天之後，我和我的朋友溫蒂聯絡，溫蒂剛好也是萊姆病患者。她問起艾希莉的事，我也讓她知道另一頭告訴我有關艾希莉和巴東體屬的事情。溫蒂聞言倒吸了一口氣。她說，巴東體屬和萊姆病通常都是息息相關的……兩者是共同感染。溫蒂曾經接受一位康乃狄克州的世界知名感染疾病專家治療。找他看診的預約名單已經排到兩年後了。然而，兩年的等待對艾希莉來說太久了。

「我看看我能幫上什麼忙。」溫蒂說。

我知道她人脈很廣，也知道她會盡一切所能來幫我，然而，我還是不敢奢望。不過，溫蒂竟然幫我們預約到了史蒂芬‧菲利普醫生兩週後的門診。

這位專家仔細地閱讀了艾希莉的就診紀錄，也在我告訴他我確定艾希莉感染了巴東體屬時仔細聆聽。他問我艾希莉最近是否有出現某個特定的症狀──腸躁症便秘──那是感染巴東體屬的一個很好的指標。這個問題讓我詫異到張口結舌。誠如我之前說過的，艾希莉幾個月前有過這樣的症狀。

「這是典型的巴東體屬感染，」醫生說，「我也會幫艾希莉做萊姆病的測試，這兩種病症通常都互有關聯。」

這次，這位醫生針對萊姆病做了更先進的ELISA和西方點墨測試，同時也透過銀河診斷實驗室進行了針對巴東體屬的測試。位於北卡羅萊納州的銀河診斷實驗室擁有全美巴東體屬測試最專業的設備。

測試結果顯示艾希莉的萊姆病呈現陽性，而巴東體屬的

陽性反應更高。事實上，由於陽性數值過高，醫生相信她很可能已經感染三年了。

三年！剛好和艾希莉受到磨難的時間一樣長。

醫生立刻讓艾希莉開始接受萊姆病的治療。她服用的藥物具有嚴重的副作用——她的骨頭和肌肉會出現劇烈疼痛，甚至有一次還覺得好像有一堆蟲在她體內鑽來鑽去——然而，她所有的精神症狀全部都消失了。那些抗生素似乎讓她的焦慮得到了控制，但是，取而代之的體力消耗和腦霧則形成了另一個戰場。

另一頭在這個時候再度介入了。另一個好朋友讓我們找到了第二位非常優秀的醫生，克莉絲汀・葛洛克——一名在紐澤西莫瑞斯鎮的自然療法師——她治癒了我這位朋友兒子的萊姆病，讓他恢復了健康。葛洛克醫生所做的一項細胞測試透露了更多的信息。不過，在她幫艾希莉測試之前，她要我把艾希莉的醫療史都寫下來——包括她的症狀，以及我覺得哪裡有問題。於是，我把另一頭告訴我的如數寫了下來。之後，葛洛克醫生做了一個細胞血液測試。當我們再度回到門診聽取測試報告時，她滿臉驚訝地坐下來說，她這輩子從來沒有發生過這種事。她說，我所寫的和測試結果顯示的一模一樣，測試結果證明了我所寫的完全正確。艾希莉的細胞裡有很嚴重的鋁毒性。而只有一種疫苗裡含有這種鋁的成分——嘉喜疫苗（Gardasil），也就是艾希莉為了預防HPV而接種的疫苗。醫生進一步解釋說，那些卡在她細胞裡面的鋁，破壞了她的粒線體，並且造成她的細胞壁膜層變薄——

那就是我在另一頭給我的資訊裡看到的艾希莉的「細胞大門」！——因此，任何入侵到她體內的細菌和病毒才能如此猖獗。她的細胞無法把細胞的門關上來預防感染。她的免疫系統起不了作用。為了排出她免疫系統中的鋁，醫生開了靜脈治療的處方，並且也開了很多草本和自然療法的處方。[1]

那真的是驚人的一刻。

艾希莉開始好轉，她的狀況在改善。那個我們曾經極度害怕會失去的甜美又可愛的女孩逐漸回來了。不久之前，艾希莉參加了她的美國大學入學考試測試——一場為時將近六小時的大學入學測驗。過去那三年裡，她對任何事的專注力都無法超過幾分鐘——但是現在，她戰勝了大學入學考試。

在我寫這篇文章之際，我們仍未走出森林。艾希莉的狀況還在起起伏伏，因此我們都需要提高警覺。但是，她是那麼地堅強，她的意志力是如此地驚人。看到她對疾病的反擊，以及重新拾回她獨特的自我，我真心為她感到驕傲。我把我所有的愛和讚賞都給了她，而她美麗、寬厚的精神力量也讓我為之折服。我們還有一段路要走，但是，我們已經很接近了。我相信，艾希莉一定會沒事的。

我也確定另一頭會指引我，讓我知道我所需要知道的一切，以確定她一定會沒事。

---

1 我完全不反對接種疫苗。我認為疫苗接種是非常重要的事。我向來都會讓我的孩子接種疫苗，未來也會繼續這麼做。無論出於什麼原因，這次的接種確實對艾希莉造成了問題。

有些時候，另一頭會發送給我們紅雀、彩虹和土撥鼠。不過，有些時候，他則會發送給我們更為內在的徵兆——直覺、牽引、夢境、偶然的念頭。這些都是宇宙為了指引我們方向所發出的牽引。

我的意思並非是另一頭永遠都會幫我們解決問題。那不是宇宙運作的方式。無論我們多麼努力想要治療一道傷口、治好一個疾病，或者修補已經破裂的東西，我們都會面臨無可避免的路徑和通道。有些父母比葛瑞特和我還要辛苦地奮戰，但是他們仍然失去了他們的孩子，並且陷入極大的痛苦之中。沒人可以保證另一頭一定會帶來奇蹟，然而，我們可以確定的是，在我們最黑暗的時刻，我們絕對不會孤單。我們有一個支援系統早已就位。我們有和我們站在同一邊的堅強部隊，他們會幫助和指引我們——這就是為什麼對我們的光之團隊保持開放，讓他們可以觸及到我們是如此重要的原因。

如果我回溯一切，並且像攤開一張樓層平面圖一樣把它展開的話，我就可以看到另一頭是如何引導我朝著正確的答案前進——從譚恩美的書、到臉書貼文、到PANS的文件、到溫蒂、到傳染病專家，到自然療法師。這場考驗就在那裡等著我去經歷。儘管過程中也會出現迂迴、轉錯方向和閃失，但是，另一頭絕對不會讓我輸掉這場考驗。宇宙會一直把我牽引到正確的方向。

這個故事是關於降服的力量，把我們自己交給另一頭的力量。我相信，當我們全心全意相信一個更高的力量時，某

種意義深遠又能改變生命的事就會發生。因為在那個時刻，我們不僅是在和另一頭合作，更在榮顯我們對另一頭的依賴，並認同我們之間的相互連結。

我們怎麼稱呼這個更高的力量並不重要。我在路德教派的教義下長大，我也一直都相信上帝。當我跪在臥室裡向上帝禱告時，我可以感覺到我的光之團隊和我已逝的父親都在那裡與我同在。我現在對上帝的概念已經和我小時候不同了；在我現在的人生階段裡，我可以說這個概念已經擴展了。更高力量的概念在不同的文化和信仰體系中，有不同的名稱——而榮顯它的方法也各有不同。相較於更高力量確實存在的這個基本信念，名稱和儀式的重要性幾乎微不足道。更高的力量就在那裡，愛著我們，我們隨時隨地都可以找到它。但是，這也取決於我們是否對它打開我們的心、是否相信它，以及最終是否連結它、降服於它。

我女兒艾希莉和我們可怕的旅程，全都是宇宙對我們計畫的一部分。我們學習到愛、希望、信仰和連結的課題，而那將引領我們走向我們生命中注定要連結的人。

我們都不孤單。沒有任何生命注定要過得孤獨。沒有任何的存在是不重要或沒有意義的。我們都和彼此互相連結，也都和另一頭的光及愛的力量連結。透過這些連結——透過這些在我們之間凝聚我們的光之繩索——我們可以獲得心靈的健康以及真實的自我，讓我們變得更強而有力，也更具影響力，這是我們在沒有連結時遠遠做不到的。

這就是降服於另一頭所帶來的力量。

從我的眼底消失

我站在岸邊，身旁一艘船
在流動的微風中揚起白帆，駛向藍色的大海。
她是美麗和力量的結合。
我站在那裡目視她的離開，直到她終於化成
海天交界的一個白點。

然後，有人在我身邊說：「看，她走了。」

走到哪兒去了？

從我的眼底消失了。如此而已。她的船桅、船身和船檣，
大小依舊，如同從我身旁離開時一樣。
她依然載著生命的能量航向她命運的港口，
她逐漸縮小的身影只存在我的眼底——其實她未曾改變。

就在有人說：「看，她走了。」的剎那，
卻有其他的目光正在迎接她的到來，
還有其他的聲音準備歡呼：「她來了！」

而那就是死亡。

——亨利·范戴克（Henry van Dyke）

第四部

留在光裡

愛是你和一切事物之間的橋梁。

——魯米

　　每一天，我們身邊都圍繞著神秘的語言。這個語言幫助我們了解這個世界某些最讓人迷惑的部分。它幫助我們了解有些人為什麼會出現在我們的生命裡；也幫助我們在曾經只有黑暗和迷惑的地方看見意義。它幫助我們走過失落，也幫助我們明白，我們不僅受到照看，而且所受到的愛也比我們知道的更多。

　　它也教導了我們，讓我們知道我們都是彼此生命裡的一部分。我們和彼此共同編織了一幅由意義、愛、寬恕、希望和光組成的神奇織錦。我們屬於彼此。我們在地球上的關係至關重要，而它們在我們的肉體死亡之後也會繼續存在。愛就是維繫這一切牢不可破的連結。

　　了解這個宇宙的神秘語言有助於引領我們走向我們最崇高的道路，並且能讓我們相信我們並不孤獨，永遠不會孤獨。

　　事實是，一旦你打開心靈接受這個神秘語言，就會開始看到它無所不在。

　　無所不在。

30　如何燦爛閃耀

這裡有個簡單的問題：椅子是用什麼做的？

一張椅子可以用木頭、塑膠、金屬，或者任何固體的東西來做。

好吧，那麼，一張椅子到底是什麼做成的？木頭是什麼做成的？塑膠呢？金屬呢？

所有這些東西都由物質所構成，物質是一個科學用語，可以用在所有具有質量和體積的東西——基本上，世界上任何需要佔用空間的東西都算。所有我們認為是「有形」的東西，都可以視之為物質。

好了，那麼物質又是什麼構成的？

這個問題很簡單——所有的物質都由原子組成。

原子本身則是由一些微粒所構成，包括質子、電子和中子。而質子和中子是由夸克和膠子等微粒組成。也許還有其他更小的微粒，不過，截至目前為止，還沒有人確認過。

然而，我們所知道的是，所有這些東西——物質、原

子、質子、電子和夸克——它們的原則屬性都是一樣的。那個屬性就是能量。

　　研究量子物理的科學家們相信，所有的物質都是能量——原子本身就是不斷旋轉的電能場。亞伯・愛因斯坦著名的方程式——$E=mc^2$——基本上承認了物質和能量之間沒有真正的差異。「質量和能量是同一種東西的兩種不同表現——對一般人而言，這是個有點陌生的概念。」這是愛因斯坦在1948年提出的論點。所有我們可以看到或想像得到的東西——換句話說，就是整個宇宙——都是由能量所構成。

　　也就是說，椅子確實是能量做成的。在我們眼中，它們可能看起來是固體、是不可移動的，但實際上，它們是由存在於巨大的能量場裡、不斷旋轉和震動的微小原子所組成。椅子沒有實際的物理結構，因為原子並不是由「有形的」的東西所構成。原子本身的結構是一種看不見的能量場。

　　這就得出了一個自然的結論，那就是，我們也是由能量所構成。

　　我們很容易就忘記這個基本的真理，而以為我們絕對是「有形的」存在——手臂、腿、眼睛、頭髮，是一個有靈魂的身體。然而事實卻剛好相反。

　　我們都是有身體的靈魂。

　　而我們的靈魂，就像宇宙其他的東西一樣，都由能量所構成。

　　事實上，我們的身體真的會發光。科學家們已經證實，

我們在一片漆黑中會發射出生物光子。雖然肉眼無法看見，但是，這些生物光子可以被敏感的儀器測量到。我們確實是光的存在。

每當我和人們談及徵兆的時候，我總是會先試著讓他們察覺到他們自己的能量。

想想看——我們不都認識有些人，他們只要走進一間房間，就可以「改變房間裡的能量」？我們不都認識有些人，他們的正能量在他們本人出現之前，就已經先宣告了他們即將來到？我們不也都認識有些人，他們的負能量可以像泥巴一樣緊緊黏著我們？

由於我們是由能量組成，所以我們也會釋放出能量。而我們所釋出的能量，能夠對某些人的能量和生命，帶來真實而重大的影響。我們攜帶和分享能量的方法也許是肉眼所看不到的，但它卻和握手一樣真實。對於我們在生命中遇到的每個人，我們都能帶給他們一股特定的能量。

而我希望大家都能明白，這股能量不只對我們很重要，對於在我們道路上的每一個人也同樣重要。就連我們的想法也很重要，因為它們也是能量。

這份能量之所以重要，是因為我們都以非常真實的方式彼此連結。我們天生就會去尋找並且渴望連結。

不過，我們偶爾也會失去互相連結的感覺。雖然，我們讓生命中發生的事件削弱我們的能量，但是，我們可以控制我們的能量，我們可以強化它。

只要藉由轉換我們的能量就可以做到。

想要轉換能量，我們需要對如何掌控和投射我們的能量有更多的察覺。以下是一個我們可以付諸行動的簡單方法。試著在明天早上醒來之後，下定決心對十個人微笑。就這樣——只要對他們微笑就好。幫你開門的人、你的老闆、健身房的前台、幫你沖咖啡的咖啡師。給他們一個大大的微笑，然後觀察那個笑容如何轉換你們之間的能量。注意這個笑容如何影響他們的能量，以及你自己的能量。

練習創造能量的轉換，並且體會一下它的感覺。如果有司機打了方向燈表示他要超車，那就招手讓他開進來。如果熟食店裡有人看起來好像在發怒或非常激動，那就對他說句好話。如果你在商店裡看到情緒失控的小孩，那就給孩子的母親一個安心的微笑。

這就是我們如何把我們的能量轉換到正面的方法，也是榮顯我們互相連結此一偉大恩賜的方法。當我們這麼做的時候——當我們轉換我們的能量時——我們就更能接受他人和宇宙的能量。我們越常這麼做，我們就越能「打開」我們的能量，也更可能對一切打開我們的心扉，包括來自另一頭的美麗徵兆。

因為我們提升生命的方法，就是去提升我們的能量。

我們每一個人都可以採取一些實際的步驟，來讓我們的身體、精神和心靈都達到更高的境界——一個讓我們更懂得要求和接收強大徵兆的境界。

藝術的重要性

這本書不只是關於我們和另一頭的連結，也關於我們彼此在地球上的連結——而我們榮耀這份連結、與其共同成長的最卓越的方法之一就是透過藝術。

在人類的歷史上，社會的大幅進步總是發生在偉大的藝術時代。想想始於十四世紀佛羅倫斯的文藝復興，那是一場成長和發明的大爆發。我會這樣相信，是因為藝術會轉換我們的能量。藝術讓我們對新的想法、新的可能性和新的能量打開我們自己。偉大的藝術作品都具有一種特殊的宏偉和活力，而那種美妙的能量可以改變我們自己。即便是數個世紀前所創作的藝術作品，都依然擁有且傳遞著一股特別的能量。事實上，有一種透過藝術的心理治療就叫做藝術療法。想想當我們聽到一首打動我們的歌曲時，是什麼樣的感覺。光是聽這首歌的單純行為，就可以轉換我們的能量。通常，單單只是聽我們喜歡的音樂這個念頭，就足以讓我們感到興奮，感到快樂和活力。當我們接觸藝術時，我們就已經把自己銜接上宇宙這股流動的光了。

我也相信，所有的藝術家在創作他們的作品時，都和另一頭的光之團隊有所連結和合作。例如，哈利波特系列的作者J‧K‧羅琳就提到過，這個男孩巫師的最初創意——事實上，也是構成她七本哈利波特小說所有故事情節和神話的創

意——是在她擠身於曼徹斯特前往倫敦的火車上時，突如其來的靈光乍現。

「哈利波特的想法突然掉進我的腦子裡，」她說，「我手上沒有筆，也不好意思向火車上的人開口借，當時那著實讓我覺得有點氣餒，不過，當我回頭看時，卻覺得那是最好的安排。那給了我足足四個小時的時間，在火車上構思那本書的所有創意。」

這是多麼驚人的事！一個如此神奇、重大的想法剛好「掉進」你的腦袋裡！不過，事情是這樣的——J・K・羅琳收到了一份來自宇宙的資訊，讓她塑造了哈利波特，但是她還是得做她自己該做的部分。藝術永遠都是一種共同創作。

沒有一個藝術家是單獨工作的。

所有的藝術都是兩者之間的合作，這兩者就是我們之中那些把藝術帶到世上的人，以及從另一頭把創作的光、靈感和能量發送給我們的人。

我還記得為了哈利波特一本新書的發行，我在半夜裡帶著我的孩子去書店的經驗。現場的景象實在太不可思議了。一堆人穿戴著哈利波特的裝扮，揮舞著魔杖，帶著興奮和期待激動不已。書店外的大街充滿了喜悅、活力和正能量，事實上，我還真的感動到哭了。我當時心想：看J・K・羅琳是怎麼把我們帶到了一起！看看這些幸福和歡樂！而這樣的景象正在全球幾十個國家裡的幾千家書店上演！看看我們是如何被這件事凝聚在一起！這是多麼神奇的連結時刻！

　　然而，儘管藝術的力量確實展現出如此令人驚嘆的景象，但是，我們整個社會並未像我們應該的那樣重視藝術。

　　例如，我們的社會會要求小孩上體育課，因為我們認同身體狀況和健康之間的關係。但是藝術呢？不——我們並不要求上藝術課。如果孩子夠幸運的話，藝術就可以擠進他們的課程表裡。

　　但是，那是一個錯誤。藝術是我們傳達所有人類故事的方法，也是我們在地球上彼此連結最強大的方法之一。讓我們自己的這個連結遭到剝奪，不僅短視而且代價高昂。忽視藝術無異於將一位藝術家或一段時期的光、能量和偉大成就，從我們手中盡數剝奪，因為一件偉大的藝術作品就如同通往那個時代和能量的大門，即便這個藝術作品創作於好幾個世紀以前。我們為什麼要讓自己自絕於那種恆久的、正面的光和能量之外呢？我們為什麼不想成為我們自己歷史傳述的一部分呢？

　　藝術的能量和活力對我們所有人都有深刻的影響，並且可以把我們對徵兆和創意的接收度提升到一個更高的境界。如果我們選擇去發掘這份力量，我們就會得到回報。也許我們可以畫一幅風景畫、也許是雕塑，或者彈鋼琴，也或許只是單純地去博物館、聽音樂，或者讀一首詩。所有形式的藝術，都是我們和整體存在，包含過去、現在和未來之間的某種對話。那是我們藉著提升我們的能量，在提升我們自己的生命。

　　藝術也可以打開我們的心智。以林—曼努爾·米蘭達（Lin-Manuel Miranda）的歌舞劇《漢米爾頓》為例。這部歌舞劇是讓我們重新審視我們歷史的一個充滿活力的方式，同時也讓我們去探索我們希望在自己的時代裡創造出什麼樣的歷史遺產。這部歌舞劇提出了幾個我們的基本問題——包括個人層面和集體層面。還記得那首歌——〈歷史正在注視著你〉嗎？

　　在我的生命裡，我一直都覺得自己和藝術有很深的連結。音樂對我當然一直也很重要。它是我和我父親溝通的方式——我們藉由一起唱歌來溝通。我承認自己不是世上最好的歌手——我希望下輩子是一個擁有天籟之音的人——不過我還是很喜歡唱歌。唱歌本身的行為——震動、聲波——對我來說是很神奇的。它改變了我。也許，音調和音質在我的歌聲中乏善可陳，但是，那不代表唱歌不能把我的能量轉成正面能量！

　　除了音樂之外，購買和展示那些真正吸引我、並且啟發我的藝術品，對我來說也很重要。我可以真實地感覺到該藝術家在其作品中的能量，那份能量締造了一股創意、探索和美的強大連結。

　　你不妨自己試試看。當你感覺低落時試試看。到博物館去，或者去看場電影或戲劇。唱首歌或者讀一首詩。敞開心扉去迎接交流所帶來的活力和光彩。我敢打賭，你會感覺到你的能量出現轉換。

　　我們都被賦予偉大和美妙的藝術天賦，我們需要去察覺到這份天賦。如果我們察覺到的話，藝術就可以並且將會改變我們的能量和生命。

感激

　　由於我們都是由能量組成，所以，我們也會釋放能量。我們會發出振動——電波的震盪。另一頭讓我們知道的是，身為人類，我們可以達到的兩種最崇高和最純粹的振動就是愛與感激。

　　悲觀主義者是能量磁鐵——他們往往只會接收到他們身邊的負面能量。不過，實驗顯示，如果你讓一個悲觀主義者坐下來，然後要他或她寫出一份簡單的感謝清單——找出他們在每一天裡，真心感謝的一件或兩件事（或者十件）——你就可以在幾週之內，將他們的能量由負轉正（研究顯示，在連續練習二十一天之後，這樣的練習就會變成一種習慣）。

　　臉書的首席營運長雪柔・桑德伯格（Sheryl Sandberg）曾經寫過也談及過關於感激的改變性影響。在2015年的時候，她的丈夫大衛——他們兩個幼小孩子的父親——在跑步機跑步的時候，因為心律不整而意外死亡。他的死亡讓她心碎。在沮喪難耐的那些黑暗時刻裡，一名心理學家朋友建議她嘗試做一些反直覺的事。

　　「他建議我想想事情有可能更糟糕。」2016年，桑德

伯格在加州大學柏克萊分校畢業典禮上發表演說時表示：
「『更糟？』我說，『你在開玩笑嗎？事情怎麼可能更糟？』」

她的朋友回應她說：「大衛的心律不整也可能發生在開車載著孩子的時候。」

桑德伯格只吐出了一個字：「哇。」

在那一瞬間，她感覺到她所謂的極度感激，因為她還保有她的孩子們。桑德伯格解釋道，那份感激「減輕了部分的悲傷。找到感激和理解是重新恢復的關鍵……數一數你所獲得的恩賜，確實可以讓你所得到的恩賜變得更多。」

透過這種心理上的操縱——想著她所感激的事，而非想著她丈夫去世的悲劇——桑德伯格才得以做到她原本以為不可能的事：減輕她的悲傷，即便只是一陣子。她把能量轉換到正面。這聽起來很簡單，因為它確實如此。感覺到感激的單純經驗，明顯地改變了我們的能量。

負面的想法就像丟到我們能量場裡發臭的垃圾（有些還更臭）。現在，把正面的想法看成是圍繞著我們的可愛花朵。過一會兒之後，我們若非坐在一個發臭的能量垃圾堆裡，就是坐在一片芬芳的綠草上。選擇你自己要待在哪一個能量場很容易，因為我們會根據我們的思考方向做選擇——和控制。我們會選擇要去擁抱哪一個想法。

所以試試看吧。列一份感激的清單。從每天寫下一件事開始。然後繼續做下去。每天都寫下新的事情。記住那個二十一天法則，那會幫助你把這件事養成習慣。到了第二十二

天，你就會在早晨醒來的時候，自動尋找讓你感激的事情，而非尋找讓你感到不愉快的事情。

想法很重要

這個概念已經在上述的感激部分證實了──不過，我們所有的想法也都一樣──它們對我們的生活品質很重要。

想法可以令人振奮、也可以讓人害怕，因為想法意味著行動，行動會導致改變，而改變的力量又是難以置信地強大。我們可能對自己所擁有的改變自我生命方向的力量感到恐懼。正因為如此，所以，我們有時候會讓負面想法阻止我們改變或前進。我們告訴自己：我很愚蠢，或者我永遠都不會快樂，結果這些想法就變成了我們的現實。這個在我們腦子裡的潛台詞──我們的想法──變成了我們活生生的事實。

然而，它們並非事實──它們只是想法而已。我們可以學習去轉換並且提升它們。

怎麼做？我們要如何把我們腦子裡那個恐怖、負面的聲音拒之門外？那個喜歡對我們說，我們有多麼沒有價值、多麼不幸或多麼不可愛的聲音。

我們不用把它拒之門外。我們不需要阻止那個聲音。

我們可以和它對話。

這裡告訴你怎麼做：首先也是最重要的步驟是去察覺那

個負面的聲音何時響起。如果你早上醒來就聽到那個聲音說：啊，今天會是很糟糕的一天；然後，在你準備去工作的時候，你讓那個想法停留在那裡，那麼，你就已經預先決定了你那天的能量等級了。你已經把這個負面的想法當作是事實了。

但是，那不是事實。所以，下次你再聽到那個負面聲音的時候，識別它，然後立刻和它對話。告訴它：「不，事實上，今天是一份禮物。此時此刻還活著，就是一份很棒的禮物。而且我和宇宙的一切都有深刻的連結，我的存在也擁有著力量和魔法，今天將會是對這份連結、以及我能做的一切的一場美麗探索。今天將會是很棒的一天。」

就這樣！那就是你要做的。只要這麼想、這麼說，你就已經轉換了你的能量。想法的能量就是那麼簡單、那麼強大。所以，務必要察覺那個負面的聲音，記得要和它對話，然後留意你的能量會如何改變。

顯化

我很想討論這個概念，我甚至可以寫一本這方面的書。不過現在，我只想針對顯化所帶來的不可思議的力量，分享我的信念——駕馭、擁有並引導我們的能量，以創造一個值得我們擁有的未來。我們需要留意的一個事實是：我們一直都處在和宇宙共同創造的狀態！

現在，如果我們說某件事是顯而易見的，意思就是說它是清楚而真實的。這並不是指它將會清楚且真實，而是它現在已經是了。所以，在提及顯化時，我的意思是，我們和宇宙針對我們的未來、以及什麼是我們未來的真相這兩者所進行的對話，要保持開放和覺察。這個對話必須是明確的——我們需要全然了解自己想要什麼樣的生命道路，並且分享這份了解。這個對話也必須被欣然擁抱，就好像它已經發生了一樣——因此，需要使用過去式。因為，我們並不是在對宇宙說我們希望什麼事情會發生。

我們是在對宇宙說某件我們知道將會發生的事。

我曾經對顯化存有懷疑。但是，後來我自己對此有了直接而強烈的體驗。大約在我寫第一本書的前一年——甚至在我想到要寫書之前——我的一個朋友要我和她一起去上一堂關於顯化的課。當時她正經歷離婚，而她想顯化她生命的正面改變。那時候，我對顯化這個概念所知不多，不過，我想當一個支持她的好朋友，因此，我就同意和她一起去。

在課程中，老師要我們翻閱成堆的雜誌，然後把反映出我們希望自己未來是什麼樣子的相關圖片和文字剪下來，或者是單純觸動我們的圖文也可以。我們會在下一堂課裡，把這些圖片黏貼在一張紙上，創造出我們自己的「願景板」。我們被要求從感激的立場、而非期待的立場，來尋找這些圖像——就好像它們已經發生在我們身上一樣。

這整件事情對我來說似乎有點荒謬，不過我還是照做

了，並且發現我自己剪了一些奇怪又罕見的東西。我很想要剪下來的第一個東西是一句話：「紐約時報暢銷作家」。這有點瘋狂，也沒什麼意義——我根本沒有打算寫書！不過，我還是把它剪了下來，準備貼在我的願景板上。我甚至還記得當我把這句話剪下來時，有一個想法鑽進了我的腦子裡：*什麼？你剪這個？你自以為是誰啊？哈哈哈。*

　　後來，我一直沒有去上第二堂課，就是需要幫自己創造願景板的那堂課。相反地，我把那些剪下來的字和圖片塞進一個信封，丟進了抽屜裡。

　　一年很快就過去了。我仍然是個高中英文老師。當我在大廳值班時，我收到一則宇宙的資訊告訴我，我會寫一本書，主題是關於我對我們如何和另一頭連結、以及如何彼此連結的了解。那不是一個建議，而是一個指示；就像一筆已經完成、無法改變的交易一樣。在我收到那個資訊後的二十四小時內，很湊巧地，一堆人聯絡了我，包括一名作家經紀人和一位協同寫作者，而且不久之後，我就拿到了一份寫書的出版協議。

　　而最終，我的書《我們之間的光》，成為了《紐約時報》暢銷書。我已經顯化了我願景板上的那句話。

　　我記得在我的書登上暢銷書排行榜之後沒多久，我去翻了被我丟在抽屜裡的信封，然後對信封裡的東西感到驚訝不已。當我們對顯化開放自己時——和宇宙共同創造——宇宙會幫你做的夢，甚至比你自己所做的還要大。

　　我想要鼓勵你，打開心扉去和宇宙對話，談一談關於你自己的未來。

　　第一個步驟是思考——辨識出我們希望生命中有哪些部分能變得更好，然後明確地說明我們希望它們怎麼改變。接下來是視覺化。找出一些和你的能量產生共鳴的雜誌，用剪刀把你覺得吸引你的文字、句子和圖片剪下來。然後把它們貼到一張紙上，放到一個你每天都看得到的地方；並且幫它拍張照，做成你手機或電腦的背景！

　　再來是書寫。實驗顯示，把目標寫下來的人會比不寫的人更容易達成自己的目標——這個結果也同樣適用在顯化上面。因此，坐下來，然後寫封信給宇宙，彷彿你希望顯化的事情已經發生了。你可以這麼寫：「謝謝你在五月之前、或者比五月更早的時間，給了我那輛更安全的新車。」或者「謝謝你讓我在十月一日、甚至更早之前獲得升遷，並讓我覺得在工作上得到滿足而且有價值。」（附註：在時間上，你總是要說「更早」；在財務上，則要說「更多」，好讓宇宙和你一起創造，並且在比你所能覺知到的更好的時間點，用更好的方式，把你想要的帶給你。）寫這封信的方式，就好像你想要的事情已經成為了一個清楚而真實的現實！表達你的感激之情，就好像你的願望已經成真。盡可能地明確和仔細。這聽起來可能有點傻或簡單，但是，如果我不相信的話，我就不會和你分享——甚至，如果我沒有親身體驗過顯化的驚人力量，我也不會在此分享。書寫的確具有影響深遠

又無可否認的能量。

下一個步驟：和你的一個朋友或幾個朋友分享你的顯化。和兩個或更多的人一起顯化，會增強顯化本身！我發現，當一小群人聚集在一起時，神奇的事就可能會發生，這純粹是因為我們在那短短的幾分鐘內，都聚焦在同一件事情上。我們匯集了我們的能量。和別人分享經驗會增強顯化的力量，因為我們的集體思考是非常強大的（記得有句話說「團結力量大」嗎？）。

最後，是最困難的步驟，也是每個人都在努力奮鬥的：放手。

把它釋放到宇宙裡。不要企圖去管太多關於「怎麼做」的問題。我知道這聽起來有點違背直覺，因為，畢竟，如果我們不讓事情發生的話，它怎麼可能發生？然而，我所見到的是，如果我們真的對這個對話敞開心胸的話，宇宙就會幫我們搞定。此外，由於宇宙能帶給我們的驚奇，遠比我們自己所能想像的還要多；所以，我們需要相信，無論用什麼方法，宇宙都會讓一切發生，這點是很重要的。榮顯這種共同創造對我們來說是很重要的。

讓我來給你一個例子：假設你想要寫一部劇本，並把它賣給一家製作公司。你如何顯化這件事？先坐下來，在腦子裡想清楚，想像它正在發生，然後把它化為文字寫給宇宙。感謝宇宙讓你成為寫下這個美麗故事的人；感謝宇宙幫它找到了最完美的製作公司，讓它有了最完美的家；感謝宇宙讓

你探索了你驚人的作家天賦；並且感謝宇宙用這個劇本，讓你和你在這個世界上的位置都受到了提升。確切表達你希望這一切在哪一天之前發生（「或者更早」）。然後相信宇宙會讓一切發生。

雖然，你還是得在某個時候全力以赴去寫劇本——但你同時也需要相信，宇宙會引導你走向正確的道路。

如果我們能注意到顯化的過程是如何以真實而正面的方法轉換我們的能量，我們就能把自己提升到一個更高、更有接受力的境界。顯化適用在我們生活裡的各個層面——從愛情、職業生涯、金錢，到我們住的地方、我們生活的方式，以及我們創造的家庭。

旅行

能量不只駐在我們體內——它還駐在我們居住和集聚的地方。由於我們每個人都各不相同，因此，每個地方的能量也都不一樣。在旅行的時候，我們把每一個新地方的能量，都以能被轉換的方式一飲而下。旅行為我們注入新的能量，增強我們和更寬廣的世界之間的連結感。這個能量、這些連結之繩，即便在我們離世之後，也會一直和我們同在，並且持續提升我們。

旅行比我能夠解釋的更豐富。當我還在念大學的時候，我選擇到英格蘭的牛津大學去念了一年書——這個經驗徹底

改變了我。在牛津的那段時光裡，我充滿了數千名早期的學者和藝術家前輩們的能量，那段經歷以非常真實的方式把我塑造成後來的我——一名教師。

我們都曾經到過有著「巨大能量」的地方——一間餐廳、一處營地、一座大學城等等。那是一個一切似乎都更具活力、更明確，也更生動的地方。那股「巨大能量」是真實的存在，並且正等待著我們。

一旦你到了那個地方，我會鼓勵你留意你自己的感受。注意那個地方的能量如何影響著你的能量。把這個新所在的特色記下來，也許是一間博物館、圖書館或公園，並且對它轉換你自己能量的方式保持清醒。

負離子

負離子聽起來好像是我們應該嘗試避免的東西，然而，事實正好相反。負離子的好處多不勝數。

離子是指一個原子或原子團，因吸附電子或失去電子而成為帶電的粒子。負離子則是指獲得多餘電子的一種離子。這些離子被自然的力量所帶來，例如空氣、水和陽光。在負離子高度集中的地方，我們可以確實感覺到它們的存在。一場暴雨過後，空氣中那股特別的感覺就是一個例子。另一個例子是當我們在緩緩流動的水邊或海邊的時候，那股迎向我們的突然的平靜感。或者當我們沐浴在陽光下時，我們所感

覺到的內在溫暖，而非皮膚表面的溫暖。有時候，我們在某些特定地方所感覺到的諸多神奇、驚人、無法解釋的能量湧現，都是負離子的傑作。

以實際且科學的觀點來說，負離子確實可淨化空氣中的臭味、細菌、花粉、黴菌孢子，以及其他的微粒。想想我們在淋浴時感覺到的那股清爽和乾淨。那是因為我們家裡的淋浴是負離子的天然產物。暴雨也有同樣的作用，這也就是為什麼我們在大雨中會覺得很振奮的原因。例如，到尼加拉瀑布旅行，站在它強勁的水花附近，我們就會感覺到一股負離子的大爆發。身處海邊、船上、碼頭上、海港邊，或者湖岸上，都可以轉換我們的能量。即便只是站在一座噴泉旁邊，都可以為我們帶來正面的影響。

樹也可以釋放負離子，讓這種能量瀰漫在我們身旁，特別是松樹。到森林中健行是一種淨化我們的能量、讓我們恢復活力的好方法。每年，我都會試著去阿迪倫達克山脈旅行，只因為那片宏偉的森林和美麗的湖泊讓我為之深深嚮往；負離子的漩渦會讓我充滿神奇、再生的能量。

負離子不是我們會花很多時間去思考的東西，但它們卻是一種提升我們自己和我們能量的簡易方法。讓我這麼說吧——我們攜帶能量的方式，就和我們在泥巴中翻滾完之後，我們的衣服會沾上泥巴一樣。如果我們的衣服沾上泥土，我們就會脫下來清洗——然而，如果我們的能量是負面的，我們可能不會採取什麼行動去淨化它。我們可能會連續

幾天都帶著這份能量「泥巴」。

　　負離子能淨化我們。歐洲有些辦公大樓確實透過通風系統傳送負離子，結果，他們的員工病假天數減少，同時也表示感覺更健康。我們甚至也可以購買手提負離子機在家裡和車內使用。不過，要把負離子帶入我們的生活，還有其他更簡單的方法。到林中散步、跳入海裡，或者當你淋浴時，留意一下水流和水花濺起來的方式。聚焦在水上面。只要這麼簡單的一個正念的動作，就可以用驚奇的方式讓我們精力充沛，並且轉換我們的能量。

淨化煙薰

　　在祈禱和淨化的儀式中，燃燒草藥這種古老的做法叫做淨化煙薰，而這種做法至今依然存在。很多文化都使用燃燒草藥作為淨化的一種方法，包括美國原住民文化。然而，雖然淨化煙薰可以回溯至史前時代，並且跨越時間和文化，但是，它所具有的含義卻遠超過古老智慧和部落迷信。科學實驗顯示，燃燒植物如乾燥鼠尾草之類的物質所產生的煙，可以清除空氣中的有害細菌。這些煙的作用一如空氣清淨機，有助於肺部、皮膚和腦部的功能。淨化煙薰的益處是很真實的。

　　誠如淨化煙薰可以排除空氣裡的負面成分，它對我們的能量也起著同樣的作用。當我們輸出我們的想法，並且把煙

視為淨化器的角色時，它確實就可以淨化我們的能量。通常，當我們和一些也許帶有相當負面能量的人接觸時，我們就會沾染到他們的氣韻。因此，經常清理我們的能量會是一個好主意，而淨化煙薰就是清理能量的一個好方法。

更重要的是，這是我們在家就可以輕易嘗試的。稍微做一下功課，然後找出適合你的東西。用線繩紮起來的乾燥草藥被稱之為香薰杖，甚至在亞馬遜就可以買到。我燃燒過乾燥的鼠尾草——一種名字源於拉丁文「治療」的草藥——然後發現那是一種清除負面能量、把我們的能量轉為正向的好方法。

有時候，類似這樣的小儀式能有助於提醒我們要不斷地清理、清除和榮顯我們的能量。

運動

任何可以釋放我們動能的身體活動，都是轉換和提升我們自己的另一個好方法。我們都是填充在人體內的光的存有。有時候，那可能會有點不舒服，所以我們的能量就可能會聚集並卡住。動態運動有助於讓我們的能量免於僵化，並且讓我們活躍起來。跑步、跳舞和做運動都有助於清除負面能量，振奮我們的靈魂。特定的一些活動，例如瑜伽，就更進階一步了。這類的活動結合了動作本身和逐漸提升到半冥想的狀態，而這兩者都是強大的能量轉換工具。瑜伽也可以

平衡我所謂的「BMS」——身體、意志和靈魂所構成的鐵三角。針灸和搓壓經絡點的練習，則可以藉由刺激你身體的能量點，來釋放和清理這股能量。

這麼做是為了讓我們找到在生活中創造開心運動的方法，作為照護我們的能量、讓我們提升到更具接受力狀態的方法。運動無疑是有助於能量平衡和釋放的好工具！

食物

還有另一個我們需要認真以對的，就是我們吃的食物。好好想一想——吃其實是我們在地球上所做的最個人的事了。因為那是把東西攝入我們的體內，讓它成為我們的一部分。很不幸地，我們之間有很多人不太在乎我們吃的是什麼，或者吃下去的東西讓我們有什麼感覺。

結果，我們就吃下了大量的糖、防腐劑、化學成分、咖啡因，以及其他會慢慢摧毀我們的身體、導致我們體內不平衡的物質。然而，不好的飲食習慣會如何對我們的能量層面造成負面的影響，我們有些人還是相當清楚的；那也是何以我們不斷地下定決心要吃更好、更健康的食物。我們知道，如果我們改變我們吃的東西，我們就改變了我們的能量。而一旦我們改變了我們的能量，我們就改變了我們是誰——並且改變了我們的生命。

聽著，我不想對你說教，但是我真的相信，更加注意我

們所吃的東西是最重要的。我們需要吃更健康、更未經加工的食物。如果我們覺得夠感動的話，我們可以實驗看看（如果你還沒試過的話），只吃培育的食物會怎麼樣——與被殺的東西所具有的負能量無關的食物。如果你是個肉食主義者，不妨考慮試試週一不要吃肉——只要試試每週一天的植物性飲食就好。看看那會讓你有什麼感覺。

　　當然，我們的飲食完全是個人的選擇，我也不是在評斷任何人。我只是相信，我們越能察覺自己攝入身體的東西，我們就越能體會到要感激我們的食物，也越能榮顯我們的身體，以及我們帶進身體的能量。

　　這些年來，我認清了食品工業的危險。我想要鼓勵你們看兩部紀錄片《健康是什麼？》以及《餐叉勝過手術刀》。我從另一頭所學到的課題也指引著我。我的忠告是，讓我們對於我們選擇吃下的東西以及為何吃這些東西，都能變得更有知識、更加注重。

睡眠

　　當我們的手機沒電時，我們會把手機接上電源充電。那就是我們睡覺時所發生的事——我們不僅在讓我們的身體休息和恢復，同時也把我們的靈魂接上另一頭的能量。

　　我們都和另一頭有著靈魂的深刻連結，另一頭也是我們真正的家。不過，我們的靈魂需要讓這個連結充電並且重新

供電。睡覺就是這件事發生的時候。睡覺是一種意識狀態的改變，在這種狀態下，我們的大腦不會被刺激所轟炸，我們的身體得以恢復，我們的生命系統也可以獲得補充。

不過，睡覺也是我們和另一頭同步的時候。睡覺時，我們會做充滿象徵性和具有意義的夢——一如我們之前討論過的，夢可以帶來另一頭的徵兆。睡覺給我們的光之團隊一個機會，讓他們可以傳達我們需要的答案。我們不都說，「讓我先睡一覺再說」嗎？我們會這樣說是有原因的——因為當我們睡覺時，我們就接上了另一頭，而我們的光之團隊也因此更容易把我們所需要的徵兆和指引方向的箭發送給我們，讓我們找到我們更崇高的道路。想想我所說的。我敢打賭，你一定曾經不止一次在睡醒時，對某一件原本佔滿你心思的事情感到突然想通了。

睡覺也是我們的摯愛在夢中造訪我們的時候。那是因為我們的大腦過濾器在睡覺時會被關掉，讓直接的連結發生。這些夢中造訪通常是既強大又充滿活力的，感覺就像是身歷其境，而非只是做夢；並且在我們睡醒後很久都還會記得。

因此，你要盡你所能去保護你的睡眠，盡可能多睡一點。位於華府的全國睡眠基金會建議，成人平均一天的睡眠是七到九小時（青少年則是八到十小時）。雖然，這個目標我們並非總是能達到，不過，如果可以越接近就越好——特別是如果我們想要轉換我們的能量，並且對另一頭變得更有接受力的話。

祈禱

　　透過無數的通靈以及親身見證和經歷，我終於明瞭祈禱所具有的不可思議的力量和重要性。每當我們有意識地把思緒導向另一頭時，那就是祈禱。而每當我們祈禱時，另一頭總是——總是——會聽見我們。祈禱是一種私密的對話。我們可能會單獨祈禱，也可能會和別人一起祈禱，可能是大聲或無聲地、可能是正式或非正式地。祈禱並非只能在宗教場所進行。我們隨時都可以祈禱，白天夜晚任何時間，無論何時何地都可以。祈禱可能是在面對某個困境之前，很快地、無聲地祈求能夠獲得力量；可能是為朋友祈求希望或療癒；也可能祈求可以看清某個處境或乞求原諒。祈禱的方式沒有對或錯。祈禱是我們通往光和連結的瞬間，而這樣的瞬間隨時都可以發生。重點是：它永遠都能強化我們。

　　當我祈禱的時候，我會把我的想法導向上帝的能量——也導向我的指導靈和另一頭的摯愛。祈禱這個行為會把你和某個比你自己更強大的東西串連起來，會把你串連到由光、愛和連結共組的一股強大連結。事實上，在通靈的時候，另一頭的人常常會感謝通靈的委託人所發送的禱告。對另一頭而言，當我們祈禱時，那就是一段美妙的音樂。祈禱永遠都會強化我們，也會連結我們。所以，祈禱吧，努力地祈禱，並且要明白你的祈禱永遠都會被聽見。

冥想

當我幫別人通靈時，我會進入一種沉靜和內在覺察的狀態，在這種狀態中，我的自我意識會消失，並且能夠傾聽另一頭想要告訴我的事。我不斷地在本書裡提到，你無須成為一名靈媒，就可以進入這種存有的狀態。每個人都可以透過冥想來進入到這種狀態。

冥想是幫助我們達到更高層次的靈性察覺的一種練習。另一個說法是，冥想是進入一種境界，在這個境界中，我們能夠全然感受到當下正在發生的事，而且只在當下。許許多多的研究已經證實用各種形式練習冥想的好處——降低壓力、消除憂鬱、讓我們減少暴躁並且有所回應，還可以改善睡眠品質等，這些都是冥想的好處。其他研究也顯示，教導學童如何冥想，對他們的健康和表現具有決定性的正面影響。達賴喇嘛曾經說過：「如果世上每個八歲的小孩都能學習冥想的話，我們就可以在一個世代之內，把暴力從這個世界上消除。」這是來自一名智者非常強大的聲明。

事實上，名人歌蒂韓就欣然接受這個想法。她的慈善計畫Mindup，幫助了幼兒園學齡前的兒童到八年紀的孩子學習如何冥想，不僅減輕了兒童的壓力，也改善了他們的家庭關係。

很顯然地，冥想是相當有益的練習，不過，我也明白，

它同時也可能令人望而生畏。我聽到很多人說：「哦，我沒辦法冥想，因為我的思緒會到處遊晃，」或者「我沒有時間冥想」，又或者「我不知道如何冥想」。當然，長時間的冥想並非適合每一個人。我曾經參加過一個為期三天的冥想和沉默的靜修，說實話，我覺得那深具挑戰性。我不停地接收到要發送給指導老師和其他同學的靈媒上的資訊。

不過，我曾經看過十分鐘的冥想、甚至三分鐘的冥想，也可以和三小時的冥想具有同樣正面的影響。其實，科學研究已經顯示，一段七分鐘的短暫冥想可以達到的好處和長時間冥想一樣。而這種短時間的冥想和我的能量最為契合。

那麼，我們要如何冥想？我們需要用蓮花坐姿嗎？我們需要咒語嗎？還是需要吟唱？

不用，不用，都不用。冥想可以像是用手指去感覺我們的脈搏，或者專注在我們的呼吸上這麼簡單。冥想是關於反映，而非反應；是關於達到真實正念、以及感知到真實正念的那一刻；是關於完全處在當下。冥想是有關於學習減少環境對我們造成的牽動，以及增加我們的反思性。對此，我們不需要很多竅門或技巧就可以做到。閉上雙眼，保持不動和安靜，在那一刻裡，本質上就是在進行冥想。甚至還有一種冥想叫做「走路冥想」，如同字面上的含義，你在整段的冥想過程中都不斷地在走路。

當然，我們涉入越深，冥想的益處就越強大。我們可以先從閱讀有關冥想的書籍開始，或者上一堂初級課程，也或

者下載一個冥想的程式軟體。

　　我最喜歡的冥想之一，是來自一位偉大的精神思想領袖狄巴克・喬布拉（Deepak Chopra）。幾年前，他在一場活動中發表演說，而我剛好也在同一場活動中演講。我看著他帶領滿室六百名老練和僵化的專業人士，進行了一段五分鐘的神奇冥想。我記得狄巴克要我們閉上眼睛，用我們的大拇指輕貼著我們的食指，然後專注在我們的呼吸上幾分鐘──用鼻子深深吸氣，再用嘴巴吐氣。接著，他要我們在腦子裡組一個句子：「我是（你的姓名）」以及「我是個（你的職業）」。他要我們在腦子裡慢慢重複這個句子，並且專注在它組成的方式上，來辨識我們是誰。

　　接著，他要我們重複這個句子，但是捨棄掉後面那個部分，只用我們的姓名：「我是 ＿＿＿＿ ＿＿＿＿。」他要求我們去察覺這句話又是如何定義我們是誰。

　　然後，他要我們重複這句話，但是捨棄掉我們的姓氏：「我是 ＿＿＿＿。」

　　之後，他要我們完全捨棄掉我們的名字，只是單純地重複：「我是。」

　　最後，他要我們只要重複「我」就好。

　　藉由這個方法，我們都擺脫了嘈雜、以自我為中心的生活的陷阱，並且對我們在這個世界上的位置有了更簡單、更基本的了解──我們都是光和能量的存有，並且也連結著宇宙中其他的光和能量。

　　狄巴克冥想的簡單性和強大性讓我深感驚訝。那短短的五分鐘以一種非常深刻而持久的方式，轉換了我的能量。我是如何度過那天接下來的時間，甚至接下來的整個星期，都因此受到了改變。它們也改變了整個房間裡的集體能量。在這段簡單的冥想之前，房間裡的能量原本是緊張而帶點狂亂的。但是在五分鐘的冥想之後，我可以感覺到每個人的能量都聚集在一起，彷彿拍打著地板的一道巨浪。

　　冥想也是我們接收和傾聽另一頭的方式。狄巴克‧喬布拉是這樣描述它的：祈禱是我們把我們的想法導向上帝／宇宙的時候；冥想是我們傾聽回應的時候。在冥想時收到另一頭的下載資訊並不是什麼不尋常的事，因為冥想創造了一個讓我們「傾聽回應」的美麗空間。

　　那就是冥想的魔法。冥想是我們得以轉換能量、傾聽來自宇宙和我們光之團隊的訊息、並且過著更有意義的生活的最有效的方法之一。在我們這個時代，騰出時間來做冥想，不僅可以為我們帶來內心的清晰度，也能讓冥想更具意義，並且在這個過程中改變我們的生活。

　　察覺本章節中所揭示的各個概念，可以明顯地轉換我們的能量。它們都是簡單又實際的方法，可以讓我們的頭腦更清楚、提升我們的能量，同時也讓我們更能敞開心扉接收來自另一頭的訊息。我們都是具有身體的靈魂，我們都是光和能量的組成，讓這個靈魂——身體的連結得到恢復和補充，

會影響我們大腦的運作，最終則會影響我們做出的決定；而本章節所提到的各個概念，就是讓我們認知到上述這些要點的方法。

　　我相信地球是一所學校，我們都是這所學校裡的學生。我也相信，我們來到這裡，是為了不斷學習如何提升我們自己，如何幫助彼此的靈魂，以及如何和世界分享我們強大的光和能量。我們都在學習愛的團體課題。本章中所討論的工具，可以幫助我們所有人閃耀出最明亮的光芒，也幫助我們對我們和我們的光之團隊、以及我們和彼此之間的連結完全敞開心扉。

　　對這些課題保持開放，對我們光之團隊的溫柔指引保持開放，就是我們如何成為最好的自己的方法。

31 閃耀吧

　　如果這本書有什麼貫穿所有故事的主題，那就是我們都是互相連結的。

　　我們都屬於「存在」這幅美麗的織錦，我們的生命都交織在一起，共同創造著生命神奇的體驗。

　　我們都不是一個人、都不孤獨、都並非不重要的──我們都是某個東西的一部分，它遠比我們自己更巨大，但它同時也由我們各自的能量所組成。我們和彼此互有關聯，同時也屬於彼此。我們永遠都相互連結，而這些連結比我們所能了解的更令人驚嘆、也更強大。

　　在本書裡，我已經分享了一些徵兆的例子，那是另一頭為了傳遞愛和連結的訊息，所發送給我們的徵兆。不過，說真的，我還可以分享數以千計更多的故事。我幾乎每一天都會聽到別人關於徵兆的非凡經驗，或者親身經驗到徵兆。每天，徵兆都無處不在，讓我很難不去注意到它們。

　　我希望我們全體都可以開始注意並且談論我們所收到的

徵兆和訊息——以相互慶祝、榮顯並且分享彼此連結的故事。

有些時候，我們確實會這麼做。

我甚至曾經在最不可能的地方發現秘密語言的實例：推特。我記得有一天在瀏覽我的推特時，看到秘密語言的實證自己出現在《吉米‧法倫的今夜秀》這個節目的推文裡。

吉米‧法倫因為母親葛洛莉亞去世而請了幾天假，在他銷假回來主持節目的當天，製作人麥克‧迪森左在推特上發布了這個消息。

在錄影開始之前，吉米和攝影棚裡的觀眾分享了他對母親的一段特殊回憶。他回憶說，當他還是個小男孩的時候，他和他母親是如何擁有他們之間的密碼。「她會捏我的手三次，然後說：『我愛你』，」吉米說道，「我會回捏她說：『我也愛你。』上週，我在醫院裡，拉著她的手捏了三次說：『我愛你。』當時，我就是知道我們的處境並不樂觀。」

他的製作人在推特上解釋說，歌手泰勒絲（Taylor Swift）當晚並沒有被安排上節目，但是，製作團隊想為吉米做點特別的事——由於泰勒絲剛好也進城錄了《週六夜現場》，於是他們就詢問她，是否願意當這個節目的來賓。

「她毫不遲疑地就答應了。」迪森左在推特上說。

泰勒絲決定在節目裡唱一首她從未表演過的歌曲，叫做〈新年那天〉。

「突然之間，她唱了那句歌詞：『在計程車後座捏我的

手三次』，」迪森左在推特上表示，「我差點喘不過氣來，眼眶裡都是淚水。我想觀眾席上的每個人都開始在啜泣。我也可以看到側坐在主持人桌前的吉米拿著衛生紙在拭淚。我們都迷失在現場的歌聲裡。那是在一場美麗演出裡的美麗巧合。『抓住你的回憶，它們也會緊緊抓住你』，泰勒絲如此唱著。」

演唱結束之後，泰勒絲從鋼琴前面走向吉米，投入了吉米的懷抱，緊緊地擁抱著他。

麥克・迪森左形容泰勒絲的歌是一個「美麗的巧合」，然而，那完全不是巧合，不是嗎？那是宇宙的秘密語言在國家電視台上展現了它自己。那是吉米・法倫的母親在向兒子傳遞一個愛的訊息，讓他知道她還與他同在，她仍然在捏著他的手——並且鼓勵他要緊緊留住自己的回憶。

而她藉由了泰勒絲來做這件事。

這是多麼的神奇。

這些徵兆和秘密語言的實例，你不只能在電視上看到。有時候，你可能會發現它們就發生在你家隔壁。

至少，對我姊姊克莉絲汀來說就是如此。有一天，她的鄰居凱瑟琳打電話給她，要她和我分享一個故事。

凱瑟琳曾經讀過我的書《我們之間的光》；在那本書裡，我首度討論了我們逝去的摯愛可以發送徵兆給我們。凱瑟琳——她母親最近剛過世——決定要得到證明。

凱瑟琳的愛爾蘭裔美籍父母在布朗克斯一個充滿愛的大

家庭裡把她撫養長大，她一輩子都和父母非常親近。她母親在去年過世時，凱瑟琳悲慟不已，特別是在逢年過節的時候，在全家人都會因為傳統而團聚在一起的時候。當凱瑟琳決定要敞開心扉在她和母親之間創造一個新的徵兆語言時，她想了很久要向母親要求什麼。最後，她想到了一個完美的徵兆：愛爾蘭蘇打麵包。她母親以前總會烘烤愛爾蘭蘇打麵包，然後分送給朋友鄰居。

不過，問題是——當時還不到聖派翠克節，而聖派翠克節是愛爾蘭蘇打麵包比較可能出現的時節。因此，凱瑟琳的要求對她母親而言，無疑是個挑戰。她願意嗎？秘密語言會有作用嗎？

那天晚上，凱瑟琳正在瀏覽她的臉書動態消息。然後，就在她的動態消息中，她看到了一則鄰居的貼文，裡面有一張看起來非常眼熟的照片。

凱瑟琳回應了那則貼文，並且詢問她的鄰居：「那是愛爾蘭蘇打麵包嗎？看起來好可口！」

「是啊，是愛爾蘭蘇打麵包！」她的鄰居回覆她，「我會留一個給你。」

就是它！她母親變出了愛爾蘭蘇打麵包，就在她的電腦螢幕上！「我好震驚，」凱瑟琳說，「我母親為了和我溝通所做的事，真的讓我大為折服。」

隔天，凱瑟琳走到門外檢查信箱的時候，看到信箱裡有個盒子，便將盒子打開。

盒子裡是一個很大、很漂亮的愛爾蘭蘇打麵包。

「我沒想到我鄰居真的會給我一個，我還以為那只是隨口說說而已，」凱瑟琳說，「不過，顯然不是，我信箱裡真的有一個愛爾蘭蘇打麵包。」

凱瑟琳回到屋裡，和她母親的小約克犬一起坐下來（在她母親過世後，這隻約克犬就被她帶回家了），倒了一杯她母親最喜歡的茶，品嚐著剛收到的愛爾蘭蘇打麵包。她知道這代表什麼。這代表著她母親還和她在一起。她現在絕對不會懷疑這點，因為凱瑟琳的母親發送給她的徵兆，不只是一張愛爾蘭蘇打麵包的圖片或者文字而已，她已經把一個貨真價實的愛爾蘭蘇打麵包，直接送到了凱瑟琳的信箱裡！

我很喜歡別人和我分享他們的徵兆故事。這種故事隨時都可能發生——有一天晚上，當我和我的丈夫外出與我們的好朋友保羅和潘一起共進晚餐時，就發生了這樣的故事。

他們的新生兒葛瑞芬在二十多年前不幸去世。雖然葛瑞芬去世了，我知道他仍然是他們家的一部分；他永遠都存在他們的腦海裡和心裡。晚餐時，保羅和我們分享了一個故事。

就在葛瑞芬去世之後，保羅和他家人幫葛瑞芬舉辦了一個儀式，並且在儀式結束後返家坐濕婆——猶太習俗裡傳統的七天服喪期。保羅注意到廚房紗門上有一隻螳螂掛在上面。說也奇怪，那隻螳螂似乎也在盯著他看。保羅一開始不

以為意，直到第二天、第三天，他又在同一個地方再度看到那隻螳螂。那隻螳螂就那樣待在那裡，和保羅以及他的家人一起度過了七天的濕婆期。然後，就神秘地消失了。

雖然螳螂相當稀少，要看見一隻螳螂更是不容易，在這之後，有一件趣事開始發生在保羅和他家人身上。他們彷彿被跟蹤了。「每當我家人聚集在一起，或者當我們正處於一個特別的時刻，又或者當我們在談論什麼重要的事情時，就會有一隻螳螂出現。」保羅說，「那變成了我們生活裡持續發生的主題。後來，每次看到螳螂的時候，我們就會說：『哦，嗨，葛瑞芬。』」例如，最近在他外甥婚禮的戶外宴會上，保羅就瞥見一隻螳螂坐在他和家人所坐的沙發上。

不過，這樣的事情還繼續在發生，而且總是發生在特別的假日或家庭活動時。在保羅小兒子生日那天，保羅就在家裡的窗簾上看到一隻螳螂。此外，在一次去義大利的旅程中，他也在飯店大門上看到一隻螳螂。

一天，保羅在他位於曼哈頓城中的辦公室裡，透過電話和某個人談及他在經過相當掙扎之後，剛做出的一個困難的決定。雖然，他覺得自己做了正確的決定，不過，他也覺得他可以再確認一下。就在那個時候，他望向窗外，竟看到一個東西貼附在窗戶玻璃外直視著他——你猜對了——一隻螳螂。光是看到螳螂就夠驚奇了，然而，更不可思議的是，保羅的辦公室位在二十八樓！

「螳螂總是突然出現，然後一副沒事的樣子停在那裡，」

保羅說，「我和一個很好的朋友一起坐在公園長椅上的時候，有一隻螳螂也出現在那裡，還坐在我們兩人之間。我伸出手，而牠居然也走到我的手上，我就那樣捧著牠捧了好一會兒。看得我朋友嘖嘖稱奇說：『這真是太誇張了。』但是我告訴他：『這不誇張，牠是葛瑞芬。』」

讓我感到更開心的是，保羅在用餐和小酌期間分享這個故事時，態度完全一派輕鬆——他一直都看到了這些事件中的美和意義。葛瑞芬的徵兆不僅被收到了，而且清清楚楚、毫無疑問地被收到了。

我真的很喜歡認識新朋友，而且當我認識他們時，我總是喜歡和他們分享這些故事。不管我去到哪裡，我都喜歡這麼做，特別是有陌生人問我的工作是什麼的時候。有些人擁有不可思議的、溫暖又正面的能量，認識他們是一種美麗的恩賜。一位名叫凱莉的護士就是這樣一個真實的故事，凱莉和艾希莉的一名醫生是同事。

當我告訴她我是一名靈媒的時候，她告訴我說，和她一直很親的母親在她十九歲時過世了。

「老天，我真希望我可以知道她還在我身邊，還陪伴著我，」她說，「我希望她有機會可以看到我的女兒，我好想念她。」

我告訴她說，她母親絕對還在她身邊，還在照看著她，而且不只知道她女兒的存在，也同樣在照看著她的女兒。我告訴她，她不需要靈媒來證實這件事——她只需要要求收到

一個徵兆就可以了。

「要具體一點，」我說，「要求她發送徵兆給妳，讓妳知道她還在你身邊、還在照看著妳，並且也知道一直以來妳生命中發生的每一件事。在妳對她提出要求之後，妳要相信自己會收到她的徵兆。妳可以說：『宇宙啊，我已經準備好要收到我母親的訊息了。』然後，妳就會看到——徵兆將會來臨。」我也讓她知道，有時候會需要一點時間才能收到徵兆，所以，她應該要有耐心，因為另一頭會很努力地讓此事發生。

那天晚上，凱莉在開車回家的路上，把一切都說了出來。「我一邊開車一邊大喊：『宇宙，我準備好了！』」凱莉後來告訴我，「不過，我卻想不到什麼好徵兆，感覺上沒有什麼適合的。事實上，我花了兩個星期才想到合適的徵兆。」

有一天，凱莉回憶起她三歲的時候，父母帶著她在萬聖節當日到處搗蛋要糖果的事。她甚至還找到了一張當時的照片。「我父母打扮成破爛娃娃安和安迪，」她說，「因此，我決定就用它們來當我的徵兆，那也很適合，因為我母親的名字就叫做安，而我已經逝去的父親也叫安迪。所以，我請求我母親發送給我破爛娃娃安。不過，我沒有告訴任何人我要求的徵兆是什麼，只有我自己知道。」

之後，凱莉便耐心等待著她的徵兆。兩週後，她走進診所裡的午餐室，和一名同事瑪麗安閒聊。

　　「瑪麗安說，她隔壁的鄰居過世了，然後就開始告訴我有關那個鄰居的種種；她講了好一陣子，我也就那樣聽她訴說，不過我並沒有很認真在聽。」凱莉說，「後來，她無意中提到她鄰居的名字叫做安，丈夫叫做安迪，大家都叫他們『破爛娃娃安和安迪』。」

　　凱莉僵在原地，動彈不得。「我太震撼了。我稍微轉過身去，不讓她看到我眼中的淚水。等她離開之後，我的淚水決提而下。我是說，現在已經沒有人會提起破爛娃娃安和安迪了。它們是另一個時代的產物。但是，瑪麗安卻說了它們的名字，我完全相信那是我母親發送給我的徵兆，因為那實在太直接、太清楚了。那是我母親在告訴我：『我在這裡，我就和你在一起，你做的每一件事，我都有參與。』那真是太讓人興奮了，我覺得自己好像中了樂透。」

　　我最喜歡做的事情之一，是在研討會裡授課以及公開演講。即便我是在對一大群人講話，我依然可以感覺到和那個團體中每一個人的能量有所連結。當那些和我相遇的人也感覺到那份連結，並且也把他們的故事分享出來時，那種感覺真的很棒。

　　最近，泰德──一名參加過我舉辦的大型演講活動的男子──聽取了我的建議，向他的光之團隊要求了一個很特定的徵兆。「我一直都覺得我的職業生涯有點卡住，讓我有了一些疑慮和不確定。」泰德在寫給我的電子郵件裡說道，

「所以，我的未婚妻和我計畫去一趟加州，去擴大我們在事業上的選擇。當時，我想起了你的建議，然後決定一試。我試著想一些特定的東西，不知道為什麼，一個洋基隊的球員，伯尼・威廉斯，就突然跳進我的腦子裡。他甚至不是我最喜歡的洋基隊球員，不過我一直都是洋基隊的粉絲。所以，我就要求我的指導們把這當成一個徵兆發送給我，讓我知道我們的加州之行是個好主意，而且我也走在正確的道路上。」

在他和他的未婚妻出發的前一晚，泰德在自己的房間裡四下環顧，想要找一張紙來做情人節卡片，結果找到了一本多年沒有動過的舊筆記本。「我打開筆記本撕下一頁，但是在我撕的時候，有個東西從本子裡掉了出來。」泰德說，「那是一張塞米・索薩的棒球卡。我心想，這還真奇怪——不是伯尼・威廉斯，不過，也許那是我的指導們最大的能耐了。」泰德放下筆記本，準備離開房間，就在那一刻，他的眼角瞄到地板上還有一樣東西。「我之前完全沒注意到地上還有別的東西，我也不知道為什麼會沒看到，不過，我還是把它撿了起來，那是另一張棒球卡。」他說，「結果竟然是伯尼・威廉斯。」

從筆記本裡掉出一張舊棒球卡——有些人會說，那有什麼特別的。然而，對泰德而言，那不只是一張棒球卡。「那是最驚人的徵兆，」他說，「它幫了我一個大忙。它不只讓我知道，決定擴大我的職業選擇讓我走在了我最崇高的道路

上，而且也讓我知道，我有一個光之團隊一路上都在支持著我！」

有時候，我會在閱讀時，從書中看到分享徵兆和秘密語言的實證故事。我不是指那些靈媒寫的書──而是一般的書。其中一個故事所描述的徵兆，是我聽過最深刻且強大的徵兆之一。

杜克大學腫瘤學家暨癌症研究學家尼爾・史派特博士，在他的著作《瞬間離去：一名醫生對真實療癒的探索》裡，分享了他的徵兆故事。我之所以購買這本書，是因為那是一本醫生的回憶錄，一位發現自己的萊姆病並未受到確診的醫生。由於未確診，因此他的萊姆病一直沒有受到治療，導致他的心臟受損。他的書讓我深受感動，因此，我聯繫了史派特博士，詢問他我是否可以在這裡分享他的故事，而他也欣然同意了。

尼爾在三十出頭的時候，身體的健康狀況幾近完美，可以說是個強壯的人。一天，他沒來由地開始出現一連串奇怪的心臟問題。

「我的心臟會開始狂跳到每分鐘兩百下，而且持續三十秒、甚至更久。」尼爾回憶道，「身為醫生，我知道一定出了什麼問題，但是我們診斷不出原因。接下來的四年裡，這種情況大概發作了數千次，而且，我還感到極度的疲勞。我原本每天會跑十哩、每週六天，卻淪落到基本上只要走十碼

就覺得筋疲力盡。」

最後，他被診斷出罹患了第三級的心傳導阻塞，然後在胸腔裡植入了一個心律調節器和除顫器。但是，那個診斷似乎有問題，而且，幾年之後，他開始出現爬坡困難。在一次醫院例行的感染檢查中，他感到自己的心臟出了很嚴重的問題。身為一名腫瘤學家，他對於疾病和疾病對身體造成的影響並不陌生。「我覺得自己快死了。」尼爾說。醫護人員都嚇壞了。他們打電話給他的妻子，告訴她盡快趕到醫院。

問題非常嚴重。醫生們估計，尼爾的心臟功能只剩下他正常狀態下的百分之十。

「我真的應該會死掉，」他說，「我的心臟嚴重受損，血壓也幾乎量不到數值。活下來的機率很低。」

雖然他挺過了那一天，但是在接下來的幾天裡，「我真的已經瀕臨死亡，」尼爾說道，「我的器官不再運作，我的心臟幾乎跳不動，那就好像要在一個無風的日子裡揚帆啟航一樣。」一名醫生告訴他，如果他不能進行心臟移植的話，三天之內就會死掉。「那真的是我生命中最安詳的一刻了。」他說，「因為我知道我的大限未到。如果我注定要死的話，我早就死了。」

不可思議地，三十六小時之內，出現了一顆可供移植的心臟。經過了十二個小時的手術，移植手術成功地完成了。隔天，「我的小女兒賽勒斯來到我的病房，」尼爾還記得當時的情形。「我告訴她：『你知道嗎，我們不能把它叫做爹

地的新心臟。我們幫它取個名字吧。』然後，賽勒斯就說：『我知道！天堂珍寶。它是一份珍貴的禮物，而且又來自天堂。所以，我們就叫它天堂珍寶吧。』」

於是，那就成為了那顆心臟的名字。

根據規定，接受器官捐贈者必須等待一年，才可以和捐贈者的家屬聯繫。在那一年的等待期結束之後，尼爾寄了一封信給那位匿名捐贈者的家人，表達他的感激。「我一直在倒數，」他說，「我覺得自己背負著極大的義務，需要向他們的犧牲致謝，感謝他們給了我那份生命禮物，那真的是一份生命的禮物。」他的字裡行間充滿了情感。六個月後，他終於收到了回音——一封來自捐贈者家屬的信。寫信的人是捐贈者的丈夫——尼爾的心臟原屬於一位名叫薇琪的女性。

「那封信讓我感動萬分，」尼爾說，「首先，他說他妻子的那顆心臟能幫助我，讓我繼續以醫生的身分幫助其他人，這讓他感到非常激動。不過，他在信末說，當他聽到我女兒為他妻子的心臟所取的名字時——天堂珍寶，他的感動超越了淚水和喜悅。他的震撼無以言喻，因為，在他們多年的婚姻裡，他一直都用小名來稱呼他的妻子，而他妻子的小名就是珍寶。」

珍寶！

尼爾大感震撼。他繼續往下讀。「那位丈夫寫說，當他知道我女兒幫那顆心臟取的名字時，他覺得那就是他的妻子透過我女兒，在讓他知道她很好，他的珍寶現在是天堂珍寶

了。」

　　想想看。這樣的機率有多少？天堂珍寶。在天堂的珍寶。這只是巧合嗎？還是說，一名科學家會把它看作是來自另一頭的徵兆呢？

　　「我深信科學，」尼爾回覆道，「但是，我也同樣相信我們無法證明的事。」

　　事實上，身為一名照顧瀕臨死亡病患的醫生，尼爾對我們此生的道路具有獨特的觀點。「我從我的病患身上、以及他們如何擁抱他們的生命旅程上面，學到很多。」他說，「我一直都相信，身體和靈魂是不同的；我也在我最嚴重的病患身上看到，他們的靈魂之美在他們身體最殘破不堪的時候綻放而出，綻放在他們的眼裡、能量裡，以及在他們所有的慈悲和愛裡。我曾經看到他們身上散發出一種光，而那強化了我的信念，那就是在我們的肉體之外，還存在著其他的東西——我們的身體不代表我們，靈魂才是。」

　　「我們對宇宙的所知極少。我把自己視為一個並非對所有問題都有答案的人，而那就是我擁抱生命的方式。」尼爾說。

　　他相信，一旦離開了我們的肉體，「我們都是能量的存在。有些人對這股能量和我們的集體能量極為敏感。也許我們都具有這樣的能力，但是我們現在卻被有形的物質所羈絆——你知道的，我們的車子發出奇怪的噪音、我們的貸款即將到期，或者其他什麼雜事，這些都會讓我們聚焦其上，

因而背離了別人的能量以及我們的集體能量。」

　　相反地，如果我們對這股能量保持開放──對我們的生命和能量與其他人的生命和能量相互連結的方式保持開放──我們就可以對我們有形的身體少一點認同，而對我們的靈性自我多一點認同。「關於我們不只是我們有形的身體這件事，我親眼確認過很多次，而這樣的認知為我帶來了現在的這份平靜。」尼爾說。

　　這就是史派特博士如何把他的靈性觀點和科學結合在一起的方式──藉由認知到我們都是能量，以及我們的能量和一切存有的集體能量都是相互連結的。而無法解釋又激勵生命的連結所帶來的神奇時刻，就會出現在我們之間這股非凡的能量流裡。

　　在他人生的最後一天，深具遠見的發明家湯瑪士・愛迪生從昏迷中醒來。他睜開眼睛向上看，臉上出現一種類似敬畏的表情。然後，他在昏迷許久之後第一次開口，吐出了六個字：

　　「那裡非常漂亮。」

　　在幾乎整整八十年之後，另一位深具遠見的人物史蒂夫・賈伯斯在臨終前，慈愛地看著他的妹妹派蒂、他的孩子，以及他這一生的伴侶羅琳。然後，他的目光越過他們，看向只有他才能看到的地方，喃喃說出了最後的六個字：

　　「哦哇，哦哇，哦哇。」

　　人們在臨終的那一刻，當他們在另一頭的摯愛蜂擁前來

迎接他們的靈魂、當萬物的光籠罩在他們身上時，他們會找一些字眼來傳達我們在另一頭的真實家園裡，等待著我們的那些神奇景象。他們在須臾之間，就體會到我們都是如何真實地相互連結、都是如何地被愛和光所凝聚。而這份揭示純然令人目眩。

　　宇宙的真相是我們屬於彼此、我們也都為彼此負責；而要在地球上接受這個宇宙真相，可能需要花點時間。不過，那就是我們何以在此的原因——為了在一起學習課題。地球是一個學校，我們都在這個學校裡學習一門愛的集體課程。

　　透過通靈，我學習到的是，當我們離世時，這個真相對我們來說，立刻就變得顯而易見——就像它之於湯瑪士·愛迪生和史蒂夫·賈伯斯一樣。我能描述這種經驗的最好方式，就是把它稱之為真相下載的瞬間。

　　當我們離世時，我們可以在千分之一秒的時間裡，立刻接通到其他人一生的經驗。想想這一點。我的意思是，這對地球上的我們來說幾乎是無法想像的——在那裡，只要在瞬間了解一個人就可以得知一切。不過，那就是另一頭會發生的事；在那裡，我們不再有軀體；在那裡，我們透過心電感應、意識對意識的方式進行溝通。由於我們不再具有肉體，那麼，是什麼東西讓我們可以區別彼此？又是什麼東西讓我們的經驗和別人的經驗得以區分？

　　沒有什麼東西。

　　我在數以千計的通靈經驗裡看到，這樣的傳達是瞬間而

完整的；當我們離世時，我們會清楚地了解到，我們一直都和其他人有所連結，我們也一直都是其他人時光旅程中的一部分。

我們了解到，身為光和能量的存有，我們都連結到同一股愛的巨大洪流，而這股洪流賦予了宇宙力量，也讓一切充滿意義。

不過，這個真相目前是我們每個人都需要以我們自己的步調來獲知的。而對另一頭的徵兆保持開放，將會讓我們跟這個美麗的真相更加無比地接近。

發生在本書裡所有人的連結時刻，也可能會發生在你身上——也可能已經在你身上發生了，因為這並非是一個專屬俱樂部。我們每個人都可以收到來自另一頭的徵兆，而這些徵兆都具有改變生命的力量。那是我們每個人與生俱來就擁有的美麗包裹的一部分。

你看，我們無時無刻都在對彼此傳遞訊息。我們都是媒介。不管知道或不知道，我們都有機會成為另一頭的信使——亦即「地球上的天使」，如果你想這麼稱呼的話。不只是我們之中的某些人——而是我們所有的人。我們每個人對彼此和宇宙而言都很重要——一個永遠都把我們牽引向我們最好、最光明的生命的宇宙。

為什麼？

因為我們天生值得。

　　我們每個人生來就擁有光這份偉大的禮物──光是由我們的愛、能量和獨特性所散發出的輻射力量。我們每個人生來就具有將這個光照耀在世界上的能力，以及幫助別人尋找到他們自己人生道路的能力。我們生來就具有自己獨一無二的技能和特質，而這些技能和特質能對宇宙的生命力有所貢獻。無論我們是誰或者做什麼，我們生來都具有能為世界帶來不同──有意義的不同──的天賦能力。這不是什麼我們需要去祈求、或希望能獲得的東西，它是我們與生俱來的權利，是我們共享的權利，它也造就了我們成為我們自己。雖然，我們生來就具有這份驚人的天賦，但卻需要我們自己去開啟它。我們需要去發掘我們自己的光，讓它在這個世界上燦爛閃耀。

　　燦爛地閃耀，閃閃發光吧。

　　這就是來自另一頭的徵兆和訊息發揮作用之處。打開我們的內心去接收徵兆，有助於我們開啟我們的光之禮物，因為這些徵兆揭示了宇宙的真理──我們沒有人是孤獨的，我們都在一起，我們都以必然的方式互相連結。本書所提到的所有徵兆和訊息，都闡明了這個真理。

　　當我們開始接受並榮顯這些徵兆時，我們就更能了解到生命中通往真實力量、真實成功和真實幸福的道路──發掘並且閃耀我們獨特的光，用那個光在別人的生命道路上啟發和幫助他們。最終，我們將會一起提升。

　　我想要分享最後一個經驗，這個經驗真的讓我清楚了解到這個訊息。

　　這個故事牽涉到我的兒子海登，海登在他六年級的學校樂隊中演奏小號。一天傍晚，為了一場原先計畫好的音樂會，海登被告知要穿一套特別的制服——黑鞋、黑褲子、白襯衫和領帶。但是，海登是反對穿制服的。事實上，他反對的事情很多，因為他既任性、又獨特，而且思想獨立。音樂會那晚，他堅持要穿他的紅球鞋，並且不打領帶。我們來來回回爭論了好久，最後我讓步了，讓他穿他的紅球鞋、也不打領帶。

　　葛瑞特和我好整以暇地在禮堂裡坐好，不太確定要期待些什麼。接著，孩子們出場了（所有人都穿著規定的裝扮，除了某人），然後開始演奏一首非洲韻律的美妙歌曲。說實在的，我被驚呆了。有些孩子先演奏著單簧管，有好一會兒的時間，整個禮堂裡縈繞著單簧管迷人的樂聲。繼單簧管之後，是長笛，然後是鼓。

　　接著，海登和其他小號演奏者連袂演出，他們的表現十分傑出，最後，所有的樂器都一起加入，每個人都齊聲演奏，結果令人驚豔——每個獨特的聲音、動作和旋律都融合在一起，共創出某種更宏偉、更大膽、更優美的產物，遠遠超過單一樂器所能製造的效果，這就是真正的交響樂。看著海登穿著他的紅球鞋演奏小號，聽著他和他的樂隊夥伴們如此交融地共創出這麼雄偉動人的演出，讓我感動到熱淚盈

眶。

　　當我欣賞著他們的演奏時，我收到了來自宇宙的一個下載資訊：我們都是獨特的樂器，各自演奏著我們美妙的音符，全力以赴地演出是我們的職責——然而，當我們一起演奏時，我們就能締造出一首動人的交響曲，那不僅讓我們得到提升，也讓我們每個人的角色各具意義。只有共同在一起，才能創造出比我們自己更宏大、更驚人的東西。

　　於是，就在這間中學的禮堂裡——我們相互連結之美在這裡閃閃發光。如果我們都能演奏我們最好的音符——如果我們都選擇了我們最崇高的生命道路——那麼，我們就可以共創出美好的事物。不過，我們都得好好練習我們的曲調。我們都在這裡學習愛、寬恕和接納的同一課題。如果我們一起練習、也幫助彼此學習的話，那麼，我們會發現，我們如何能用最神奇的方法，來改變並且豐盛我們周圍的世界。

　　徵兆就在那兒。訊息就在那兒。蝴蝶、蜻蜓、蜂鳥、紙牌、彩虹、蘇打麵包、樹和心都在那兒，等著我們去看見它們。我們在另一頭的摯愛努力地想把我們導向幸福，我們的光之團隊也想方設法要讓我們走上我們最崇高的道路。這些事情每天都在我們身邊發生，不過，是否對它們敞開心扉——是否去留意它們，完全取決於我們自己。

　　因為，當我們留意的時候，我們會看到過去我們所未能看到的事物。而一旦看到它們之後，我們就再也無法對它們視而不見——而我們也絕對不會想要如此。

來自過世至親的訊息/蘿拉.琳恩.傑克遜作；李麗珉譯. --
初版. -- 臺北市：春天出版國際文化有限公司, 2021.12
面 ； 公分. -- (Spirituality ； 2)
譯自：Signs：The Secret Language of the Universe
ISBN 978-957-741-472-4(平裝)

175.94 110017250

來自過世至親的訊息

SIGNS：The Secret Language of the Universe

Spirituality 2

作　　者◎蘿拉・琳恩・傑克遜
譯　　者◎李麗珉
總 編 輯◎莊宜勳
主　　編◎鍾靈
出 版 者◎春天出版國際文化有限公司
地　　址◎台北市大安區忠孝東路4段303號4樓之1
電　　話◎02-7733-4070
傳　　真◎02-7733-4069
E－mail◎frank.spring@msa.hinet.net
網　　址◎http://www.bookspring.com.tw
部 落 格◎http://blog.pixnet.net/bookspring
郵政帳號◎19705538
戶　　名◎春天出版國際文化有限公司
法律顧問◎蕭顯忠律師事務所
出版日期◎二○二一年十二月初版
定　　價◎440元

總 經 銷◎楨德圖書事業有限公司
地　　址◎新北市新店區中興路2段196號8樓
電　　話◎02-8919-3186
傳　　真◎02-8914-5524
香港總代理◎一代匯集
地　　址◎九龍旺角塘尾道64號龍駒企業大廈10 B&D室
電　　話◎852-2783-8102
傳　　真◎852-2396-0050

This edition published by arrangement with William Morris Endeavor Entertainment, LLC.
through Andrew Nurnberg Assocates International Limited.
All rights reserved.